39,80

ORIENTIERUNGSHILFEN
REITANLAGEN- UND STALLBAU

PLANUNG · STÄLLE · REITHALLEN

REITPLÄTZE · AUSLAUF · WEIDE · REITWEGE

ORIENTIERUNGSHILFEN
REITANLAGEN- UND STALLBAU

PLANUNG · STÄLLE · REITHALLEN

REITPLÄTZE · AUSLAUF · WEIDE · REITWEGE

Herausgeber:
Deutsche Reiterliche Vereinigung

FN-Verlag, Warendorf

Impressum

Herausgeber: Deutsche Reiterliche
Vereinigung e.V. (FN)
Abteilung Sport, Referat "Allgemeiner
Reit-und Fahrsport"

Verfasser:
Dipl.-Ing. agr. Gerlinde Hoffmann;
Dr. Hans-Dietrich Wagner

5. Auflage 1992 (völlig neu bearbeitet)
Gestaltung: Rudolf Strecker, Warendorf
Abbildungen: Wenn nicht anders angegeben, gezeichnet von Rudolf Strecker, Warendorf
Herstellung: SCHNELL Buch & Druck, Warendorf

ISBN: 3-88542-243-3

Inhaltsverzeichnis 5

Einleitung

An eine moderne Reitanlage werden vielfältige Ansprüche gestellt. Im Mittelpunkt steht das Pferd. Seit Jahrtausenden Wegbegleiter des Menschen dienen Pferde heute fast ausschließlich der Freizeitgestaltung und sind für viele Menschen in unserem dicht besiedelten Land häufig ein wichtiges Bindeglied zur Natur.
Reitanlagen müssen zunächst den Pferden ein Zuhause bieten. Es müssen gute Voraussetzungen geschaffen werden, damit die Pferde sich wohlfühlen und gesund bleiben. Eine sorgfältige Planung und sachgerechte Bauausführung sind die unabdingbare Voraussetzung.
Auch die Reiter, Fahrer, Voltigierer und Pferdebesitzer, jung und alt, sollen sich in der Reitanlage wohlfühlen, gute Bedingungen für die Ausübung dieses schönen und vielseitigen Sportes finden und gerne einen größeren Teil ihrer häufig recht knappen Freizeit bei den Pferden in der Reitanlage verbringen.
Die Betriebsleiter, Reitlehrer und Pferdepfleger sollen gute Arbeitsbedingungen vorfinden, um die notwendigen Pflegemaßnahmen zeitsparend und effektiv leisten zu können.
Außerdem soll sich die Reitanlage gut in die Umgebung einpassen und last not least sucht der Bauherr - ob Verein oder Privatmann - kostengünstige Lösungen.
Sicherlich wird sich kaum jemals alles, was man sich wünschen könnte, verwirklichen lassen. Es gibt jedoch unverzichtbare Erfahrungen auf dem Gebiet des Baues von Stallungen und Reitanlagen. Auf der Grundlage dieser Erfahrungen sind der Fantasie der Bauherren keine Grenzen gesetzt.
Die hier vorliegende 5. Auflage der Orientierungshilfen Reitanlagen und Stallbau ist von Grund auf neu erarbeitet. Sie soll nicht nur Vereinsvorständen und Bauherrn, sondern allen interessierten Pferdefreunden Hinweise zur pferdegerechten Haltung und zur landschafts- und umweltgerechten Einbindung pferdehaltender Betriebe geben.

Deutsche Reiterliche Vereinigung e.V.
Abteilung Sport,
Referat "Allgemeiner Reit- und Fahrsport"

An der Erstellung dieser Schrift arbeiten folgende Mitglieder des FN- Arbeitskreises "Reitanlagen- und Stallbau" maßgeblich mit:

Fink Stallbau, Georg W. Fink, Ing.-Büro für Reitanlagen-Planung, Sittlingen 12, 8804 Dinkelsbühl

Haversiek, Gerhard, Ellernhorst 33, 4905 Spenge

Hans Kirst KG, Hans-Günther Kirst, 5581 Irmenach/Hunsrück

Knauf, Hans-Peter, Prof. Dr., Pfaffenwaldring 4, 7000 Stuttgart 80, Forschungs- und Materialprüfungsanstalt Baden-Württemberg, "Otto-Graf-Institut"

Planungsgruppe Leve-Hartmann, Architekten und Ingenieure, Nienkamp 6, 4413 Beelen

Marten, Jens, Dipl.-Ing., Bartningstr. 49, 6100 Darmstadt-Kranichstein, Kuratorium f. Technik und Bauwesen in der Landwirtschaft

Peiß, Franz-Karl, Mathildenstr. 6, 4100 Duisburg-Hamborn

Piotrowski, Joachim, Prof. Dr., Bundesallee 50, 3300 Braunschweig, Institut für landwirtschaftliche Bauforschung der Bundesforschungsanstalt für Landwirtschaft

Roggenland, Eduard, Dipl.-Ing., Architekt, Ramertsweg 14, 4400 Münster

Schlüter, Helmut, Dr., Birkenstr. 9, 6104 Seeheim-Jugendheim 2

Schnitzer, Ulrich, Prof. Dr., 7500 Karlsruhe, Institut für Orts-, Regional- und Landesplanung der Universität Karlsruhe

Schöttstall, H. Siegel, Dipl.-Ing.(FH), Postfach 1144, 8874 Leipheim

Horst Schwab GmbH, Schwab Reitplatzbau, Brunnenstr.2, 8070 Ingolstadt-Oberbrunnenreuth

Strothmann, Klaus, Landschaftsarchitekt, Wesel 12, 4450 Lingen/ Ems 2

Tietz, Helmut, Dipl.-Ing., Carl-Diem-Weg 4, 5000 Köln 41, Bundesinstitut für Sportwissenschaft, Fachbereich Sport- und Freizeitanlagen

Zeeb, Klaus, Dr., Am Moosweiher 2, 7800 Freiburg, Tierhygienisches Institut Freiburg

Wir danken für wichtige Hinweise außerdem:
Heinz Brüggemann (Betriebsleiter des Bundesleistungszentrum Reiten FN/ DOKR); Martin Plewa, Rüdiger Schwarz (Bundestrainer Vielseitigkeit); Ernst Schäfer, Firma Dold, Hardt; Dr. Hermann Wieland, Biblis.

1

Anforderungen an die moderne Reitanlage

1.1

Ansprüche des Pferdes

(Die nachstehenden Ausführungen sind im wesentlichen den "Richtlinien zur Beurteilung von Pferdehaltungen unter Tierschutzgesichtspunkten" entnommen - siehe auch Literaturverzeichnis und Anhang)

Zwar steht das Pferd seit 5.000 Jahren unter dem züchterischen Einfluß des Menschen, in seinem Verhalten und hinsichtlich seiner Ansprüche an die Lebensbedingungen hat es sich jedoch nicht wesentlich geändert. Die Häufigkeit von Erkrankungen und Dauerschäden von Pferden lassen darauf schließen, daß diesen Ansprüchen nicht ausreichend entsprochen wird und eine tiergerechte Haltung und Nutzung vielfach nicht gegeben ist. Am häufigsten treten Lahmheiten und Erkrankungen der Atemwege auf. Diese Situation läßt sich nur verbessern, wenn Fehler in Nutzung und Haltung vermieden werden. Dazu sind Bedingungen in den folgenden Bereichen sicherzustellen.

Bewegung

Unter naturnahen Bedingungen bewegen sich die Pferde im Herdenverband zur Futteraufnahme bis zu 16 Stunden am Tag und legen dabei 4 - 6 Kilometer zurück.

Mangelndes Bewegungsangebot bedingt Steifheit: Sehnen, Bänder und Gelenke verlieren ihre Elastizität und sind vermehrt anfällig. Bewegungsmangel behindert zudem die Selbstreinigungsmechanismen in den Atemwegen und beeinträchtigt den gesamten Stoffwechsel. Neben ausreichender Bewegungsmöglichkeit im Haltungssystem ist regelmäßige angemessene Arbeit nötig, die in ihrem Aufbau physiologisch sinnvoll sein muß (Anwärmphase usw.) und die Kondition des jeweiligen Pferdes nicht überfordert. Unvermittelte, zu hohe und zu lang anhaltende Belastungen sind schädlich. Je stärker das Haltungssystem die Bewegungsfreiheit einschränkt, umso vordringlicher ist ein Ausgleich durch tägliches dem Traingszustand und der Physiologie angepaßtes Bewegen der Tiere. Insbesondere Privatpferde werden häufig nur eine Stunde am Tag bewegt. Das ist zu wenig. Umso wichtiger ist es, von vorneherein Flächen für Weide oder zumindest eine genügende Anzahl von Paddocks vorzusehen. Für die Einzelhaltung gilt, daß selbst ein kleiner Auslauf besser ist als gar keiner. Ausläufe sollten ganzjährig benutzbar sein. Der Anbindestand ist als Neueinrichtung nicht zu empfehlen. Wo Pferde noch im Ständer gehalten werden, müssen die Mindestmaße eingehalten werden (s. Anhang) und der notwendige Bewegungsausgleich sichergestellt sein. Hinsichtlich der Bewegungsmöglichkeit und auch der Anregung zur Bewegung ist die Auslaufhaltung in Gruppen als die am ehesten artgerechte Haltungsform zu bewerten.

Sozialkontakte

Pferde sind ihrem Wesen nach gesellige Tiere. Werden die Anforderungen, die sie als soziale Lebewesen stellen, nicht berücksichtigt, so können Probleme im Umgang mit ihnen und sogar Verhaltensstörungen entstehen. Die Haltung eines einzelnen Pferdes ohne soziale Partner ist nicht pferdegemäß! Je geringer die Kontaktmöglichkeiten zu Artgenossen oder anderen Tieren, umso stärker ist das Pferd auf den Menschen als sozialen Partner angewiesen. Nicht nur bei Haltung in Gruppen, sondern auch bei der Einzelaufstallung ist auf das soziale Gefüge zwischen den Pferden Rücksicht zu nehmen.

Die Kontaktmöglichkeiten zwischen den Artgenossen sind so frei zu gestalten, wie es der Haltungszweck, aber auch die Qualifikation des Betreuers erlauben. Bei Einzelaufstallung ist in der Regel mindestens der Sicht-, Hör- und Geruchskontakt zwischen den Tieren sicherzustellen. Darüberhinaus sollen Pferde, die als Fluchttiere nur durch stetige Wachsamkeit und Kontrolle der Umgebung überleben konnten, am Geschehen in ihrer Umgebung angemessen teilhaben können. Zusätzlich sollte die Möglichkeit zum gemeinsamen Auslauf geschaffen werden.

◀ *Soziale Hautpflege*

Für junge Pferde muß die Aufzucht in Gruppen gefordert werden, denn nur hier sind wichtige Entwicklungsreize gegeben, die das normale Sozialverhalten fördern und zu ausreichender Futteraufnahme und Bewegung anregen.

Futter und Futteraufnahme

Futterqualität, -zusammensetzung und-menge müssen gesundheitlich einwandfrei sein und dem Erhaltungs- und Leistungsbedarf des Einzeltieres entsprechen.

Der Verdauungsapparat ist so beschaffen, daß er auf kontinuierliche, mindestens aber täglich mehrmalige Futterzufuhr angewiesen ist. Zur artgemäßen Ernährung des Pferdes gehört ein ausreichender Anteil an strukturiertem Futter. Die Futteraufnahme dient nicht nur der Ernährung, sondern auch der Beschäftigung. Das Futter muß in entspannter Haltung aufgenommen werden können.

Hygienisch einwandfreies Trinkwasser ist ständig, mindestens aber mehrmals täglich anzubieten. Diese Tatsachen sind bei der Lagerung der Futtermittel und der Fütterungs- und Tränketechnik zu berücksichtigen.

Klimaansprüche (Temperatur, Luft, Licht)

Der ursprüngliche Lebensraum der Pferde war die Steppe. An diesen Lebensraum sind Pferde besonders angepaßt und vertragen daher sowohl hohe als auch tiefe Temperaturen gut. Das Pferd verfügt über die - gegenüber anderen Haustieren - besonders ausgeprägte Fähigkeit zur Thermoregulation und ist somit auch gegenüber großen Temperaturschwankungen unempfindlich. Die Fähigkeit zur Thermoregulation ist trainierbar, in kalten oder offenen Ställen gehaltene Tiere sind daher unempfindlicher als Tiere, die in warmen Ställen gehalten werden. Die Stalltemperatur soll der Außentemperatur gemäßigt folgen.

Der hochspezialisierte Atmungsapparat des Fluchttieres Pferd ist allerdings besonders empfindlich gegen Staub und Schadgase. Deshalb müssen Frischluftversorgung und Luftzirkulation sichergestellt sein. Staub- und Keimgehalt, relative Luftfeuchte und Gaskonzentration im Stall müssen in einem Bereich gehalten werden, der für die Pferde gesundheitlich unbedenklich ist.

Auf der Weide suchen Pferde zum Lagern stets Flächen auf, die besonders dem Wind ausgesetzt sind (auch im Winter). Dies zeigt auch, daß Pferde sich im Wind wohlfühlen - die Angst vieler Pferdehalter vor Zugluft (Zugluft ist ein nur auf Teile des Körpers auftreffender kühlerer Luftstrom) ist häufig übertrieben.

Staub entsteht in Pferdeställen z.B. durch offenen Abwurf oder das Aufschütteln von Heu und Stroh. Die Staubteilchen reizen die Schleimhäute und können Träger von Krankheitserregern sein. Nutzanwendung für den Stallbau z.B.: offene Abwurfschächte sind im Stallbereich möglichst zu vermeiden.

Durch Ausscheidung oder Zersetzungsvorgänge entstehen Schadgase wie z.B. Amoniak (NH_3) und Schwefelwasserstoff (H_2S). Schon relativ geringe Konzentrationen beeinträchtigen das Wohlbefinden der Pferde und erhöhen das Infektionsrisiko.

Neben anderen Faktoren sind schlechte und zu warme Stalluft sowie hohe Staubbelastung für die starke Zunahme an Erkrankungen der Atemwege verantwortlich. Detailangaben und Grenzwerte finden sich im Kap. 3.3 Stallklima.

Das natürliche Spektrum des Sonnenlichtes hat starken Einfluß auf den gesamten Stoffwechsel, wodurch Widerstandskraft, Leistungsfähigkeit und Fruchtbarkeit positiv beeinflußt werden. Deshalb ist es wichtig, daß die Ställe ausreichend mit Licht entsprechend spektraler Qualität versorgt sind. Durch ultraviolettes Licht z.B. wird bei Pferden in der Haut aus Vorstufen das Vitamin D aufgebaut, welches für viele Stoffwechselvorgänge wichtig ist.

Dem Tages- und Jahresrhythmus kommt außerdem eine wesentliche biologische Funktion z.B. für die Steuerung der Fortpflanzung oder des Fellwechsels zu. Pferdeställe müssen also genügend große Fensterflächen aufweisen, auch die Forderung, daß Pferde sich häufig im Freien aufhalten sollten, findet hierin eine weitere Begründung.

1.2

Erwartungen der Kunden

In einer Reitanlage finden sich ganz unterschiedliche Bevölkerungs- und Altersgruppen ein. Allen ist zwar die Begeisterung für Pferde gemeinsam, ihre Wünsche, Vorstellungen, Erwartungen, Kenntnisse und Voraussetzungen sind jedoch enorm unterschiedlich.

Ein Betrieb, der Pferde in Pension nimmt und/oder Reitunterricht anbietet, ist ein Dienstleistungsbetrieb und sollte bei der Planung eines Neubaus oder einer Erweiterung immer wieder prüfen, ob die Interessen und Erwartungen seiner Mitglieder oder Kunden auch berücksichtigt werden.

Einige Beispiele:

- Reitbetriebe benötigen ein qualifiziertes Angebot von Lehrpferden
- Für das Heranführen von Kindern werden geeignete Ponys benötigt, die meist robust gehalten werden können.
- Kinder und Jugendliche brauchen auch Freiräume, wo sie spielen oder toben können, ohne andere zu stören.
- Lehr- und Schulpferde werden meistens sehr viel mehr beansprucht als Privatpferde und müssen mehrmals am Tag leicht verfügbar sein, es bietet sich also Einzelhaltung an.
- Liebhaber von naturnahen Haltungsformen bevorzugen häufig Offenställe bzw. Auslaufhaltung in Gruppen. - Zuchtpferde, Stuten und Fohlen benötigen große Koppeln und größere Boxen bzw. Laufställe.
- Erwachsene Reiter möchten nach dem Reiten gemütlich zusammensitzen und ihre Erlebnisse, Erfahrungen oder Probleme austauschen, hierfür wird ein geeigneter Aufenthaltsraum oder ein Kasino möglichst mit Blick in die Reithalle benötigt.
- Auch Eltern, die ihre Kinder zum Reiten oder Voltigieren bringen, schätzen ein solches Angebot.

- Pferdesportler wollen auch theoretisch dazulernen. Für theoretischen Unterricht, auch für die Vorbereitung von Sonderprüfungen (z.B. Reiterabzeichen), wird ein Unterrichtsraum benötigt.
- Turnierreiter benötigen für die Vorbereitung ihrer Pferde einen Dressur- und Springplatz auch im Freien.
- Auch der an Turnieren nicht interessierte Reiter legt Wert auf attraktive Möglichkeiten außerhalb der Reithalle.
- Feste Hindernisse (z.B. Wälle, Aufsprünge) sind Bestandteil der Grundausbildung des Reiters. Sie dienen außerdem der Vorbereitung auf die Jagdsaison, der Ausbildung junger Pferde oder der Vorbereitung auf Vielseitigkeitsprüfungen.
- Schöne Sommerabende verbringt man gerne im Freien, für den Zusammenhalt ist z.B. ein gemeinsamer Abend am Grillplatz sehr förderlich.
- Berufstätige, die nach der Arbeit direkt zu ihrem Pferd oder zum Unterricht kommen, brauchen einen Umkleideraum mit abschließbaren Schränken.
- Fahrsportinteressierte benötigen einen Fahrplatz und Unterstellmöglichkeiten für Kutschen und Geschirrkammer.
- Für behinderte Reiter ist auf den behindertengerechten Zugang zu allen Einrichtungen zu achten, nach Möglichkeit auch Aufstiegshilfen vorsehen.

Die vorstehende Aufstellung ließe sich fast beliebig erweitern. Weitere Anregungen können dem Diskussionspapier "Perspektiven der Reitervereine bis zum Jahre 2000", abgedruckt im „Handbuch für Reit- und Fahrvereine" (s. Literaturverz.) entnommen werden.

1.3

Zweck des Betriebes, arbeitswirtschaftliche Anforderungen

Die meisten Reitanlagen in Deutschland werden entweder von
- Reit- (und Fahr-) vereinen,
- gewerblichen (privaten) Reitbetrieben oder
- landwirtschaftlichen Betrieben

getragen.
Nähere Einzelheiten zu diesen und anderen möglichen Rechtsformen können der Betriebswirtschaftlehre für Reitbetriebe (s. Literaturverzeichnis im Anhang) entnommen werden. Allen Reitbetrieben ist gemeinsam, daß hier Dienstleistungen wie z.B. Pferdehaltung und -versorgung, Ausbildung von Reitern und Pferden angeboten werden.

Diese Betriebe treten damit nicht nur in Konkurrenz zu anderen Reitbetrieben des Einzugsgebietes, sondern auch zu anderen Anbietern von Sport- oder Freizeitangeboten. Der Betriebsleiter wird also bestrebt sein müssen, sein Angebot konkurrenzfähig und zumindest kostendeckend (Reitervereine) oder sogar gewinnbringend (Gewerbebetriebe) zu gestalten.

Personalkosten machen einen beachtlichen Anteil der festen Kosten in einem Reitbetrieb aus, so daß bei der Planung gute arbeitswirtschaftliche Voraussetzungen, kurze Wege, sinnvolle Zuordnung der Arbeitsbereiche (z.B. Futter- und Einstreulagerung in unmittelbarer Stallnähe), hohe Mechanisierung, etc. zu beachten sind. So läßt sich z.B. der durchschnittliche Arbeitsaufwand von mindestens 120 Stunden pro Pferd im Jahr für die Versorgungsarbeiten (ohne Pflege) bei Handarbeit durch den Einsatz entsprechender Technik (z.B. Transportmittel, Entmistungsanlage) wesentlich reduzieren, bei Ausnutzung aller Möglichkeiten sogar bis auf die Hälfte. Alle Rationalisierungsmaßnahmen müssen dort enden, wo das **Wohl der Pferde** wegen fehlender Beobachtungsmöglichkeit beeinträchtigt werden könnte. Der morgendliche Blick in die Krippe und auf das Pferd ist durch nichts zu ersetzen.

Solche Überlegungen müssen bereits in einer frühen Phase der Planung einsetzen, eine spätere Nachrüstung ist normalerweise wesentlich aufwendiger. Auch eventuelle spätere Erweiterungen sollten schon früh mitüberlegt werden, damit diese in einem späteren Bauabschnitt zu verwirklichenden Maßnahmen harmonisch in das Gesamtkonzept hineinpassen und kostengünstig möglich sind.

Auf jeden Fall sollte also bevor Baumaßnahmen in Angriff genommen werden, für jede Reitanlage eine **differenzierte Detailplanung** vorgenommen werden. Die Konzeption sollte alle Absichten des Reitbetriebes beinhalten und eine bauabschnittsweise Durchführung ermöglichen.

2

Planungsdaten

2.1

Entwicklung im Pferdesport

In den 50er Jahren gab es in Westdeutschland noch ca. 2,5 Millionen Pferde, die zu einem größeren Teil in der Landwirtschaft eingesetzt wurden. Durch die zunehmende Technisierung folgte ein dramatischer Rückgang des Pferdebestandes mit einem Tiefpunkt Ende der 60er Jahre.

Mit zunehmendem Wohlstand und vermehrter Freizeit der Bevölkerung folgte dann in den 70er Jahren glücklicherweise der Aufschwung des Pferdesportes, so daß heute die amtlichen Statistiken wieder von gut 400.000 Pferden in Westdeutschland sprechen (s. Übersicht 1).

Die Anzahl der **Reitervereinsmitglieder** nimmt in Westdeutschland ebenfalls stetig zu, wobei allerdings die Zuwachsraten in den letzten 5 Jahren deutlich geringer sind als zuvor. Aus Übersicht 1 läßt sich außerdem entnehmen, daß die Mitgliederzahlen pro Reiterverein etwas größer werden. Allerdings bestehen bei diesem Trend sehr große regionale und lokale Unterschiede. An dem insgesamt bundesweit kontinuierlichen Mitgliederzuwachs nehmen übrigens nicht alle Landesreiterverbände gleichmäßig teil. Einige Verbände mußten zwischenzeitlich sogar schon sinkende Mitgliederzahlen in Kauf nehmen. (Nähere Einzelheiten hierzu können den Jahresberichten der Deutschen Reiterlichen Vereinigung entnommen werden).

Auf dem Gebiet der fünf neuen Bundesländer stellte sich die Entwicklung anders dar: Der Pferdesport gehörte nicht zu den besonders geförderten Sportarten, die Ausübung beschränkte sich praktisch auf

Betriebssportgemeinschaften, die Reit- und Fahrsektionen arbeiteten häufig mit landwirtschaftlichen Produktionsgenossenschaften (LPG) zusammen. Einige Daten hierzu lassen sich der Übersicht 2 entnehmen.

Übersicht 1: Entwicklung des Pferdesports 1960 - 1990

Jahr	*Pferdebestand (incl. Ponys)*	*Reiter-vereine*	*Mitglieder*	*Turniere*
1960	710.200	**	**	641
1970	252.500	1.890	195.076	922
1980	382.000	3.348	466.618	2.715
1985	*	4.210	510.948	3.495
1986	367.600	4.268	510.796	3.080
1987	*	4.447	515.177	3.129
1988	374.900	4.162	522.730	3.093
1989	*	4.188	537.573	3.129
1990	405.965	4.340	556.904	3.184

* Seit 1984 wird eine Zählung nur noch alle 2 Jahre durchgeführt
** nicht veröffentlicht
Quelle: Jahresberichte der Deutschen Reiterlichen Vereinigung (FN) 1960-1990

Übersicht 2: Pferdebestand in Ostdeutschland 1989 und Anfang 1991

Jahr	*Pferdebestand*	*Sektionen/ Reitervereine*	*Mitglieder*
1989	99.545	995	51.069
1991	84.989	740	25.250

Quelle: Mitteilung der neuen Landesreiter- bzw. Landeszuchtverbände, 1990 u. 04/1991

Die nachfolgenden Aussagen beziehen sich nur auf Westdeutschland, da die entsprechenden Zahlen für die neuen Bundesländer bei Drucklegung noch nicht vorlagen und daher in dieser Ausgabe nicht berücksichtigt werden konnten.

Interessant ist auch ein Blick auf die **Altersverteilung** der Reitervereinsmitglieder (s. Übersichten 3 und 3a).

Übersicht 3: Gliederung des Mitgliederbestandes nach Alter (Zusammenfassung)

Jahr	*bis 18 Jahre*	*ab 19 Jahre*
1965	24,4 %	75,6 %
1970	29,8 %	70,2 %
1975	36,8 %	73,2 %
1980	40,9 %	59,1 %
1985	35,5 %	64,6 %
1990	31,7 %	68,3 %

Bis in die frühen 80er Jahre nahm der Anteil der Kinder und Jugendlichen (bis 18 Jahre) stetig auf ca. 40 % der Reitervereinsmitglieder zu. Seitdem geht der Anteil wieder zurück, so daß heute nur noch knapp 1/3 Mitglieder unter 18 Jahren alt sind.
Die Übersicht 3a zeigt eine Gegenüberstellung der absoluten Mitgliederzahlen in den Altersgruppen sowie deren Anteil am Gesamtmitgliederbestand in Prozent.
Die speziellen Anforderungen der verschiedenen Altersgruppen sollten künftig vermehrt berücksichtigt werden:
Z.B. können Kinder in vielen Reitervereinen erst ab ca. 10 Jahre Reiten lernen. Häufig sind die Kinder dann jedoch bereits durch andere Sport- oder Freizeitaktivitäten ausgelastet. Für die Heranführung der ganz jungen Pferdesportler (4-10 Jahre) werden geeignete Ponys benötigt, welche auch wesentlich weniger aufwendig gehalten werden können. Außerdem sollten von vorneherein Freiräume zum Spielen und Toben geschaffen werden, die auch für kleinere oder nicht reitende Geschwister wichtig sind.
Die Altersgruppe der über 18-jährigen darf natürlich nicht vernachlässigt werden, insbesondere nicht diejenige der sog. Seiten- oder Wiedereinsteiger ab 30 Jahre. Die erwachsenen Reitervereinsmitglieder stellen heute gut 2/3 aller Mitglieder.

Übersicht 3a: Gliederung des Mitgliederbestandes nach Altersgruppen (ausführlich)

Jahr	*bis 14 Jahre*		*15 - 18 Jahre*		*19 - 21 Jahre*		*über 21 Jahre*		*Gesamt*
	Anzahl	*%*	*Anzahl*	*%*	*Anzahl*	*%*	*Anzahl*	*%*	*(100 %)*
1965	16.882	13,0	14.797	11,4	10.093	8,0	87.714	67,6	129.486
1970	32.754	16,8	25.419	13,0	17.814	9,1	119.089	61.1	195.076
1975	68.296	21,3	49.657	15,5	25.096	7,8	177.173	55,4	320.222
1980	106.953	22,9	83.754	18,0	39.309	8,4	236.602	50,7	466.618
1985	88.788	17,4	92.605	18,1	49.249	9,7	272.209	54,9	510.948
1990	110.341	19,8	66.168	11,9	46.785	8,4	333.610	59,9	556.904

Quelle: Jahresberichte der Deutschen Reiterlichen Vereinigung e.V. (FN) 1965-1990

Interessant ist in diesem Zusammenhang auch der Blick auf die **Geschlechtsverteilung** innerhalb der Altersgruppen (s. Übersicht 4). Im Jahre 1965 ritten in den Altersgruppen "bis 14 Jahre" und "15 - 18 Jahre" noch etwa gleich viele Jungen wie Mädchen (51,8 : 48,2 bzw. 52,3 : 47,7 %). Seitdem nimmt der Anteil der Mädchen laufend zu: heute reiten 5 mal so viele Mädchen wie Jungen (unter 18 Jahren)! Dieses Verhältnis sieht bei den Erwachsenen über 21 Jahren ganz anders aus: hier reiten sogar ca. 7 % mehr Männer als Frauen (53,4 : 46,6 %). - Die Zahlen können im Rahmen dieses Buches nicht analysiert werden, sie sollten jedoch zu denken geben. Vielleicht gelingt es durch die Schaffung eines attraktiven Angebotes für männliche Jugendliche einerseits und erwachsene Frauen andererseits eine ausgeglichenere Verteilung zu erreichen.

Die genannten Zahlen beziehen sich auf Reitervereinsmitglieder, die nichtorganisierten Pferdefreunde sind nicht erfaßt. Die Schätzungen über deren Anzahl gehen weit auseinander. Es kann von einem in etwa gleich großen Anteil in Vereinen organisierter und nichtorganisierter aktiver Pferdesportler ausgegangen werden.

Übersicht 4: Gliederung des Mitgliederbestandes nach Geschlecht innerhalb der Altersgruppen

Jahr	*bis 14 Jahre*				*15 - 18 Jahre*				*19 - 20 Jahre*				*über 21 Jahre*			
	männlich		*weiblich*		*männlich*		*weiblich*		*männlich*		*weiblich*		*männlich*		*weiblich*	
	Anzahl	*%*	*Anzahl*	*%*	*Anzahl*	*%*	*Anzahl*	*%*	*Anzahl*	*%*	*Anzahl*	*%*	*Anzahl*	*%*	*Anzahl*	*%*
1965	8.749	51,8	8.133	48,2	7.739	52,3	7.058	47,7	5.847	57,9	4.246	42,1	70.397	80,3	17.317	19,7
1970	13.116	40,0	19.638	60,0	10.819	42,6	14.600	57,4	9.482	53,2	8.332	46,8	88.892	74,6	30.197	25,4
1975	22.639	33,2	45.657	66,8	16.849	34,0	32.808	66,0	10.892	43,4	14.202	56,6	120.628	68,1	56.545	31,9
1980	25.740	24,1	81.213	75,9	22.486	26,8	61.268	73,2	14.245	36,2	25.064	63,8	149.725	63,3	86.877	36,7
1985	17.278	19,5	71.510	80,5	17.416	18,8	75.189	81,2	13.271	27,0	35.978	73,0	166.226	59,3	114.080	40,7
1990	18.641	16,9	91.700	83,1	10.960	16,6	55.208	83,4	9.915	21,2	36.870	78,8	178.102	53,4	155.508	46,6

%* Die Prozentangaben beziehen sich jeweils auf die Altersgruppe, z.B. in der Altersgruppe 'bis 14 Jahre' sind 1990 .... % Jungen und .... % Mädchen.

Quelle: Jahresberichte der Deutschen Reiterlichen Vereinigung e.V. (FN)

2.2

Bedarfsermittlung

Als Faustzahl wird man auch künftig auch davon ausgehen können, daß der Pferdesport von durchschnittlich ca. 1 % der Bevölkerung ausgeübt wird. Das Interesse ist allerdings regional sehr unterschiedlich, erfahrungsgemäß ist der Bedarf im ländlichen Raum in der Regel größer als in Ballungsgebieten. Um zu beurteilen, ob im Einzugsbereich der bestehenden oder neu zu bauenden Reitanlage ein Bedarf für Erweiterung oder Neubau besteht, müssen die nachstehenden Faktoren erfaßt und berücksichtigt werden:

- Größe des Einzugsgebietes
- Einwohnerzahl und Altersstruktur
- Anzahl der Pferde und Reiter im Einzugsgebiet
- Attraktivität des Ausreitgeländes
- Anbindung an öffentliches Verkehrsnetz
- Art, Anzahl und Größe der bereits vorhandenen Reitbetriebe
- Angebotspalette und -lücken dieser Betriebe
- Attraktivität des eigenen Vorhabens
- Alternative Unterstellmöglichkeiten für Pferde (z.B. bei Landwirten)
- Sonstige Sport- und Freizeitangebote im Einzugsgebiet etc.

2.3

Baurechtliche Voraussetzungen

Neubau, Erweiterungen, Umbau, ja selbst Nutzungsänderungen einer Reitanlage (einschl. der Außenanlagen) unterliegen baurechtlichen Vorschriften. Zu unterscheiden sind die bau**planungs**rechtlichen und die bau**ordnungs**rechtlichen Vorschriften. Das **Bauplanungsrecht** ist Bundesrecht (Baugesetzbuch, letzte Fassung vom 1.7.1987; Baunutzungsverordnung, letzte Fassung vom 23.1.1990) und bestimmt, **ob** auf einem bestimmten Grundstück eine Reitanlage gebaut werden darf. Das **Bauordnungsrecht** ist als Landesrecht in der sog. Landesbauordnung eines jeden Bundeslandes geregelt; es ist Baupolizeirecht und bestimmt, **wie** eine grundsätzlich zulässige Reitanlage ausgeführt sein muß, damit von ihr keine Gefahren für die öffentliche Sicherheit und Ordnung ausgehen (z.B. Standsicherheit, Feuer, Tierschutz).

Das bedeutet im einzelnen:

Bauplanerische Zulässigkeit

Bauplanerisch wird das gesamte Gebiet einer Gemeinde in 3 Zonen eingeteilt:

a) Bebauungsplangebiet

Die Gemeinde stellt für das gesamte Gemeindegebiet einen Flächennutzungsplan ("F-Plan") auf und konkretisiert die dort skizzierten planerischen Vorstellungen durch mehrere Bebauungspläne ("B-Pläne). Wenn nun eine Gemeinde für ein bestimmtes Gebiet einen Bebauungsplan aufgestellt hat, dann ist dort zugleich ausgesagt, welcher baulichen Nutzung das Gebiet dient. Reitanlagen sind grundsätzlich "Anlagen für sportliche Zwecke" und daher nach der Baunutzungsverordnung zulässig in "allgemeinen Wohngebieten" (WA), "besonderen Wohngebieten" (WB), "Dorfgebieten" (MD), "Mischgebieten" (MI), "Kerngebieten" (MK), "Gewerbegebieten" (GE) und in "Sondergebieten, die der Erholung dienen" (SO), in letzteren allerdings nur, wenn in der Zweckbestimmung des SO-Gebietes die "sportlichen Zwecke" (hier die Reitanlage) besonders erwähnt sind. Ausnahmsweise sind Reitanlagen zulässig in "Kleinsiedlungsgebieten" (WS) und in "Industriegebieten" (GI).
Aus sportfachlicher Sicht ist eine Reitan-

lage im Industriegebiet nicht zu befürworten. Die beste planungsrechtliche Situation für eine Reitanlage wäre ein "Sondergebiet, das der Erholung dient" (SO), sofern die Reitanlage dort ausdrücklich erwähnt ist.

b) Innenbereich

Wenn die Reitanlage auf einem Grundstück errichtet werden soll, für das *kein* Bebauungsplan besteht, das jedoch "innerhalb der im Zusammenhang bebauten Ortsteile" liegt, dann gelten die Regeln für den "nicht überplanten Innenbereich". Hier ist nach § 34 Baugesetzbuch ein Vorhaben zulässig, "wenn es sich nach Art und Maß der baulichen Nutzung, der Bauweise und der Grundstücksfläche, die überbaut werden soll, in die Eigenart der näheren Umgebung einfügt ...". In solchen Fällen wird von Nachbarn der Reitanlage bisweilen bestritten, daß sich die Anlagen harmonisch in Umgebung einfügen, es wird insbesondere auf angebliche Geruchsbelästigung verwiesen (siehe dazu Urteil des OVG Lüneburg vom 19.10.1982 in Agrarrecht 83,126).

c) Außenbereich

Dritte und letzte Möglichkeit: Für das Grundstück besteht kein Bebauungsplan und es liegt im "Außenbereich",d.h. außerhalb der im Zusammenhang bebauten Ortsteile; dann gilt § 35 Baugesetzbuch. Hiernach ist im Regelfall ein Bauvorhaben nur zulässig, wenn öffentliche Belange nicht entgegenstehen und das Grundstück einem land- oder forstwirtschaftlichen Betrieb dient. Der Normalbetrieb eines Reitervereins gehört indessen nicht zu den nach § 35 BauGB "privilegierten Vorhaben", ebenso wenig der gewerblich betriebene Reiterhof. Der typische Fall eines nach § 35 BauGB privilegierten Vorhabens sind die der Pferdezucht dienenden Bauten im Rahmen eines landwirtschaftlichen Betriebes. Dazu zählt neuerdings auch die Pensionspferdehaltung im Zusammenhang mit entsprechender Bodenbewirtschaftung. Auch der landwirtschaftliche Nebenerwerbsbetrieb zählt hierzu. Daß eine Reithalle der Vermarktung der eigenen Zuchtprodukte dient und daher im Rahmen eines landwirtschaftlichen Zuchtbetriebes grundsätzlich zulässig ist, ist vom Bundesverwaltungsgericht durch Urteil vom 19.4.1985 (4 C 25.84) entschieden worden. Unzulässig wäre hiernach jedoch die Nutzung der Reithalle für gewerbliche Erteilung von Reitunterricht. Auch der Anbau eines Kasinos wäre durch die landwirtschaftliche Zweckbestimmung nicht gedeckt.

Um also den Bau einer Vereinsreitanlage im "Außenbereich" rechtlich zu ermöglichen, müßte dieses Gebiet "überplant" werden, d.h. die Gemeinde müßte einen Bebauungsplan aufstellen - am besten "Sondergebiet, das der Erholung dient (Reitanlage)" - s. a).

Bauordnungsrechtliche Zulässigkeit

Wenn das Vorhaben bauplanerisch zulässig ist, muß es zusätzlich den Bestimmungen des Bauordnungsrechts (Standsicherheit, Brandsicherheit, Grenzab-

stände, Tierschutz, äußere Gestaltung usw.) entsprechen. Das ist wie gesagt in den Bauordnungen der einzelnen Länder geregelt.
Nachstehend ist der Text der Musterbauordnung für **Ställe** wiedergegeben. Die 15 Bundesländer haben diese Vorschrift mit leichten Modifizierungen in ihre jeweilige Landesbauordnung übernommen (Besorgen Sie sich ggf. "Ihre" Landesbauordnung, um über evtl. Spezialvorschriften Ihres Bundeslandes informiert zu sein):

§ 49
Ställe

(1) Ställe sind so anzuordnen, zu errichten und zu unterhalten, daß eine gesunde Tierhaltung sichergestellt ist und die Umgebung nicht unzumutbar belästigt wird. Ställe müssen eine für ihre Benutzung ausreichende Grundfläche und lichte Höhe haben. Ställe sind ausreichend zu be- und entlüften.

(2) Über oder neben Ställen und Futterküchen dürfen Wohnungen oder Wohnräume nur für Betriebsangehörige und nur dann angeordnet werden, wenn Gefahren oder unzumutbare Belästigungen nicht entstehen.

(3) Die ins Freie führenden Stalltüren müssen nach außen aufschlagen. Ihre Zahl, Höhe und Breite muß so groß sein, daß die Tiere bei Gefahr ohne Schwierigkeiten ins Freie gelangen können.

(4) Wände, Decken und Fußböden sind gegen schädliche Einflüsse der Stalluft, der Jauche und des Flüssigmistes zu schützen.

(5) Der Fußboden des Stalles oder darunterliegende Auffangräume für Abgänge müssen wasserdicht sein. (6) Für Schafställe, Ziegenställe und Kleintierställe sowie für Offenställe und Laufställe und für Räume, in denen Tiere nur vorübergehend untergebracht werden, können Ausnahmen von den Abstätzen 2 - 4 gestattet werden.

Zur Zulässigkeit von **Schutzhütten** siehe Kap. 6.3, zur **Dunglagerung** siehe Kap. 3.8.

Bauvoranfrage

Jedem formellen Bauantrag sollte ein klärendes Gespräch des Bauherrn (bzw. seines Architekten) mit dem zuständigen Beamten der Gemeinde und des Kreisbauamtes vorausgehen. Bevor anschließend ein kostspieliger Bauantrag eingereicht wird, ist es meistens ratsam, zunächst über die Gemeinde eine sog. "Bauvoranfrage" an das zuständige Bauamt einzureichen.

Nachbarrechtliche Beziehungen

Wo künftige nachbarrechtliche Schwierigkeiten (z.B. Nachbar beklagt sich über Immissionen - Geräusche, Gerüche, Staub, Fliegen) zu befürchten sind, kann man durch eine Vereinbarung (notariell) mit dem Nachbarn auf dessen Grundstück rechtzeitig eine sog. Grunddienstbarkeit eintragen lassen. Dann muß der jeweilige Eigentümer dieses Nachbargrundstücks die etwaigen Immissionen dulden. Die Gegenleistung ist Verhandlungssache. Im übrigen sollte sich kein Betriebsinhaber seinen Nachbarn gegenüber auf seine formalen Rechte verlassen. Er sollte vielmehr stets und konsequent ein gutes Verhältnis zu den Nachbarn und den Bewohnern der Umgebung unterhalten. Eine gut geplante Reitanlage ist im übrigen keine Belastung für die Umgebung, sondern im Gegenteil eine Aufwertung. Die Nachbarschaft einer großzügig geplanten, attraktiv durchgrünten und fachmännisch geleiteten Reitanlage gilt als "gute Adresse".

2.4

Betriebliche Daten

Betriebsgröße

Die Frage nach der optimalen Größe einer Reitanlage ist nicht allgemeingültig zu beantworten. Zuviele Einflußgrößen spielen wie vorher erwähnt eine Rolle, z.B. Flächenverfügbarkeit, Einzugsgebiet (Ballungsgebiet oder ländlicher Raum), Standort (s. Kap. 2.5), das geplante Angebot und evtl. Schwerpunkte hinsichtlich der Zielgruppen (Breitensportler, Ponyreiter, Kinder, Erwachsene) oder hinsichtlich bestimmter Disziplinen (Voltigieren, Dressur, Springen, Vielseitigkeit, Fahren) und natürlich auch die finanziellen Möglichkeiten. Häufig werden Kompromisse eingegangen werden müssen. Es gibt viele Beispiele, daß gute Pferdehaltung und Reitausbildung auch dort möglich sind, wo nicht ganz so gute räumliche Voraussetzungen herrschen.
Als Maß für die Betriebsgröße ist zunächst die Anzahl der Pferde wesentlich. Als Faustzahl für die Mindestgröße eines Reitbetriebes gelten allgemein 30 Pferde; erwünschter Flächenbedarf im Allgemeinen ca. 3 ha (ohne Weide und eigene Futterfläche landwirtschaftlicher Betriebe).
Hierfür werden auf jeden Fall benötigt:

- Eine Reithalle 20 x 40 m (Hufschlagmaß) und zugehörige Nebenräume (Aufenthaltsraum/Kasino, Hindernismaterial, etc., s. Kap. 4)
- Stallungen, möglichst freistehend incl. der zugeordneten Nebenräume (s. Kap. 3)
- Außenplätze: Dressurplatz 20 x 40 m (Hufschlagmaß)
  Springplatz 50 x 80 m (Empfehlung)
- Longierzirkel (14-20 m Durchmesser)
- Paddocks
- Stellplätze für Pkw
- Stellplätze für Anhänger
- umweltgerechte Durchgrünung (Hekken, Wälle, Integration von festen Hindernissen, s. Kap. 7)

Wünschenswert sind außerdem:

- Weiden (!)
- Galoppierbahn
- evtl. Geländestrecke
- evtl. Fahrplatz

Ab ca. 50 Pferden ist eine zweite Halle oder Vergrößerung der bestehenden Halle empfehlenswert. (Beispiele für mögliche Raumprogramme in Abhängigkeit von der Betriebsgröße, s. Kap. 2.6). Die für Turnieraußenplätze geltenden Mindestgrößen können nachstehender Übersicht 5 entnommen werden. (Die in der Halle geltenden Maße finden sich in Kap. 4.1).

Übersicht 5: Mindestmaße von Außenplätzen auf Turnieren

Springen	Kat. C und B	Kat. A
Mindestgröße	2.800 m²	4.000 m²
Mindestbreite:	40 m	50 m
Sonstiges:		Bei S-Prüfungen ist ein Wassergraben vorgeschrieben

Materialprüfungen:

Mindestgröße:	1.200 m	
(Empfehlung: 25 x 50 bis 30 x 60 m)		
Mindestbreite:	20 m	

Dressurprüfungen: allg.: die Umgrenzungen (Zuschauerabgrenzung) müssen bei nationalen Prüfungen 5 m, bei internationalen Prüfungen 20 m vom Viereck entfernt sein.

	national	international
Reitponys:	15 x 30 m oder 20 x 40 m je nach Ausschreibung	20 x 60 m
Reitpferde:	20 x 40 m oder 20 x 60 m je nach Ausschreibung	20 x 60 m
Einspänner:	40 x 80 m	
Zweispänner:	40 x 80 m oder 40 x 100 m je nach Ausschreibung	40 x 100 m
Vier- und Mehrspänner:	40 x 100 m	

Hindernisfahren	Kat. C u. B	Kat. A	international
Mindestgröße	4.000 m²	5.000 m²	70 x 120 m
Mindestbreite:	50 m	50 m	

Vorbereitungsplätze: Die Vorbereitungsplätze müssen in der Nähe des Prüfungsplatzes liegen und im angemessenen Verhältnis zum Prüfungsplatz stehen, i.d. Regel 40 x 80 m. (Bei größeren Veranstaltungen sollte der Vorbereitungsplatz auch größer sein)

Voltigieren: Prüfungs- und Vorbereitungsplatz:
Durchmesser: mindestens 18 m, zusätzlich 2,5 m Freiraum bis zur Platzabgrenzung

Ponyrennbahn: Mindestlänge: 400 m, 100 m kürzeste Gerade bei ovaler Bahn
Mindestbreite: 5 m

Quelle: LPO, Ausgabe 1990 § 51 und § 200; Richtlinien für Reiten und Fahren, Band 3, Ausgabe 1991; Reglements der FEI, Dressur (01.05.91) Art. 429,2; Junioren Junge Reiter, Ponyreiter (01.05.88) Art. 3129, Fahren (01.05.88), Art. 931, 922.

Betriebsplanung und Kostenrechnung

Am Anfang jeder Bauplanung steht (unabhängig davon, ob es sich um einen Umbau, eine Erweiterung oder einen Neubau handelt) eine Leistungs- und Kosten- bzw. Aufwands- und Ertragsrechnung.
Zu den **Erträgen** eines Reitbetriebes gehören Einnahmen aus:
- der Unterbringung von Pensionspferden,
- Pferdevermietung und Reitunterricht,
- Ausbildung von Pferden,
- zusätzliche Dienstleistungen (z.B. Bewegung der Pferde, Weidebenutzung, Verzehr im Kasino) etc.

Der **Aufwand** setzt sich zusammen aus:
- Wertminderung der Wirtschaftsgebäude incl. Reithalle und Maschinen
- Reparaturen
- Versicherungen, Beiträge
- Strom, Wasser, Heizung
- Löhne, Sozialabgaben
- Pferdeankäufe
- Futter, Einstreu
- Pacht- und Zinszahlungen

etc.

Ertrag minus Aufwand ergibt den Gewinn oder Verlust.

Die Gewinn- und Verlustrechnung bezieht sich immer auf das gesamte Unternehmen und nicht auf Betriebszweige (die Bezugsgröße ist in der Regel das Kalenderjahr).
Einzelne Zweige eines Unternehmens (z.B. Pensionspferdehaltung, Reitunterricht) werden als **Produktionsverfahren** bezeichnet. Für die **Wirtschaftlichkeit** eines Produktionsverfahrens ist die Differenz zwischen "Leistung" (Einnahmen in DM) und Kosten entscheidend (s. Übersicht 6).

Übersicht 6: Produktionsverfahren im Reitbetrieb

Der Reitbetrieb wird in Produktionsverfahren gegliedert:					
eingestellte Pferde			***Reitunterricht für Reiter auf eigenen Pferden***		***Reitstunde***
Pensionspferde	***Lehrpferde***	***Ausbildungspferde***	***Einzelunterricht***	***Gruppenunterricht***	
1 Stück	1 Stück	1 Stück			
1 Stück	1 Stück	1 Stück	1 Std.	1 Std.	
					Monatsumsatz

nach Pahmeyer, 1991

Die Wettbewerbsfähigkeit eines Produktionsverfahrens kann mit dem **Dekkungsbeitrag** beurteilt werden. Der Dekkungsbeitrag ist die Leistung eines Produktionsverfahrens abzüglich der Kosten, die diesem Produktionsverfahren zugeordnet werden können, den sog. **variablen Kosten** (z.B. Futter, Einstreu).

Beispiel: die Einstellung eines Pensionspferdes kostet für den Kunden 350,-- DM im Monat. Dies sind 4.200 DM im Jahr. Hiervon werden die variablen Kosten, z.B. für Futter, Einstreu, Strom und Wasser, anteilig für dieses Pferd abgezogen, das Ergebnis ist der Deckungsbeitrag.

Festkosten sind die Kosten, die nicht ohne weiteres einem Produktionsverfahren (im Beispiel dem Lehr-/Pensionspferd) zugeordnet werden können. Hierzu gehören z.B. der Arbeits-, Stallplatz, Reithallen-, Maschinenkosten oder die Kosten für einen festangestellten Mitarbeiter. Diese Kosten ergeben sich aus den Investitionskosten bzw. aus der Entscheidung einen Mitarbeiter fest einzustellen. Im Gegensatz zu den variablen Kosten fallen die Festkosten auch dann an, wenn z.B. eine Box nicht belegt ist oder ein festangestellter Mitarbeiter nicht ausgelastet ist.

Die Höhe der Festkosten wird hauptsächlich bestimmt durch:
- beanspruchte Grundfläche
- Gebäude, Anlagen
- Technische Ausstattung (Maschinen, Schlepper, etc.)
- Personalkosten

Die Festkosten müssen durch die Deckungsbeiträge der Produktionsverfahren abgedeckt werden.

Die Übersicht 7 zeigt modellhaft, wie sich aus einer Gesamtdeckungsbeitragsberechnung nach Berücksichtigung der Festkosten der Gewinn des Reitbetriebes ergibt.
Jeder Unternehmer wird natürlich versuchen, seinen Betriebserfolg möglichst zu steigern und zwar durch:
- Nicht zu hohe Festkosten (Investitionen in vertretbarem Rahmen),
- hohe Deckungsbeiträge (gute Wirtschaftlichkeit der Produktionsverfahren),
- genügend Produktionsverfahren (viele Deckungsbeiträge zur Abdeckung der Festkosten),
- Kombination der Produktionsverfahren, so daß "Arbeit und Kapital" optimal genutzt werden.

Beispielrechnungen sind in der "Betriebswirtschaftslehre für Reitbetriebe" (s. Literaturverzeichnis) in Kapitel 11 enthalten. Die dort angegebenen Zahlen können natürlich keine allgemeine Gültigkeit haben, da die regionalen Unterschiede z.B. hinsichtlich des Pacht- oder Kaufpreises eines Grundstückes, die gewählte Ausstattung (Leicht- oder Massivbauweise etc.) erheblich sind. Daher müssen in jedem Falle die konkreten Zahlen ermittelt (Angebote einholen!) und auf dieser Grundlage Alternativen durchdacht und kalkuliert werden. Sofern man nicht selbst Fachmann auf diesem Gebiet ist, müssen Fachleute herangezogen werden, die auch über Branchenkenntnis verfügen.

Übersicht 7: Gesamtdeckungsbeitrag und Festkosten

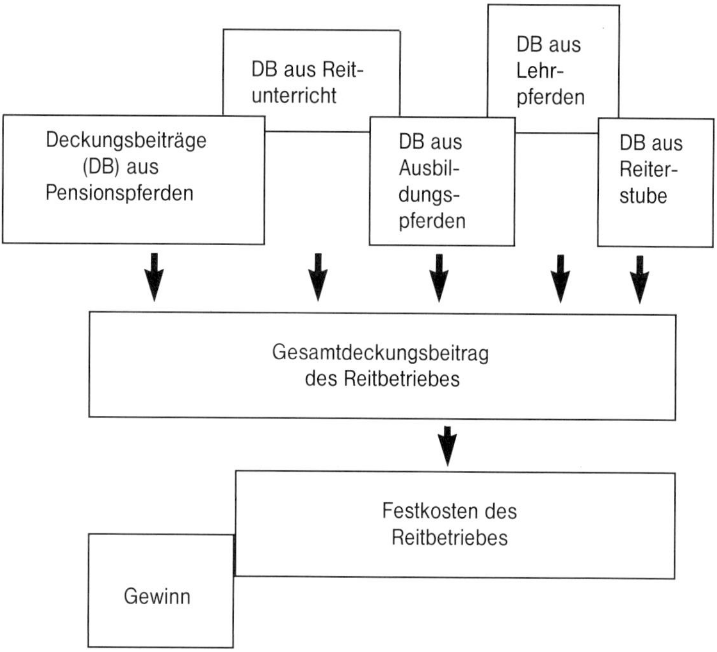

Quelle: Pahmeyer, 1991

In diesem Zusammenhang sei erwähnt, daß es durchaus sinnvoll ist, die Dienstleistungsangebote im Reitbetrieb/-verein nach gründlicher Preiskalkulation gestaffelt anzubieten, um den unterschiedlichen Wünschen und finanziellen Möglichkeiten der Kundschaft Rechnung zu tragen - siehe Übersicht 8.

Den Grundpreis müssen alle Pensionspferdehalter entrichten (evtl. unterschiedlich, je nachdem, ob ein Pony oder ein Pferd eingestellt und ob es in der Box oder in einer Gruppe untergebracht wird), die unterschiedlichen Kosten ergeben sich aus dem unterschiedlichen Investitionsbedarf bzw. dem Haltungsaufwand. Der Pferdehalter kann, je nach seinen Ansprüchen und finanziellen Möglichkeiten wählen, welche der zusätzlichen Dienstleistungen B, C und D er außerdem in Anspruch nehmen möchte.

Übersicht 8: Das Dienstleistungsangebot des Vereins im »Baukastensystem« (nach Hans Georg Gerlach)

Grundpreis »A« Boxenmiete Einstellplatz in Gruppenhaltung Futter und Einstreu Strom, Wasser, Heizung Anlagenbenutzung Versicherungen Füttern Anlagenpflege Stellplatz für Pferdehänger Stellplatz für Kutsche	***A. Festkosten*** Der aus den unter »A« zusammengestellten Komponenten errechnete Grundpreis kann sich nur durch mehr Futter oder Einstreu verändern.
Zusätzliche Dienstleistungen »B« Ausmisten und Einstreuen Pferdepflege Sattelzeugpflege Anlagenpflege Hilfsservice-Satteln usw. Weidegang (incl. tägliches Herausbringen und Hereinholen)	***B. Variable Kosten*** Die unter »B« aufgeführten Dienstleistungen können aus Kostenersparnisgründen von den Kunden selbst übernommen werden. Die Anlagenpflege wird in vielen Vereinen durch organisierte Arbeitsdienste geleistet. ***»Füttern«*** kann nicht vom Kunden übernommen werden, da alle Pferde gleichzeitig gefüttert werden müssen und andernfalls keine Kontrollmöglichkeit besteht.
Ausbildung der Pferde »C« Vollberitt Halbberitt Bewegen Stundenweiser Beritt	***C. Pferdeausbildung*** Nach Absprache mit dem Ausbilder kann der Kunde wählen, was für sein Pferd angebracht und seinem Geldbeutel zumutbar ist.
Ausbildung der Reiter »D« Unterricht in der Abteilung a. Jugendliche eigenes Pferd Jugendliche Lehrpferd b. Erwachsene eigenes Pferd Erwachsene Lehrpferd Einzelunterricht eigenes Pferd Einzelunterricht Lehrpferd Voltigieren Pauschalangebote Lehrgänge Ausbildungsblöcke Theoretischer Unterricht	***D. Reitausbildung*** Die Unterrichtsstunden in den Abteilungen lassen sich am günstigsten über Reitkarten abrechnen. Bei einer sinnvollen Stundenplanung findet sich für jeden eine interessante Fortbildungs- oder Betätigungsmöglichkeit. Pauschalangebote (Abonnements) zu festem Preis erhöhen die Kalkulierbarkeit für den Betrieb und die Motivation des Reiters.

Quelle: Handbuch für Reit- und Fahrvereine, 1989

2.5

Standortwahl

Ausreitgelände, Verkehrslage

Reiten in freier Landschaft steht für viele im Vordergrund ihrer pferdesportlichen Ambitionen. Aber auch diejenigen, die sich schwerpunktmäßig mit Dressur oder Springen befassen, reiten gerne zur Abwechslung ins Gelände. Reiten im Gelände gehört zur Grundausbildung von Reiter und Pferd. Aus diesen Gründen ist die Anbindung an ein gutes Ausreitgelände unverzichtbar. Der Zugang zum Gelände sollte möglichst gefahrlos sein. Jede Überquerung stark befahrener Straßen ist insbesondere bei jüngeren Pferden oder unerfahrenen Reitern unfallträchtig. Darüberhinaus galoppieren reiterlos gewordene Pferde evtl. alleine nach Hause, liegt eine Straße oder Eisenbahnlinie zwischen Gelände und Stall ist es Zufall, ob ein Unfall passiert oder nicht. Lange Anreitwege etwa durch eine Siedlung in ein weiter entferntes Gelände beeinträchtigen die Qualität des Ausrittes und verhinden ihn evtl. sogar ganz, wenn nur eine Reitstunde zur Verfügung steht.
Ist bei bestehenden Betrieben Ausreitgelände nicht oder nicht mehr vorhanden, müssen Alternativen überlegt werden, z.B. die Anlage von Reiterparks (s. auch Kap. 7), eine Zusammenarbeit mit anderen Betrieben oder öffentlichen Parks (wie z.B. im Englischen Garten in München realisiert).
Der Reitbetrieb sollte weiterhin verkehrsgünstig erreichbar sein. Schließlich wollen Pferdebesitzer täglich zu ihrem Pferd fahren und auch Reiter ohne eigenes Pferd möchten keine stundenlangen Anfahrtwege in Kauf nehmen. Für alle jene, die ihr Angebot der breiten Bevölkerung zugänglich machen wollen, ist außerdem eine gute Anbindung an das öffentliche Nahverkehrsnetz wichtig, da normalerweise ein großer Teil der Reiter/Kunden Kinder und Jugendliche sind. In Ballungsgebieten ist eine vernünftige städtebauliche Einbindung des Reitbetriebes wesentlich. Reitanlagen gehören nicht in Industrie- oder Gewerbegebiete, sondern sollen möglichst anderen Sport- und Freizeiteinrichtungen und auf jeden Fall der freien Landschaft zugeordnet werden (s. auch Kap. 2.3).

Berücksichtigung der Klima- und Geländeverhältnisse
(nach Prof. Dr. Ulrich Schnitzer)

Klimaverhältnisse:
Die klimatische Region wird man sich bei der Konzipierung einer Reitanlage selten aussuchen können. Wichtig ist jedoch auch das **Kleinklima** eines Standortes, welches wiederum von der Geländeformation, der Sonnenlichteinstrahlung und den Windverhältnissen beeinflußt wird. Das Kleinklima hat nämlich erhebliche Auswirkungen auf das Stallklima:
Ungünstige Temperaturverhältnisse beeinträchten den Wärmehaushalt besonders im Winter zusätzlich, insbesondere dann, wenn sie auch tagsüber erhalten bleiben (Inversionslagen). In Kaltluftzonen in Verbindung mit Luftstagnation ist der Gehalt von Staub und die Konzentration von Fremdgasen in der Luft höher.

Vermehrte Nebelbildung in solchen Lagen beeinträchtigt darüberhinaus die Sonneneinstrahlung, im Winter sind Frostnächte häufiger, etc.
Ungünstige Temperaturverhältnisse herrschen insbesondere in Geländevertiefungen und Tälern, dort bilden sich sog. "Kaltluftseen", welche die o. g. Beeinträchtigungen verursachen - siehe Abbildung 1.

Abb. 1
Nächtliches Temperaturgefälle, Kaltluftsee

a)

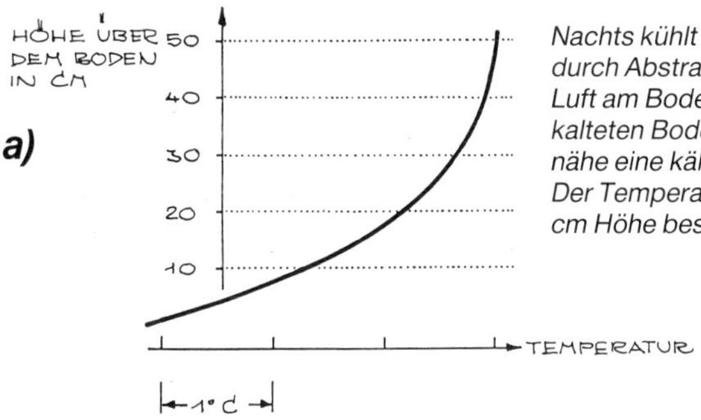

Nachts kühlt die Bodenoberfläche durch Abstrahlung von Wärme ab. Die Luft am Boden gibt Wärme an den erkalteten Boden ab, so daß in Bodennähe eine kältere Luftschicht entsteht. Der Temperaturabfall ist bis in ca. 30 cm Höhe besonders stark.

b)

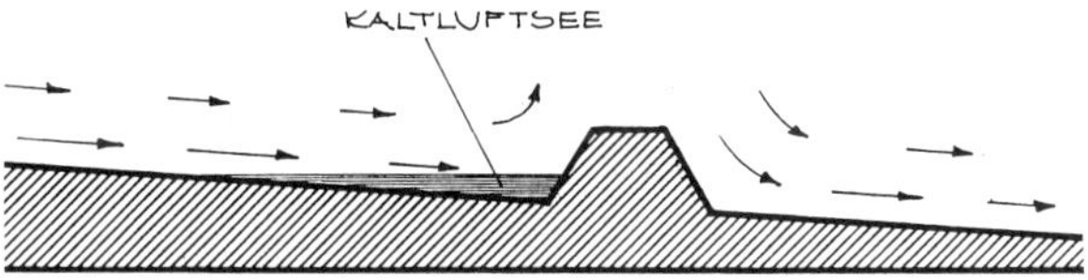

c)

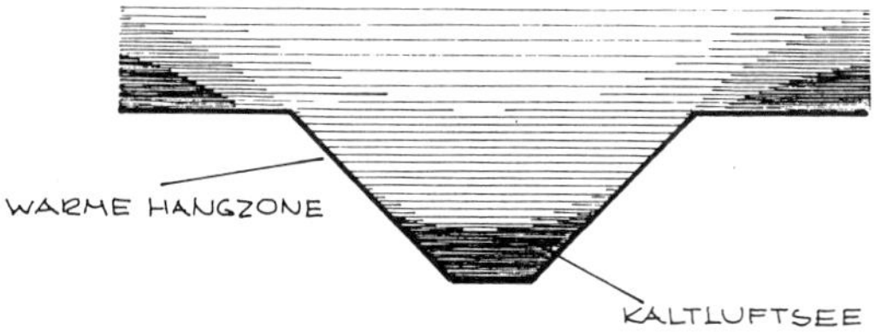

In geneigten Gelände bewegt die bodennahe Kaltluft hangabwärts. In Vertiefungen (c) oder selbst vor unbedeutend erscheinenden Hindernissen (b) bilden sich „Kaltluftseen".
Quelle: Hellmann, Geiger zit. nach Schnitzer, 1970

Daher sollten **Talsenken möglichst vermieden** und Lagen auf leichten **Erhebungen oder Hängen vorgezogen** werden.
Der Stallboden soll auf jeden Fall (auch in ebenem Gelände) wegen des deutlichen Temperaturabfalles im bodennahen Bereich höher als die Umgebung liegen (siehe auch Abb. 1a).

Geländeverhältnisse und Windrichtung:
Richtung und Neigung eines Hanggrundstückes sind vor allem durch die verschiedene Sonneneinstrahlung von Bedeutung. Die Einstrahlungsverhältnisse an Nordhängen gestalten das Winterklima extremer (niedrigere Bodentemperaturen etc.). Da der Stall aber gerade die Aufgabe hat, die Winterextreme zu mildern, sind Nordhänge weniger günstige Bauplätze für Stallungen.
Die vorherrschende **Windrichtung** ist ebenfalls von Bedeutung, da der Abtransport schlechter Luft und die Versorgung mit Frischluft an windausgesetzten Stellen schneller möglich ist, als an windgeschützen Stellen . Außerdem bevorzugen Insekten windgeschützte Stellen. Am günstigsten ist es, die Längsachse der Gebäude parallel zur Windrichtung anzuordnen, also normalerweise in Ost-West-Richtung.
Wenn der Stall - wie sehr empfehlenswert - über Außenklappen verfügt, sollen diese zur windabgewandten Seite liegen, im einreihigen Stall am besten nach Süden hin. Im zweireihigen Stall mit Außenklappen wird der Stall in Nord-Südrichtung angeordnet, so daß die eine Seite vormittags, die andere Seite nachmittags in der Sonne liegt (s. auch Kap. 3.1)
Die Entfernung zwischen Gebäuden soll ca. das Doppelte ihrer Höhe betragen.

Wer heute neu baut, muß als erstes sicherstellen, daß sich der Reitbetrieb **harmonisch in die Umgebung einpaßt.** Dazu gehören die planerische Integration der Gebäude und Anlagen unter Berücksichtigung vorhandener Baumbestände und vorhandener Bausubstanz sowie eine qualifizierte Freiraumplanung. Die Baum- und Heckenpflanzungen, die den Freizeit- und Sportwert einer Anlage wesentlich erhöhen und darüberhinaus ihren speziellen Charme ausmachen, sollen ausschließlich aus standortheimischen Gewächsen bestehen. Flächen von ökologischer Bedeutung wie z.B. Feuchtbereiche sollten je nach Größe ausgeschlossen oder frei von Beeinflussung bleiben (s. auch Kap. 7).

Es gibt leider viele Reitanlagen, die nicht zuletzt wegen der grundsätzlich schwierig zu gestaltenden Reithalle ("Klotz" von mind. 22 x 42 x 7 m) eine ästhetische Belastung ihrer Umgebung darstellen. Es gibt jedoch ebensoviele Beispiele einer optimalen "städtebaulichen" Lösung dieses Problems. In solchem Falle ist die Gesamtanlage infolge geschickter Ausnutzung der Geländestruktur, der Zuordnung der einzelnen Gebäude zueinander, einer Architektur, die sich der regionalen Tradition verpflichtet fühlt, und nicht zuletzt einer großzügigen Durchgrünung sogar eine Bereicherung ihrer Umgebung.

2.6

Die benötigten Räume und ihre Zuordnung

(nach Prof. Dr. Ulrich Schnitzer)

Die Größe und die Ausstattung einer Reitanlage richtet sich in erster Linie nach der Anzahl der Pferde. Dies ist nicht nur für die Größe der Räumlichkeiten maßgeblich, sondern entscheidet auch darüber, ob verschiedene Funktionen zusammengefaßt werden können oder der räumlichen Differenzierung bedürfen. Für die Betriebsgrößen 60, 30, 15, 8 und 2 Pferde sind in Übersicht 9 Beispiele für die mögliche räumliche Aufgliederung dargestellt.

Natürlich unterliegt auch dieses Schema den örtliche Gegebenheiten, betrieblichen Besonderheiten und den Sonderwünschen des Bauherren.

Übersicht 9: Beispiele für Raumprogramme und für die mögliche Zusammenfassung verschiedener Betriebsfunktionen bei unterschiedlicher Betriebsgröße

Anzahl der Pferde	*60*	*30*	*15*	*8*	*2*
Stall	■	■	■	■	■
Futterlager	■	■	■	■	▮
Einstreulager	■	■	■	■	▮
Kraftfutterlager	■	■	■	■	▮
Zusatzfuttermittel	■	■	■	■	▮
Futterkammer	■	■	■	■	▮
Frischfutterablage	■	■	□	□	□
Ablagefläche für Silageballen	■	□	□	□	—
Fahrsilo	□	—	—	—	—
Dung(wagen)platz	■	■	■	■	■
Sattelkammer	■	■	■	■	■
Putzplätze im Stall	■	■	■	□	□
im Freien	■	■	■	■	■
Waschplatz im Freien	■	■	■	■	■
im Stall	■	■	■	□	□
Schmiede	■	■	■	□	□
Solarium	■	■	□	□	□
Abstellfläche für Stallgeräte	■	■	■	■	■
Aufenthaltsraum für Stallpersonal	■	■	□	□	—
Umkleideraum	■	■	□	□	—
Privatsachen	■	■	□	□	—
Toiletten	■	■	■	■	—
Isolierbox, Krankenstall	■	■	■	□	—
Wälzplatz	■	■	□	□	□

Anzahl der Pferde	60	30	15	8	2
Paddocks	■	■	■	■	□
Weide	■	■	■	□	□
Halle	■	■	■	□	□
Longierhalle	■▮	■	□		—
2. Halle (bzw. Erweiterung)	■▮	■	—	—	—
Aufsitzraum	■	■	□	□	—
Abstellraum für Hindernisse	■	■▮	■▮	□▯	□
Abstellfläche für Pflegegeräte	■	■▮	■▮	□▯	□
Regieraum	■	■▮	■▮	□▯	—
Büro	■	■▮	■▮	□▯	—
Aufenthaltsraum/Kasino	■	■▮	■▮	□▯	—
Unterrichtsraum	■	■▮	■▮	□▯	—
Toiletten	■	■	■	□	□
Reitplätze Dressur	■	■	■▮	■▮	■▯
Springen	■	■	■▮▯	■▮▯	▯
Fahrplatz	□▯	□▯	□▯	□▯	▯
Ausweichreitplätze	□▯▯	□▯	□▯	□▯	▯
feste Hindernisse	□▯	□	□▯	□▯	▯
Zuschauer/Tribüne	■	■	□	□▯	▯
Richterturm	□	□	□	□	—
Galoppierbahn	□	□	□	□	□
Sitzgruppe im Freien	■	■	■▯	■	□
Spielflächen(-platz)	■	■▮	■▯	□	—
Freiräume für Begrünung	■	■▮	■▯	■	□
Wagenremise	□	□	□	□	□
Parkplätze	■	□	■▮	■▮	■▮
Stellfläche für Transporter	■	■	■▮	■▮	■▮

■ *ein gesonderter Raum wird vorgeschlagen*

▮ *für zwei Raumfunktionen kann ein gemeinsamer Raum vorgesehen werden*

□ *Notwendigkeit des Programmpunktes muß im Einzelfall entschieden werden*

— *Programmpunkt entfällt*

nach Schnitzer, 1973

Abb. 2 (s. S. 34) zeigt schematisch die internen räumlichen Beziehungen und gibt gleichzeitig einen Überblick über das mögliche max. Raumprogramm einer größeren Anlage. Als "Kernprogramm" sind diejenigen Räume, die der Unterbringung, Pflege und Versorgung der Pferde dienen, grundsätzlich als geschlossener Bauabschnitt zu verwirklichen. Die gedeckte Reithalle - noch vor 3 Jahrzehnten ein seltener Luxus - dient der Aufrechterhaltung des Reitbetriebes über ungünstige Witterungsperioden hinweg, ist für die Bewegung der Pferde notwendig und daher heute wirtschaftlich unentbehrlich.

Personal-Wohnräume stehen mit der Anlage nur in einem losen Zusammenhang. Sie sind daher im folgenden nicht besprochen. Lediglich die Wohnung eines Pflegers, Stallmeisters oder Reitlehrers, der die Überwachung der Anlage übernimmt, ist in engerer Beziehung zur Anlage, insbesondere zu den Ställen, zu planen.

2.7

Anordnung der Gebäude

(nach Prof. Dr. U. Schnitzer)

Einige Zuordnungsbeispiele von Pferdestall und Reithalle unter Berücksichtigung der Berge- und der Neben- und Sozialräume zeigt die nachstehende Abb. 3 (s. S. 35).

Die Zusammenstellung ist natürlich vereinfacht und könnte unter Berücksichtigung der Außenplätze fast beliebig variiert werden. Die Geländeverhältnisse vor Ort spielen in jedem Falle die wesentliche Rolle. Bei Neubauten sollte von vorneherein in der Außenwand jeder Box eine Außenklappe vorgesehen werden, besser noch eine geteilte ("halbe") Tür mit direkt anschließender Auslaufmöglichkeit. Diese Bauweise bietet nicht nur günstigere Haltungsbedingungen für die Pferde, sondern entspricht auch den Wünschen einer diesbezüglich sensibler werdenden Kundschaft.

Es wird dringend empfohlen, von vornherein einen fachkundigen, d.h.auf diesem Gebiet erfahrenen Architekten und eine spezialisierte Firma einzubeziehen, um gravierende Planungsfehler von vornherein zu vermeiden.

2.8

Bauweise, Baumaterialien

Früher wurden Pferdeställe und auch Reithallen praktisch nur massiv mit dikken gemauerten Wänden gebaut. Heute werden in der **Massivbauweise** vorwiegend poröse Baustoffe wie Leichtziegel, Hohlholzbetonschalungssteine und Hohlblocksteine, die eine gute Wärmedämmung bieten und somit geringere Wandstärken erfordern, verwendet.

Neben der Massivbauweise hat sich inzwischen die **Leichtbauweise** bewährt. Der dabei bevorzugte Baustoff für Pferdeställe ist Holz, da es atmungsaktiv, feuchtigkeitsregulierend und widerstandsfähig gegen mechanische und chemische Einflüsse ist. Nachteile der Holzbauweise, wie Feuchtigkeitsempfindlichkeit, können durch Einsatz von

Abb. 2
Schema der internen räumlichen Beziehungen in einer Reitanlage

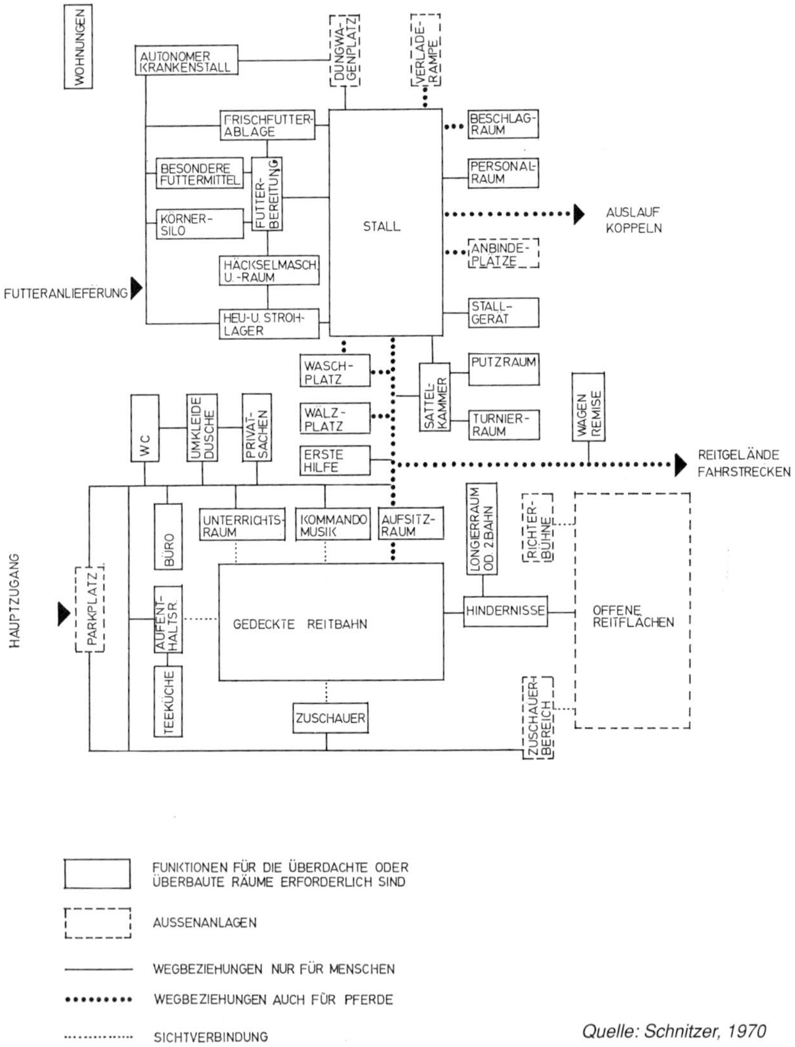

Quelle: Schnitzer, 1970

Abb. 3 Zuordnungsbeispiele

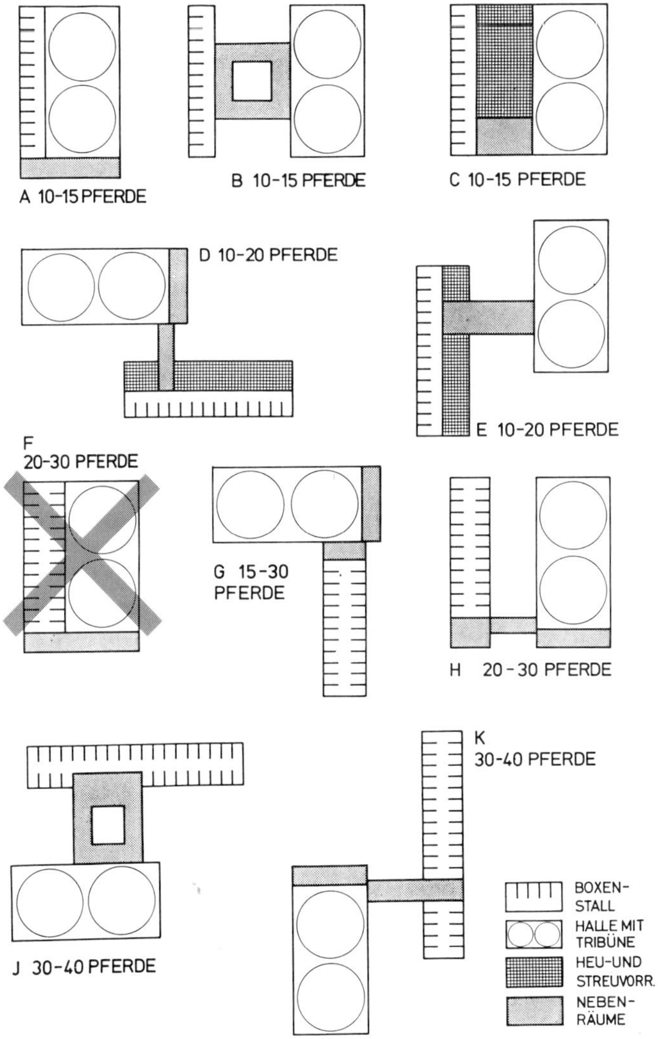

Das Beispiel F sollte heute nicht mehr gewählt werden, da die hintere Boxenreihe schwierig zu belüften und meist schlecht belichtet ist.

Quelle: Schnitzer, 1973

Holzschutzmitteln und durch die richtige Verbauung gemildert werden.
Das Angebot von **Bauteilen** und **Baustoffen** ist umfangreich. Es müssen die statischen Eigenschaften, die evtl. unterschiedliche Längenausdehung und ihre Wärmedämmungseigenschaften (s. Kap. 3.3) berücksichtigt werden.
Im einzelnen auf die Bautechnik und die Baumaterialien einzugehen, würde den Rahmen dieser Orientierungshilfen sprengen. Auf die Fachliteratur (s. Literaturverzeichnis im Anhang) wird verwiesen.

2.9

Behindertengerechtes Bauen

In zunehmendem Maße wird in Reitanlagen auch Therapeutisches Reiten (Behindertenreitsport, heilpädagogisches Voltigieren/Reiten oder Hippotherapie) durchgeführt. Für den problemlosen Zugang Behinderter - das gilt nicht nur für Rollstuhlfahrer, sondern auch für ältere Mitbürger, Kleinkinder oder Elternteile mit Kinderwagen - sollten einige Grundsätze beachtet werden. Normalerweise ist es bei Neubaumaßnahmen kein wesentlicher Aufwand, die Bedürfnisse dieser Zielgruppen zu berücksichtigen, eine spätere Nachrüstung jedoch ist meist mit erhöhten Kosten verbunden, daher hier einige Hinweise:

- PKW-Stellplätze: 3 % der Kapazität, mindestens 2 Plätze, Mindestbreite 3,50 m,
- Straßen, Wege: Mindestbreite 1,50 m, Längsgefälle nicht über 6 %,
- Bordsteinhöhe: max. 0,14 m, an Fußgängerüberwegen 0,02 m empfohlen
- feste rutschsichere Beläge,
- stufenlose Zugangsmöglichkeiten mittels Rampen oder Aufzug zur Halle, zur Tribüne, den sanitären Anlagen, etc.,
- ausreichende Bewegungsmöglichkeiten vor Zugängen und Türen, mindestens 1,40 x 1,40 m,
- Rampen: Breite möglichst 1,20 m bis 1,50 m, Steigerungen außerhalb der Gebäude max. 6 %,
- Handläufe (rundes oder ovales Profil), bei mehr als 3 m Rampenlänge beidseitig 0,80 m - 0,90 m Höhe,
- Treppen: bequemes Steigungsverhältnis, Breite 0,95 m - 1,25 m, rutschsicherer Belag, Trittstufen vorne abgerundet, s. Abb. 4 (Handlauf wie vorn, 0,30 m - 0,50 m über Treppenanfang und -ende herausragend),
- Türen: lichte Breite 0,95 m - 1,10 m, Schwellen- und Niveauunterschiede max. 2,5 cm Höhe, Türgriffe max. 1,00 m hoch, Bewegungsfläche s. Abb. 4,
- Sanitärräume, WC: s. S. 97/98,
- Tribünen: gekennzeichnete Fläche für Behinderte vorsehen, mittels Zufahrtsrampe zugänglich.

Weitere Hinweise können der DIN 18024, Blatt 1 und 2 und den Planungshilfen für ein behindertengerechtes Bauen bei Sport- und Freizeitstätten (s. Literaturverzeichnis) entnommen werden.

Abb. 4
Behindertengerechte Bewegungsfläche vor Türen und Treppen

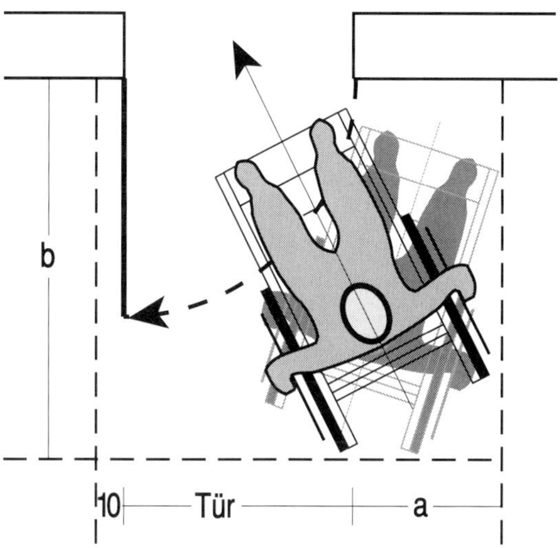

Bewegungsfläche vor Drehflügeltüren (DIN 18025 BL. 1)

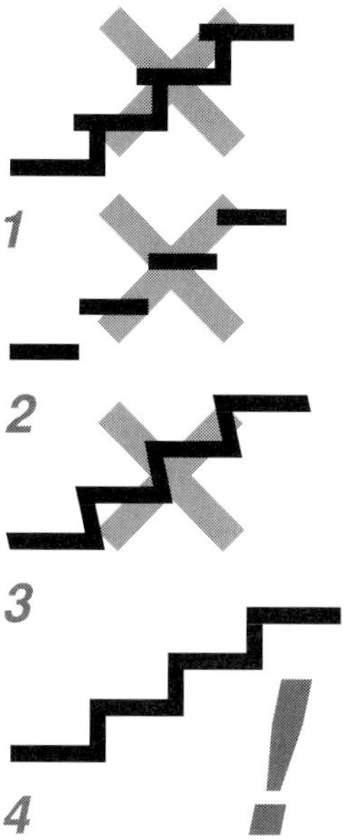

Treppenlösungen 1-3 sind für Behinderte ungeeignet!

a	***25***	***35***	***45***	***55***
b	***170***	***160***	***150***	***140***

Zwischenwerte interpolieren

Quelle: Deutscher Behinderten-Sportverband, 1980

3

Stallungen

Einige grundsätzliche Anmerkungen zum Standort und zur Ausrichtung von Stallungen im Gelände können Kap. 2.5 entnommen werden.

3.1 *Aufstallungsarten, decken- und erdlastige Futterlagerung, geopathische Zonen*

Aufstallungsarten:

Grundsätzlich können 3 Aufstallungsarten unterschieden werden:

- gemeinsame Haltung einer (meist größeren) Pferdegruppe in **einem** Raum, meist als **Laufstall** bezeichnet,
- gemeinsame Haltung einer oder mehrerer kleinerer Gruppen in der **Gruppenauslaufhaltung** und
- Einzelaufstallung in **Boxenstallungen.**

Der **Laufstall** hat als Großraum-Gruppenhaltung in Gestüten eine lange Tradition für Zuchtstuten und Jungpferde. Arbeitsersparnis, relativ geringer finanzieller Aufwand und relativ natürliche Haltungsbedingungen sprechen für Laufställe. Voraussetzung ist jedoch ein gleichbleibender Pferdebestand, da fremde Pferde Unruhe, Rangordnungskämpfe und damit erhöhte Verletzungsgefahr verursachen können. Problematisch ist die individuelle Futterzuteilung - in größeren Gestüten werden z.B. die Stuten während der Kraftfutterverabreichung angebunden, dies bedeutet natürlich einen erheblichen Arbeitsaufwand.

Wenn im Laufstall **Freß- und Liegeplatzbereich getrennt** werden, dann können die Pferde ungestörter fressen und ruhen.

In der **Gruppenauslaufhaltung** werden 4 bis 8 Tiere zusammen gehalten. Hier wird das Verletzungsrisiko durch unvermeidbare Rangordnungskämpfe in Grenzen gehalten, die Zugriffsmöglichkeit auf ein Pferd ist noch gewährleistet, die Integration hinzukommender Pferde bleibt auf eine Gruppe beschränkt und ist überschaubar.

Die **Einzelaufstallung** (Einzelbox) gewährleistet eine individuelle Futterzuteilung. Die Überwachung ist einfacher, so fällt z.B. sofort auf, wenn das Pferd nicht ausgefressen hat oder sonstige Krankheitsanzeichen zeigt. Die Pferde sind jederzeit auch für unerfahrene Reiter verfügbar. Allerdings wird das Pferd in seiner Bewegungsmöglichkeit und in seinem Bedürfnis nach sozialen Kontakten zu Artgenossen eingeschränkt. Für einen Ausgleich muß auf andere Weise gesorgt werden, z.B. durch stundenweisen gemeinsamen Auslauf oder Weidegang.
Die Kombination von **Einzelbox mit davorliegendem Auslauf,** der einzeln oder von mehreren Einzelboxen gemeinsam benutzt werden kann, ist eine weitere Möglichkeit.

Der Bedarf an Nutzfläche und das Bauvolumen unterscheiden sich bei den genannten Aufstallungsformen kaum. Der tägliche Aufwand für die Pflege der Liegeflächen (Kot aufsammeln, feuchte Stellen beseitigen) ist ebenfalls in etwa derselbe, hinzukommt bei der Auslaufhaltung die Reinigung der Paddocks. Hingegen ist die Einstreuarbeit in der Regel bei Auslaufhaltung durch kurze Arbeitswege sparsamer. Die periodische Totalausmistung erfolgt in größeren Einheiten problemlos (i. d. R. durch Frontladereinsatz).

Der Zugriff auf das Einzelpferd ist bei der Gruppenhaltung allerdings schwieriger und bedeutet in Reitbetrieben einen größeren Aufwand für das Betreuungspersonal.
Häufigkeit und Ausprägung von Auseinandersetzungen innerhalb einer Gruppe hängen nicht nur von der Gewöhnung der Tiere untereinander ab, sondern besonders auch davon, inwieweit es gelingt, zueinander passende Pferde zu gruppieren. Umstellungen, etwa durch Herausnahme von "Lieblingsopfern" oder durch geschickte neue Gruppierung können die Nachteile für rangniedrige Tiere verringern. Die Gruppenhaltung ist bei größeren Beständen insoweit leichter zu realisieren, als für die Zusammenstellung eine größere Auswahl besteht, insbesondere wenn die Gruppenabtrennungen flexibel sind, so daß unterschiedlich große Gruppeneinheiten gebildet werden können (siehe zu diesem Thema auch die Broschüre "Pferdehaltung in Gruppen", Literaturverzeichnis im Anhang).

Welche Aufstallungsform gewählt wird, hängt von der Betriebs- und Kundenstruktur ab. Wesentlich für das Wohlbefinden der Pferde ist nicht das gewählte Haltungssystem an sich, sondern die Rahmenbedingungen im jeweiligen Betrieb, insbesondere Zuwendung sowie die Qualifikation der Betreuer/Halter.
Für Pferde, die täglich mehrere Stunden im Einsatz sind, sei es als Schul-, Arbeits- oder Sportpferd kommt auch unter dem Bewegungsaspekt die Einzelaufstallung in Frage. Pferde, die nur nur unregelmäßig unter dem Sattel bewegt werden,

brauchen auf jeden Fall täglichen Ausgleich, entweder, indem die Einzelhaltung durch Paddocks oder Weiden ergänzt wird, oder durch Gruppenauslaufhaltung. Zuchtbetriebe müssen auf jeden Fall **zusätzlich** ausreichend große Weideflächen zur Verfügung haben (hier rechnet man einschließlich Heugewinnung ca. 1 ha/Pferd).

Die Abb. 5 zeigt schematisch Möglichkeiten zur Anlage von Gruppenauslaufhaltungen.

Abb. 5
Möglichkeiten zur Anlage von Auslaufhaltungen (schematisch)

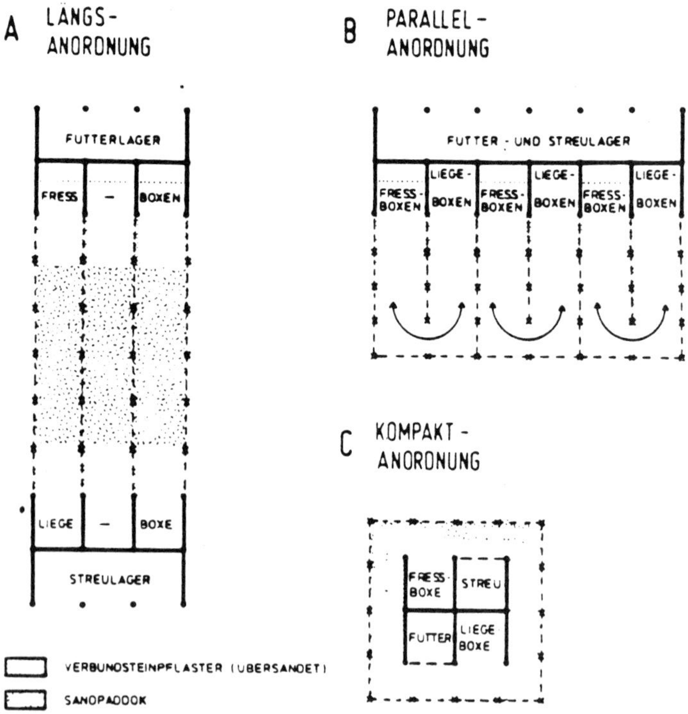

Quelle: Piotrowski, 1984

Für die Anlage von Boxenstallungen (Abb. 6) kommen ein- oder zweireihige Stallungen mit innenliegender Stallgasse in Frage. Daneben werden auch einreihige Außenboxenstallungen mit außenliegendem Versorgungsgang angeboten. Auch auf diesem Gebiet gibt es deutliche Preis- und vor allem Qualitätsunterschiede.

Auf die Bedeutung von Außenklappen für die Gestaltung des Stallklimas wird in den folgenden Kapiteln noch häufiger hingewiesen. Sie sind aber nicht alleinige Garantie für dessen Qualität. Die Grundsätze der Luftführung und der Wärmedämmung müssen auch bei Außenboxenstallungen beachtet werden, um zu vermeiden, daß die Boxen im Sommer zu heiß werden und sich im Winter die Feuchtigkeit an der Decke niederschlägt. Das gilt auch für sog. "Fertigboxen", welche entweder einzeln oder aneinandergereiht aufgestellt werden können.

Abb. 6
Anordnung der Boxen (Beispiele)

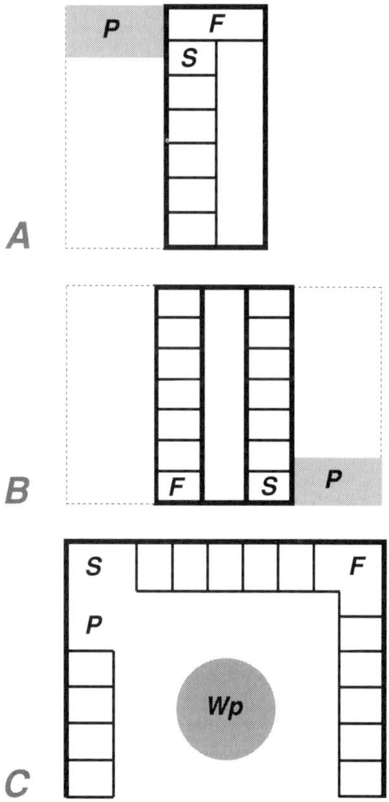

S = Sattelkammer
P = Putzplatz/ Waschplatz
F = Futterkammer
Wp = Wälzplatz

Wichtig für die Ausstattung mit Außenklappen ist insbesondere die Lage bzw. Ausrichtung des Stalles zur Hauptwindrichtung. Hiernach, nach den Gelände- und Platzverhältnissen richtet sich die Planung des Stalles (s. auch S. 30).

Die Abb. 7 zeigt die Kombination der beiden Systeme Gruppenauslaufhaltung und Einzelhaltung in einem Stall, welcher auch variabel genutzt werden kann.

Abb. 7 Variables Haltungssystem

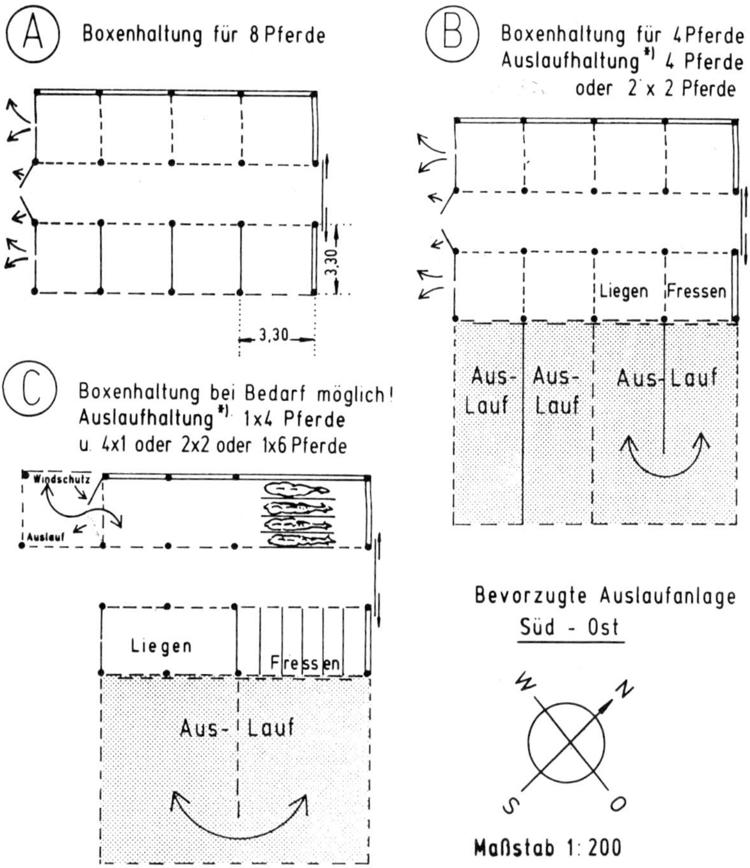

* Fütterung in der Gruppenhaltung: Einzelfreßstände oder tierindividuelle (elektromagnetische) Freßplatzzuweisung (Vorschlag: ILB / FAL) gegebenenfalls i.V. mit Vorratsfütterung

Piotrowski, 1991

Decken- und erdlastige Lagerung:
Hinsichtlich der Futterlagerung kommen eingeschossige Gebäude mit erdlastiger Lagerung und zweigeschossige Gebäude mit deckenlastigen Bergeräumen in Frage (s. Abb. 8). Welche Form gewählt wird, hängt von der verfügbaren Nutzfläche, der Bauweise und der Fütterungs- und Einstreutechnik ab (Hochdruckballen, Großballen, Silage etc.).
Wegen der erhöhten Schlagkraft zur Erntezeit bevorzugt die Landwirtschaft Großballen. Die Handhabung solcher Ballen setzt eine entsprechende Mechanisierung im Reitbetrieb voraus. Für Hochdruckballen spricht dagegen die leichtere Handhabung in der täglichen Arbeit sowie die häufig bessere Qualität von Heu und Stroh.

Für die **deckenlastige Lagerung** spricht der geringe Platzbedarf, sie erfordert jedoch ausreichend tragfähige, wärmegedämmte und gegen Feuchtigkeit isolierte Decken, da die Lagergüter (z.B. Heu, Stroh, Hafer) trocken gehalten werden müssen. Wie viele Untersuchungen eindringlich zeigen, bergen deckenlastige Lagerräume leider auch ein erhebliches Unfallrisiko für die Mitarbeiter.

Die **erdlastige Lagerung** ermöglicht die Trennung von Vorratslager in dem Stall. Dem höheren Platzbedarf und Bauaufwand stehen günstigere Mechanisierungsmöglichkeiten, damit verbesserte Arbeitsbedingungen gegenüber. Durch größere Lagerhöhen ist der Anteil von Tot- und Leerräumen geringer.

Abb. 8
Vorratslagerung bei ein- und zweireihiger Aufstallung

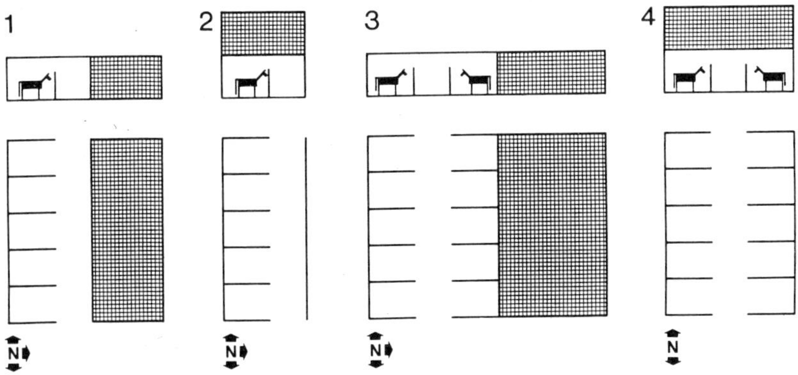

Quelle: Schnitzer, 1973

Geopathische Zonen:
Im Zusammenhang mit der Raumplanung im Stall seien die **"geopathischen Zonen"** erwähnt. Über unterirdischen Wasserläufen oder geologischen Besonderheiten (Brüche, Hohlräume, Verwerfungen etc.) bilden sich sog. "Stör- oder Reizzonen". Offensichtlich meiden die meisten Tiere solche Reizzonen, so das Schwein, das Rind, der Hund und besonders auch das Pferd. (Hingegen scheinen Katzen, Eulen, Bienen und Ameisen geopathische Zonen zu bevorzugen.) Das Phänomen ist noch nicht voll erforscht, auch nicht die konkreten Auswirkungen auf Tier und Mensch, jedoch wird in der Literatur (siehe z.B. Schnitzer) häufig von grundsätzlich negativem Einfluß auf das Wohlbefinden oder sogar die Gesundheit von Tieren berichtet, sofern die Tiere einen größeren Teil der Zeit direkt in solchen Zonen oder über sog. Kreuzungsstellen verbringen müssen. Nach Fink sollen geopathische Zonen bei bei Raumplanung im Stall berücksichtigt werden (s. Abb. 9). Eine abschließende Beurteilung der Problematik ist an dieser Stelle nicht möglich.

Abb. 9
Berücksichtigung der Reizzonen

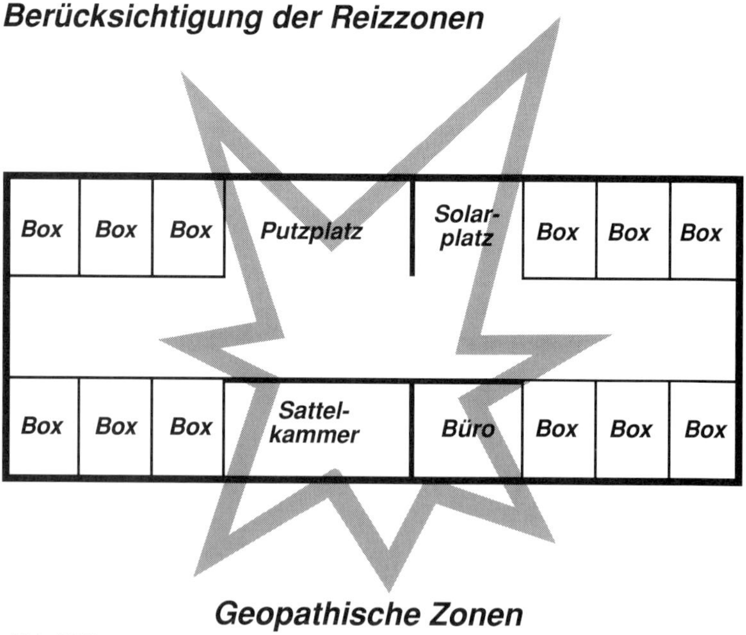

(Fink, 1991)

3.2

Offenstall - geschlossener Stall

Die im vorangegangenen Kapitel zusammenfassend beschriebenen Haltungsformen können sowohl als "Offenstall" wie auch als "geschlossener Stall" konzipiert werden.

Von **Offenstall** spricht man, wenn eine Gebäudeseite - möglichst die Südseite - ständig ganz oder teilweise (mindestens 1/3 der Fläche) offen ist. Die Außenwände und die Decke dienen hier nur dem Schutz vor Wind, Regen oder starker Sonne und sind nicht wärmegedämmt. Gebäude für Gruppenauslaufhaltung - normalerweise als Offenstall (s. Kap. 3.5) konzipiert - können erheblich preisgünstiger erstellt werden, das liegt an der bauphysikalischen Ausführung (z.B. geringerer Aufwand für Wärmedämmung) und an geringerem Aufwand für Stalleinrichtungen.

Aufgabe des **geschlossenen Stalles** als sog. "Warmstall" (d.h. wärmegedämmt) ist es vor allem, die Außentemperaturschwankungen zu mäßigen und insbesondere sicherzustellen, daß es im Stall weder sehr kalt noch sehr warm wird und dabei stets gute Luft herrscht. Im Winter wird das Fell nicht so dick, was bedeutet, daß die Pferde im Reitbetrieb oder im Training weniger schwitzen, also voll genutzt werden können.

Der Gestaltung des Stallklimas kommt im geschlossenen Stall besondere Bedeutung zu und leider finden sich in der Praxis recht viele Fehler auf diesem Gebiet. Ein Luftaustausch findet nur statt, wenn zwischen Innen und Außen Temperaturunterschiede bestehen. Voraussetzung hierfür ist die ausreichende Wärmedämmung der Bauteile. Da, wie gesagt, bei der Gestaltung des Stallklimas und Sicherstellung des notwendigen Luftaustausches grundsätzliche Planungsfehler relativ häufig sind, werden in den folgenden Kapiteln zunächst die Anforderungen an das gesunde Stallklima sowie Grundsätze der Lüftung und Wärmedämmung beschrieben.

3.3

Anforderungen an ein gesundes Klima im geschlossenen Stall

Das Stallklima wird im wesentlichen durch folgende Faktoren bestimmt:

- Temperatur
- Luftfeuchtigkeit
- Schadgaskonzentration
- Staub- (Keim-) gehalt
- Luftbewegung
- Licht

Diese Faktoren leiten sich aus den Ansprüchen der Pferde (s. auch Kap. 1) ab.

Temperatur:

Pferde vertragen sowohl hohe wie auch tiefe Temperaturen aber auch Temperaturschwankungen gut, jedoch nur, wenn sie wechselnde Temperaturen gewöhnt (die Thermoregulationsmechanismen trainiert) sind. Pferde werden im Winter, wenn sie zur Arbeit aus einem warmen Stall geführt werden, plötzlichen Temperaturunterschieden ausgesetzt, wie sie in der Natur nicht vorkommen. Schon aus diesem Grund ist die Haltung bei gleichmäßig warmer Temperatur nicht sinnvoll.

Die Stalltemperatur soll der Außentemperatur folgen, nur Extreme sollen abgemildert werden.

Luftfeuchtigkeit:
Auch gegenüber unterschiedlicher Luftfeuchtigkeit hat das Pferd eine relativ große Toleranzbreite (dies wird schon alleine dadurch deutlich, daß besonders erfolgreiche Pferdezuchten sowohl in maritimen Klimaten (z.B. englisches Vollblut) als auch in der Wüste (Araber) beheimatet sind.
Die relative Feuchte im Stall wird beeinflußt durch:
- Feuchtigkeit der Außenluft
- Stalltemperatur (warme Luft kann mehr Feuchtigkeit aufnehmen als kalte)
- Ausatmungsluft (Respirationsluft)
- Hautatmung (300 g Wasser/pro Pferd/ Stunde)
- Ausscheidungen (Kot und Harn) und
- Tränken, evtl. Reinigungsarbeiten, etc.

Sowohl zu hohe als auch zu niedrige relative Luftfeuchtigkeit beeinträchtigt die Gesundheit des Pferdes, insbesondere durch erhöhte Empfindlichkeit für Atemwegserkrankungen. Hohe Luftfeuchtigkeit begünstigt außerdem die Vermehrung von Krankheitserregern, Schimmelpilzen und Parasiten. Feuchte Wände sind für bestimmte Endoparasiten (Strongyliden) eine Voraussetzung für den Entwicklungskreislauf. (Die Larven aus dem Kot kriechen an den Wänden hoch und können dort von Pferden aufgenommen werden).
Zu trockene Luft begünstigt die Staubbildung. Die Schleimhäute der Atemwege werden gereizt, außerdem können Staubteilchen mit Krankheitserregern oder Allergenen verbunden sein.
Die Feuchtigkeit muß stets im Zusammenhang mit der Temperatur und der Luftbewegung betrachtet werden, da diese für den Wärmeaustausch der Tiere wichtig ist.

Die relative Luftfeuchtigkeit soll im Stall zwischen 60 und 80% liegen, besonders negativ ist feuchte und zugleich warme Luft.

Schadgaskonzentration:
Durch Ausscheidungen und Fäulnisvorgänge entstehen im Stall besonders die Gase Ammoniak (NH_3) und Schwefelwasserstoff (H_2S). Die Entstehung dieser Schadgase soll durch hygienische Maßnahmen soweit wie möglich eingeschränkt werden. Aus diesem Grund ist z.B. Wechselstreu positiver zu beurteilen als Matratzenstreu.

Übersicht 10 zeigt die Herkunft (Entstehung), die max. tolerierbaren Konzentrationen und einige Beispiele für Auswirkungen zu hoher Konzentrationen im Tierbereich. (Die in der DIN-Norm 18910 angegebenen Grenzwerte werden in der Literatur allgemein als zu hoch angesehen!).

Übersicht 10: Entstehung der wesentlichen Gase im Pferdestall und schädliche Auswirkungen bei zu hoher Konzentration

Art	*Entstehung*	*Maximalwerte*	*Beeinträchtigung bei zu hoher Konzentration (z.B.)*
Ammoniak NH_3	Ausscheidung, bakterielle Zersetzung der Fäkalien	10 ppm (0,1 Liter/m^3)	erhöhte Anfälligkeit gegenüber Erkrankungen der Atemwege
Schwefelwasserstoff H_2S	Fäulnis der organischen Substanz	0,01 Liter/m^3	Zellgift, Beeinträchtigung der Sauerstoffaufnahme durch das Blut
Kohlendioxid CO_2	Ausatmungsluft der Tiere (evtl. auch Fäulnisvorgänge)	0,1 Vol-% (1,0 Liter/m^3)	(CO_2 ist in dieser Konzentration kein "Schadgas", wird jedoch zur Bewertung der Qualität der Stalluft herangezogen)

Das Kohlendioxid (CO_2) ist in der angegebenen Maximal-Konzentration selbst kein Schadgas. Es erlaubt jedoch Rückschlüsse auf die Schadgaskonzentration; denn je höher der CO_2-Gehalt der Luft ist, desto höher ist im Allgemeinen auch die Konzentration von unerwünschten Gasen, die Frischluftzufuhr also zu gering. Wenn Ammoniakgeruch vom Menschen wahrgenommen wird, ist der Gehalt bereits zu hoch. Genaue Messungen können von Fachleuten vorgenommen werden.
Die Außenluft unterscheidet sich von der Ausatmungsluft übrigens erheblich. Während diese 21 Vol. % Sauerstoff und 0,03 Vol. % CO_2 enthält, sinkt in der Ausatmungsluft Sauerstoff auf 16 Vol. % und steigt das CO_2 auf 4 % an.

Luftbewegung:
Pferde halten sich im Freien gerne an windausgesetzten Stellen auf. Im Stall ist eine gewisse Luftbewegung für den Abtransport der schlechten Luft notwendig. Die Angst vieler Pferdehalter vor Zugluft bezieht sich mehr auf den Halter selbst als auf das Pferd. Ein Luftstrom , der das **ganze** Pferd trifft, aktiviert zugleich dessen Thermoregulation. Dagegen ist Zugluft als **kleinflächiger** Kältereiz definiert; auf kleinflächige Reize springen die Thermoregulationsmechanismen nicht an. Da die bewegte Luft bei entsprechen-

der Gestaltung der Stalleinrichtung jedoch normalerweise großflächig auf das Pferd trifft, muß in der Regel eher von Wind als von Zugluft gesprochen werden. Die Einhaltung der zuvor beschriebenen Temperaturen im Stall und weitere Maßnahmen (z.B. der Einbau von Außenklappen oder genügend Auslauf im Freien) vermindert die Zugluftempfindlichkeit der Pferde wesentlich! Die Luftbewegung muß im übrigen in Abhängigkeit von der Temperatur beurteilt werden. Je nachdem ob ein Abkühlungseffekt erwünscht ist, erfordern hohe Temperaturen stärkere Luftgeschwindigkeit, um die Frischluftzufuhr sicherzustellen.

Erwünschte Luftgeschwindigkeit: Bei 7-14 Celsius: bis 0,2 m pro Sekunde, im Sommer bei höheren Temperaturen: bis 0,6 m pro Sekunde.

Licht:

Pferde haben ein ausgesprochen hohes Lichtbedürfnis (s. auch Kap. 1.1). Die physiologische Bedeutung des Lichtes für die Gesunderhaltung, das Wohlbefinden, die Leistungsfähigkeit und Fruchtbarkeit wird in der Praxis leider noch häufig unterschätzt. Als Faustzahl für die Mindestgröße von Fensterflächen und die Beleuchtungsstärke in geschlossenen Ställen gilt (gem. DIN 18910):

Fensterfläche pro Gesamtgrundfläche: ca. 1/15 m²
Fensterfläche pro Pferd: mind. 1 m²
Beleuchtungsstärke: mindestens 60 Lux (besser 100 Lux)

Sofern der Lichteinfall durch Nebengebäude, Bäume etc. eingeschränkt ist, sind größere Flächen vorzusehen.
Süd- und Südwest-Fenster sollten durch ein Vordach beschattet sein, damit sich der Stall im Sommer nicht so stark erwärmt.

Lüftung

Allgemeine Grundsätze

Lüftungseinrichtungen haben die Aufgabe, verbrauchte, mit Wasserdampf und Schadgasen beladene Luft abzuleiten und frische Luft zuzuführen. Die durch die Tiere außerdem erzeugte Wärme muß im Sommer abgeführt werden, im Winter trägt sie zur Einhaltung der gewünschten Temperatur im Stall bei. Die Stallüftung hat also grundsätzlich zwei verschiedene Aufgaben:

Im Sommer: hauptsächlich Wärmeabfuhr (hoher Luftaustausch), im Winter: hauptsächlich Abfuhr von Wasserdampf und Gasen (geringerer Luftaustausch)

Die im Sommer für die “Kühlung“ erforderliche hohe Luftmenge (ausgedrückt in m³ pro Stunde) wird **Sommerluftrate) (Maximalluftrate)** genannt. Ziel ist eine Stalltemperatur, die nicht wesentlich über der Außentemperatur liegt (Sauerstoffzufuhr, Wasserdampf- und Gasabfuhr sind bei dieser entsprechend hohen Luftrate sichergestellt). In die Berechnung der erforderlichen Sommerluftrate gehen die Zahl der Pferde, ihre Wärmeproduktion und der gewünschte Temperaturunterschied ein.

Im Winter, sollen Wasserdampf und Gase abgeführt werden, ohne daß die Stalltemperatur zu sehr absinkt, man spricht hier von **Winterluftrate (Minimalluftrate).** Zur Berechnung der erforderlichen Winterluftrate wird als Hilfsgröße bei den landwirtschaftlichen Nutztieren meist der sog. "Wasserdampfmaßstab" herangezogen. In diesen geht neben der relativen Feuchte der Innen- und Außenluft insbesondere die Wasserdampfabgabe durch die Tiere ein.
Die Berechnung nach dem sog. "Kohlendioxidmaßstab", der die Kohlendioxidabgabe (CO_2) der Tiere zugrunde legt, wird bei Pferden allgemein als die geeignetere Methode zur Ermittlung der erforderlichen Winterluftrate (Luftaustausch im Winter) angesehen, da der Kohlendioxid-Gehalt der Stalluft als besserer Indikator für die Luftqualität im Stall gilt. Die Luftqualität wird zwar auch durch die Luftfeuchte (Wasserdampfgehalt der Luft) mehr jedoch durch die Konzentration der Schadgase bestimmt, deren Gehalt parallel zur Kohlendioxidzunahme steigt.
Mit der Abführung von Schadgasen und Feuchtigkeit (Wasserdampf) wird im Winter auch ein Großteil der von den Pferden erzeugten Wärme abgeführt. Saubere Stalluft muß jedoch auf jeden Fall Vorrang vor warmer Stalltemperatur haben. Die im Winter erforderlichen Mindestluftraten liegen in der Literatur zwischen 150 m^3/Stunde und 215 m^3/Stunde.

Lüftungssysteme:
Eine Vielzahl von Pferdeställen werden nur über Fenster und Türen gelüftet. Das funktioniert allerdings nur bei großen Temperaturunterschieden zwischen Innen und Außen und ist in größeren Beständen (besonders nachts) nicht ausreichend. Es sind also zusätzliche Maßnahmen notwendig, um den Luftaustausch sicherzustellen. Diese Lüftungsvorrichtung muß funktionsfähig, ausreichend dimensioniert, steuerbar und zweckmäßig angeordnet sein. Viele Erhebungen zeigen, daß auf diesem Gebiet in der Praxis gravierende Fehler gemacht werden. Die Anforderungen an die Kapazität der Lüftungseinrichtungen werden von vielen Einflußgrößen bestimmt. Es wird daher dringend empfohlen, einen Fachmann zu Rate zu ziehen.

Folgende Lüftungssysteme werden unterschieden:

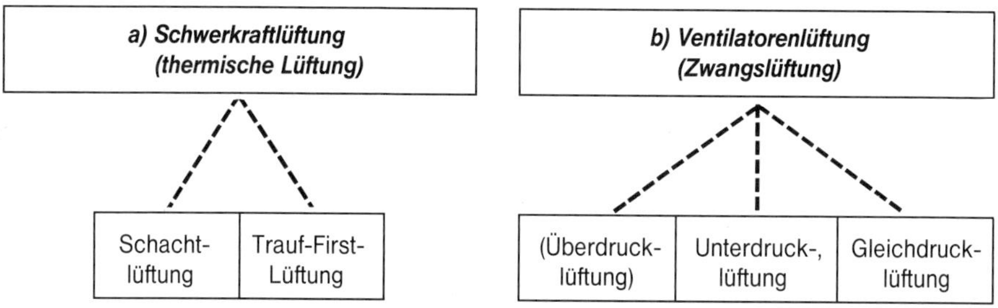

a) Schwerkraftlüftung:

Die Schwerkraftlüftung basiert auf der Differenz des spezifischen Gewichtes unterschiedlich erwärmter Luft: Warme Luft ist leichter als kalte und wird somit nach oben verdrängt. Der Luftaustausch ("Luftleistung") wird durch den Temperaturunterschied zwischen innen und außen und dem Höhenunterschied zwischen Ein- und Austrittsöffnung bestimmt.

– Schachtlüftung

Der senkrechte Abluftschacht (Kamin) dient der Vergrößerung des Höhenunterschiedes zwischen Luftein- und Luftaustritt. Er soll ab Unterkante der Decke mindestens **4 m hoch** sein (besser 5 m) und mindestens **0,5 m über den First** hinausragen. Sein **Querschnitt** soll zwischen 35 x 35 cm und 100 x 100 cm betragen.

Der Abluftschacht muß **wärmegedämmt** sein, da eine Verminderung der Temperatur zur Verminderung der Auftriebskraft führt. Da auch Reibungswiderstand den Auftrieb hemmt, soll die Innenfläche möglichst **glatt** sein. Um eine Durchfeuchtung des Dämmateriales durch Kondensationswasser zu verhindern, sollte eine **dampfdichte Innenwandung** aufgebracht werden.

Auf je 100 m^2Stallfläche ist mindestens ein Schacht vorzusehen. Die Kamine sollen wegen der Strömungsverhältnisse im Stall auf der gleichen Dachseite angeordnet werden.

Die Summe der Querschnitte der Zuluftöffnungen soll der Summe der Querschnitte der Abluftöffnungen entsprechen. Die Zuluftöffnungen sind so zu gestalten, daß Zugluft vermieden wird. Die Luft soll weit hineinströmen und sich als Walze mit der Innenluft vermischen.

Um einen ausreichenden Luftwechsel zu gewährleisten, ist eine Mindesttemperaturdifferenz zwischen innen und außen von 3-5° Celsius erforderlich. Ist es im Sommer außen wärmer als innen, kehrt sich der Strömungswechsel im Schacht um. Durch Fenster und Türen müssen also zusätzliche Luftaustauschflächen zur Verfügung stehen (sonst ist im Sommer Überhitzung möglich).

– Trauf-First-Lüftung

Bei der Trauf-First-Lüftung tritt die Zuluft über durchgehende **Zuluftöffnungen** an der Gebäudetraufe ein und entweicht über Öffnungen am Dachfirst, welche gegen Witterungseinflüsse (evtl. durch Lichthaube) abgedeckt sind. Trauf-First-Lüftung ist nur möglich, wenn die Deckenneigung der Dachneigung angepaßt ist und die Dachneigung mindestens 20 Grad beträgt. Im Sommer sind auch hier zusätzliche Lüftungsmöglichkeiten über Fenster und Türen notwendig.

Die Abb. 10 zeigt schematisch die Schacht- und Trauf-First-Lüftung.

Abb. 10 Schwerkraftlüftungen

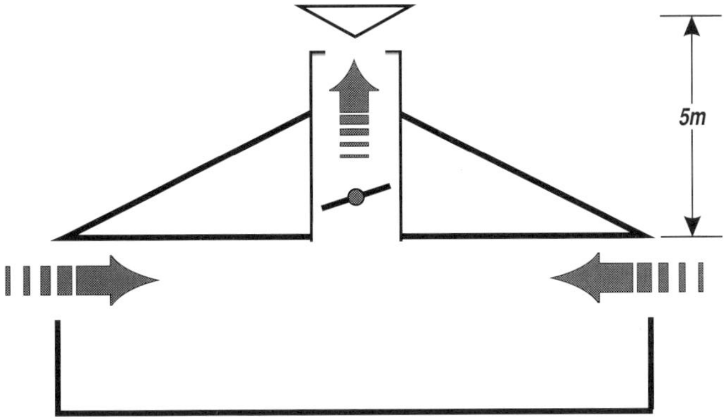

Schachtlüftung

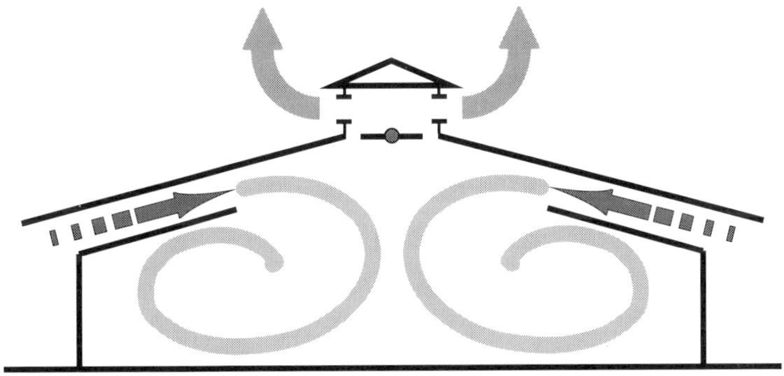

Trauf-First-Lüftung

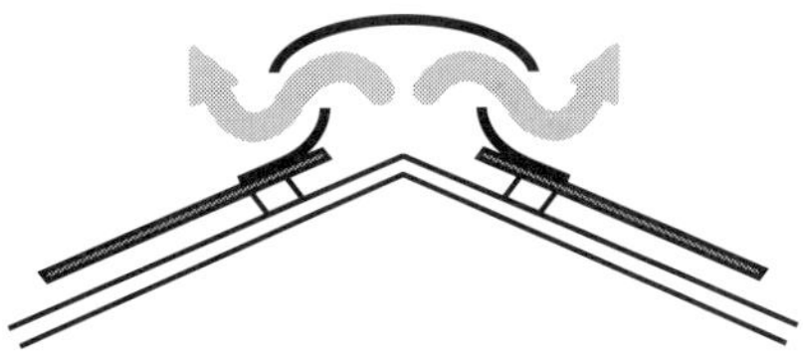

Lichthaube
und Windabweiser

(Marten, 1991)

b) Ventilatorenlüftung

Jeder Pferdestall sollte so konzipiert werden, daß eine Schwerkraftlüftung funktioniert. Die zusätzliche Zwangslüftung mit Hilfe von Ventilatoren kann insbesondere bei ungünstigen baulichen Voraussetzungen die Funktionssicherheit verbessern. Je nach Druckrichtung der Ventilatoren unterscheidet man:

- Überdrucklüftung (Ventilatoren an den Zuluftöffnungen)
- Unterdrucklüftung (Ventilatoren an den Abluftöffnungen bzw. Kaminen)
- Gleichdrucklüftung (Ventilatoren an Zu- und Abluftöffnungen)

Überdrucklüftung: Ventilatoren drücken die Luft direkt über einen Kanal mit Verteilöffnungen in den Stall. Durch den entstehenden Überdruck wird die Stalluft durch Abluftöffnungen aus dem Stall gedrängt.
Vorteile: relativ einfache Anlage, guter Kühleffekt im Sommer
Nachteile: Gase, Geruchsstoffe und Feuchtigkeit der Stalluft werden nicht nur nach außen, sondern auch in die Neben- und Futterbergeräume transportiert und geraten evtl. sogar in die Bauteile. Die Wirkung einer Überdrucklüftung ist bei ungünstiger Windlage eingeschränkt.
Wegen der angeführten Nachteile wird die **Überdrucklüftung allgemein nicht für Pferdestallungen empfohlen.**

Bei der **Unterdrucklüftung** saugen die Ventilatoren verbrauchte Luft ab, die Frischluft tritt über Schächte oder Kanäle zu. Die Absaugventilatoren können sowohl in den Außenwänden als auch in Abluftschächten (Kaminen) installiert sein.
Vorteile: einfache Anlagen, geringe Investions- und Betriebskosten, Kondensation des Wasserdampfes (im Winter) auf Austrittsöffnungen des Lüfters beschränkt.
Nachteile: Undichtigkeiten der raumumschließenden Bauteile und offene Fenster führen bei zu hohem Unterdruck zu Falschluft, evtl. Zugluft.

Gleichdrucklüftung: Die Zu- und die Abluft werden über Ventilatoren geführt. Das System eignet sich insbesondere für schwierige Gebäudeverhältnisse.
Vorteile: funktionssichere Anlage, häufiges Öffnen und Schließen von Türen oder Fenstern im Pferdestall beeinträchtigt die Funktionssicherheit des Systemes nicht.
Nachteile: relativ hohe Anschaffungs- und Betriebskosten.

Abb. 11 zeigt die Unterdruck- und Gleichdrucklüftung schematisch. ➧

Die **Steuerung der Ventilatoren** (allgemein der Zu- und Abluft) ist natürlich von besonderer Bedeutung für die Anpassung an wechselnde Wetterverhältnisse. Die geförderte Luftmenge wird bei der Ventilatorenlüftung im wesentlichen durch die Erhöhung der Drehzahl des Lüfters erhöht. Die einfachste (und sofern richtig bedient häufig funktionssicherste) ist die Regelung per Hand mittels sog. Stufentransformatoren. In der Praxis erfolgt die Regelung allerdings meistens automatisch und zwar über die Temperatur per Thermostat. Das ist zwar im Sommer sinnvoll, nicht jedoch im Winter, da

Abb. 11
Zwangslüftungssysteme für den Pferdestall

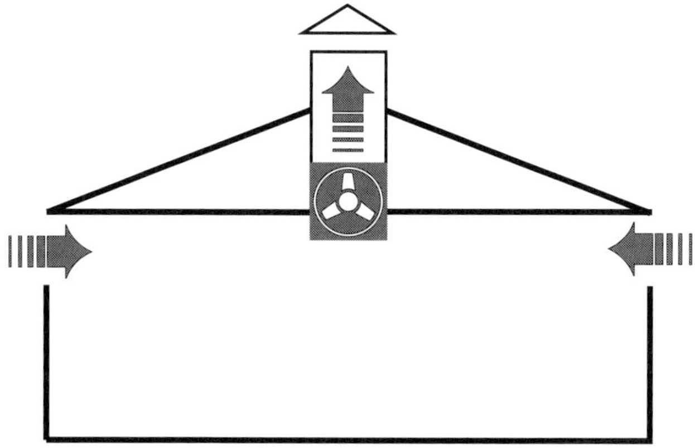

Unterdrucklüftung

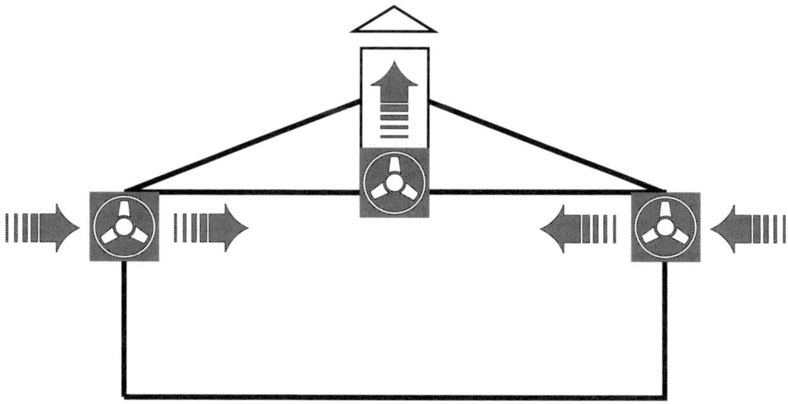

Gleichdrucklüftung

dann in Pferdeställen bei Berücksichtigung der Ansprüche des Pferdes relativ niedrige Temperaturen herrschen. Die Lüftungsanlage springt dann nicht an, obwohl gilt: Gute Stalluft vor warmen Temperaturen! Wesentlich sinnvoller ist daher eine Regelung über die Luftfeuchtigkeit (per Hygrometer) oder noch besser nach dem Kohlendioxidgehalt der Stalluft.

Zusätzliche Maßnahmen:

Auf die Vorteile von **Außenklappen** wird an verschiedenen Stellen hingewiesen, hier eine Zusammenfassung der Vorteile:

- Pferde sind neugierig und an ihrer Umgebung interessiert, sie sehen gerne hinaus und können durch Außenklappen die verschiedenen Aktivitäten rund um den Stall verfolgen. Sie sind dadurch ausgeglichener und weniger schreckhaft.
- Die sinnvollen und verbreiteten Schwerkraftlüftungssysteme arbeiten bei geringen Temperaturunterschieden zwischen Innen und Außen ungenügend. Außenklappen erweitern die Ausgleichsmöglichkeit und stellen die Frischluftversorgung auch bei ungünstigem Wetter sicher.
- Pferde haben ein großes Lichtbedürfnis, von Bedeutung ist hier nicht nur die Helligkeit, sondern auch die spektrale Qualität des Lichtes und Intensität der Strahlung, welche durch Außenklappen ungehindert und ungefiltert auf das Pferd treffen.
- Pferde bevorzugen windausgesetzte Stellen, die thermoregulatorischen Anpassungsmechanismen werden trainiert, die Zugluftempfindlichkeit sinkt.

Eine Erweiterung der Vorteile stellen **Kleinausläufe** dar, die jeder Box vorgelagert sind. Die Tiere können dann frei wählen, ob sie sich im Stall oder im Freien aufhalten wollen. Arbeitswirtschaftliche Vorteile bringt ein Quergang zwischen Außenklappen und Auslauf (s. Abb. 12). Nicht nur die einwandfrei funktionierende Lüftung und Luftführung von außen nach innen und umgekehrt ist für eine gleichmäßig gute Luftqualität verantwortlich, sondern auch die **Luftführung innerhalb des Gebäudes.** Um den Luftaustausch auch im Bereich der Boxen, insbesondere in Bodennähe zu gewährleisten, sollten

- geschlossene Boxenwände und Außentüren im unteren Bereich Abluftöffnungen haben,
- Boxenwände in der oberen Hälfte offen bzw. vergittert sein,
- Türen und Tore unten ein Abluftgitter haben und im Sommer durch ein Gitter ersetzbar sein.

Große Bedeutung kommt der **Lage des Stalles** zu: Freistehende Gebäude in windausgesetzten Lagen sind wesentlich unproblematischer als Stallungen, die z.B. an eine Reithalle oder ein anderes Gebäude angeschleppt sind.
Das Stallniveau sollte auf jeden Fall höher als die Umgebung liegen.
Die Wärmedämmung der raumumschließenden Bauteile ist für das Funktionieren der Lüftung überaus wichtig. Einzelheiten finden sich im nächsten Kapitel.

Abb. 12
Quergang zwischen Außenklappen und Auslauf

(nach Fink, 1991)

Wärmedämmung

Allgemeine Grundsätze

Die Wärmedämmung dient besonders:
- der Gestaltung der gewünschten Temperatur
- der Verhinderung der Ablagerung von Wassertropfen an Wänden und Decken (Oberflächenkondensat)
- der Vermeidung von Kondenswasser in den Bauteilen (Kernkondensat)
- der Verhinderung von Frostschäden

Die Wärmedämmung hat die Aufgabe, Wärmeverluste durch die Bauteile so zu begrenzen, daß der **Wärmehaushalt** (Wärmebilanz) des Stalles ausgeglichen ist. Anders ausgedrückt: den erhöhten Wärmeverlusten durch die Lüftung müssen geringe Wärmeverluste durch die Bauteile gegenüberstehen.

Die Berechnung des Wärmehaushaltes (der Wärmebilanz) erfolgt gem. DIN 18910 nach folgender Formel:

$$Q_{Ti} = Q_B + Q_L$$

Q_{Ti} - Wärmeproduktion durch die Tiere
Q_B - Wärmeverlust durch Bauteile
Q_L - Wärmeverlust durch Lüftung (wie zuvor beschrieben, abhängig von Luftrate)

(Die Berechnungen im Detail können der DIN 18910 entnommen werden.)
Pferdeställe verfügen, sofern die empfohlenen Richtwerte für die Boxengröße (mind. 11 m^2), der Stallhöhe (mind. 2,50 m) und der Stallgassenbreite (2,50 - 3,00 m) eingehalten werden, über ein relativ großes Luftvolumen (ca. 45 m^3 je Pferd). Wenn dann die für ein gesundes Stallklima geforderten Mindestluftraten (s. S. 48) und die gewünschte Stalltemperatur (s. S. 45) erreicht werden, zeigt die obige Gleichung eindrucksvoll, daß geschlossene Pferdeställe außerordentlich hohe Ansprüche an die Wärmedämmung der raumumschließenden Bauteile stellen.

Der Beurteilung des "Wärmeschutzes" (Begrenzung des Wärmeverlustes durch die Bauteile) durch die Wände und Decke dient die **Wärmeleitfähigkeit** der verwendeten Baustoffe und auch deren **Wärmespeichervermögen** (indirekt auch die Wasserdampfdiffusion). Mehrschichtige Bau**teile** bestehen aus mehreren Bau**stoffen** (z.B. Wand: Außenputz - Wärmedämmschicht - Mauerwerk - Innenputz)
Die Wärmeleitfähigkeit eines Baustoffes wird mit der **Wärmeleitzahl** λ ausgedrückt. Die Wärmeleitzahl bezeichnet diejenige Wärmemenge in Watt, die durch einen Quadratmeter (1 m^2) Fläche eines Baustoffes der Dicke von einem Meter (1 m) in einer Stunde (1 h) fließt, wenn zwischen den beiden Seiten ein Temperaturunterschied von einem Kelvin (1 K)* besteht. **Materialien mit niedriger Wärmeleitzahl dienen als Dämmstoffe.**

Der **Wärmedurchgangswert (k)** bezeichnet den Wärmedurchgang durch ein Bauteil, s. Übersicht 11, 12 und Abb. 13.

* (Kelvin = Einheit für Temperaturmessung, die Unterteilung der Kelvinskala ist die gleiche wie bei der Celsius-Skala, d.h. 1 Grad Celsiustemperaturunterschied ist gleich 1 Kelvintemperaturunterschied)

Übersicht 11: Vergleich von Wärmeleitzahl und Wärmedurchgangswert

	Dimension	*Kriterium*	*Anwendung*
Wärmeleitzahl (λ)	W/m^2 K	Wärmeleitfähigkeit eines ***Baustoffs***	Vergleich von Baustoffen, Berechnung des k-Wertes
Wärmedurchgangswert (k)	W/m^2 K eines ***Bauteiles***	Wärmedurchgang	Vergleich von Bauteilen, Berechnung von Wärmeverlusten (Q_B)

W = Watt
m = Meter
K = Kelvin
Quelle: Wenner et al., 1980

Übersicht 12: Wärmeleitzahlen einiger Baustoffe

Baustoff	***Wärmeleitzahl W/m² K***
Polystyrol-Hartschaum	0,040
Mineraldämmstoff	0,046
Holzwolle Leichtbauplatten	0,080
Fichtenholz, Sperrholz (wasserf.)	0,140
Bimsbeton	0,350
Ziegelmauerwerk	0,410
Glas	0,810
Kalksandsteinmauerwerk	1,040
Stahlbeton	2,040
Natursteinmauerwerk	2,320

nach Wenner et al., 1980

Abb. 13
Materialdicke bei gleicher Wärmedämmung

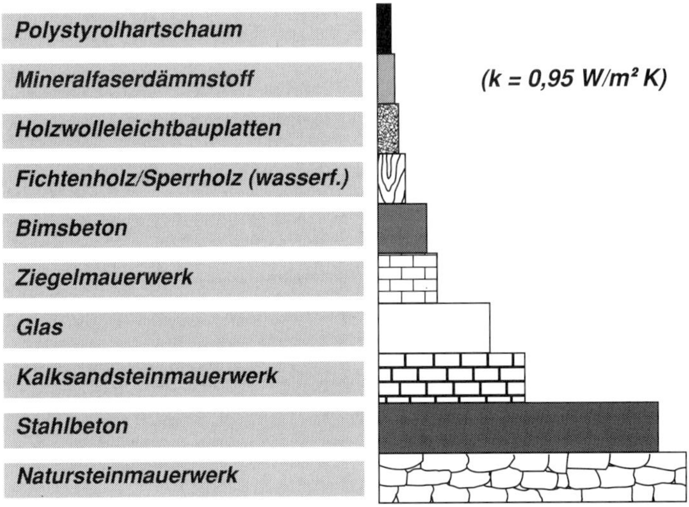

Quelle: Wenner et al., 1980

Wände und Decke
Besonders wichtig ist eine gute Wärmedämmung natürlich bei den Wänden und der Decke, da der Ausgleich des Wärmehaushaltes nur über Bauteile mit großem Flächenanteil möglich ist. In mehrschichtigen Bauteilen kommt es nicht nur auf die Wärmedämmungseigenschaften der einzeln verwendeten Baustoffe an, sondern auch auf deren **Anordnung innerhalb eines Bauteiles:** Wird ein Baustoff mit schlechtem k-Wert innerhalb eines Bauteiles eingebaut, dann kommt es zu dem sog. **Kernkondensat,** d.h. es bildet sich auf der kälteren Oberfläche dieses Stoffes Kondenswasser in der Wand.

Das am stärksten wärmegedämmte Material muß außen liegen, so wird die Gefahr von Kernkondensat und Frostschäden vermindert.

Die Wärmedämmung der raumumschließenden Teile eines Stalles sollte zur Vermeidung von **Oberflächenkondensat** außerdem so bemessen sein, daß eine möglichst kleine Temperaturdifferenz zwischen der Oberflächentemperatur von Wand und Decke und der angrenzenden Stalluft besteht (max. 3°C)!
Für Wände und Decken sind sind Wärmedurchgangszahlen von k = 0,5 - 0,7 W/m^2 K, erforderlich. Die Berechnung im Einzelfall erfolgt mit Hilfe der Wärmebilanz (s. S. 55).
Neben der wärmedämmenden Eigenschaft von Bauteilen ist auch der **Durchlaßwiderstand für Wasserdampf** von großer Bedeutung. Es kann auch zu Kernkondensat kommen, wenn auf einen Baustoff mit hoher Durchlässigkeit für Wasserdampf ein Baustoff mit geringerer Dampfdurchlässigkeit folgt. Die Dampfdurchlässigkeit beeinflußt das Stallklima außerdem mittelbar, da der Feuchtigkeitszustand Einfluß auf die Wärmedämmung hat: das Dämmvermögen der Baustoffe wird durch den guten Wärmeleiter Wasser herabgesetzt. Das Eindringen von Innenfeuchtigkeit in die Bauteile könnte theoretisch durch Anbringen einer Dampfsperre an der Stallinnenseite verhindert werden, das würde jedoch auch die gewünschte Ableitung der Feuchtigkeit durch die Bauteile verhindern. Daher sind Dampfsperren für Pferdeställe ungeeignet; sie schützen lediglich das Bauteil, nicht aber die im Stall eingestellten Tiere!

Die Durchlässigkeit von Wasserdampf durch die Bauteile muß nach außen hin zunehmen.

Eine weitere wichtige Eigenschaft von Baustoffen und Bauteilen ist ihr **Wärmespeichervermögen.** Die vorübergehende Wärmespeicherung und Wärmeabgabe während der Tages- und Nachtzeit führt sowohl im Sommer als auch im Winter zu ausgeglicheneren Temperaturverhältnissen im Innenraum, und zwar durch Abschwächung der Maximaltemperaturen (Amplitudendämpfung) und durch Verschiebung der Temperaturmaxima (Phasenverschiebung).

Fenster, Außenklappen

Fensterflächen sind problematisch, da sie geringe Wärmedämmungseigenschaften haben.
Normalverglasung: k = 4,5 - 6,0 W/m ^{2} K
Isolierverglasung mit Holz- oder Kunststoffrahmen
6 mm Scheibenabstand: k = 3,3 W/m^{2}K
12 mm Scheibenabstand: k = 3,0 W/m^{2}K

Im Winter wird sich Oberflächenkondensat (Schwitzwasser) auf den Scheiben also nicht ganz vermeiden lassen, durch Fenster mit rel. hoher Wärmedämmung kann es jedoch reduziert werden. Das gilt natürlich auch für die Fensterrahmen: hinsichtlich der Wärmedämmungseigenschaften sind Holz- oder Kunststoffrahmen vorzuziehen (Metall- oder Betonrahmen bilden sog. "Kältebrücken"). Schwitzwasser sollte mittels eines Schlitzes nach außen abgeleitet werden. Fenster, die vom Pferd erreicht werden können, was grundsätzlich wünschenswert ist, müssen auf jeden Fall ausreichend durch massive Vergitterung oder Stäbe gesichert sein. Der Einbau von Sicherheitsglas ist zu empfehlen.
Die Fenster sollten möglichst zu öffnen sein, um eine zusätzliche Lüftung zu ermöglichen.
Eine Alternative zu Glasfenstern wären z.B. Kunstoffdoppelstegplatten. Sie haben den Vorteil, daß sie bearbeitet (gebohrt und gesägt) und ohne Rahmen eingebaut werden können.

Wichtig ist neben der Helligkeit und dem jahreszeitlichen Rhythmus auch die spektrale Qualität des Lichtes und Intensität der Strahlung. Diese wird durch Fensterflächen nicht bzw. nicht in vollem Umfang durchgelassen. Diese Tatsache ist ein weiteres Argument für Außenklappen, mit deren Hilfe ein Teil der natürlichen Lebensbedingungen während des Stallaufenthaltes erhalten wird.
Die Wärmedämmung der Wände und Decken muß die Verwendung von Außenklappen noch besser sein, da sonst die Wärmebilanz nicht ausgeglichen ist und Feuchtigkeit an den Bauteilen kondensiert, mit allen negativen Auswirkungen auf das Stallklima und damit die Pferde sowie die Bauteile.
Es mag verwundern, daß entweder Fenster mit möglichst guter Wärmedämmung oder aber Außenklappen empfohlen werden. Das hat folgende Gründe:
Mit Fenstern können auch im Winter Temperaturen im Plusbereich sichergestellt werden. Bei Außenklappen wird sich ein Absinken der Stalltemperatur in den Minusbereich nicht immer vermeiden lassen. Die Pferde stört das zwar nicht, jedoch steigt ihr Futterbedarf und bei starkem Frost der Arbeitsanfall, wenn die Selbsttränken gegen Frostschäden abgestellt und die Pferde mehrmals täglich mit der Hand getränkt werden müssen. Dem stehen indessen die vorbeschriebenen Vorteile von Außenklappen gegenüber (s. S. 54).

Verbesserung bestehender Ställe

Die Verbesserung bestehender Ställe richtet sich selbstverständlich nach den Gegebenheiten vor Ort. Nachstehend einige Hinweise in Stichpunkten:

- Auch bei deckenlastiger Strohlagerung sollen die Decken wärmegedämmt sein. Ist gegen Ende des Winters Stroh oder Heu zumindest teilweise verbraucht, wäre sonst Oberflächenkondensat an der Decke unvermeidlich. Die Wärmedämmung wird am besten von oben angebracht.
- Bei Anbringung der Wärmedämmung an einer Zwischendecke oder der Dachneigung angepaßt muß zwischen Dämmung und dem (kalten) Dach für ausreichende Hinterlüftung gesorgt werden.
- Betonteile (z.B. Fensterstürze), Metallträger (z.B. Ringanker oder Pfeiler) oder Wasserleitungen unter Putz bedürfen zur Vermeidung von Oberflächen- oder Kernkondensat einer ausreichenden ggf. zusätzlichen Wärmedämmung.
- Schlägt sich Feuchtigkeit an den Stallwänden nieder, sind diese insgesamt unzureichend wärmegedämmt. Die nachträgliche Wärmedämmung sollten von außen erfolgen (s. S. 58).
- Der Außenputz muß so beschaffen sein, daß kein Wasser in die Bauteile eindringen kann.
- Bei Lüftungsproblemen sollte geprüft werden, ob die Zu- und Abluftöffnungen ausreichend und zueinanderpassend dimensioniert sind, die Luftführung innerhalb des Gebäudes stimmt, etc.
- Bei schwierigen Gebäudeverhältnissen empfiehlt sich der Einbau einer Gleichdrucklüftung.
- Der nachträgliche Einbau von Außenklappen statt der früher üblichen sehr hoch angebrachten Fenster ist häufig mit relativ geringem Aufwand und teilweise in Eigenleistung möglich.

Die vorstehende Aufstellung ließe sich sicherlich fast beliebig erweitern. Mit etwas Erfindungsgeist und zusammen mit einem Fachmann kann meistens ohne großen Aufwand viel erreicht werden.

3.4 Laufstall

Unter Laufstall wird landläufig eine (größere) Einraum-Gruppenhaltung verstanden, normalerweise mit unmittelbarem Zugang zur Weide. Häufig werden Altgebäude durch Laufställe genutzt, die gegebenen Gebäudeverhältnisse bestimmen dann die Gestaltung. Die **Lauffläche** muß auf jeden Fall so groß sein, daß rangniedrige Tiere ausweichen können:
Mindestflächenbedarf pro Pferd (Freß- und Liegebereich zusammen), Faustformel n x (Wh x 2)^2:

Absatzfohlen	Jährlinge	Zweijährige	Dreijährige und älter
5 m^2	7 m^2	9 m^2	11 m^2

n = Anzahl der Tiere, Wh = Winderristhöhe (Stockmaß)

Laufställe haben in der Regel Tiefstreu und sollen zur Arbeitsersparnis mit Hilfe von Frontladern ausgemistet werden können, daher sind gerade Entmistungsachsen und ausreichend weite Abstände zu evtl. vorhandenen Stützen oder Raumteilern sowie große Tore vorzusehen. (Auch bei Tiefstreu sollten nasse Stellen täglich entfernt werden).
Die **Deckenhöhe** soll mindestens 2,50 m, besser 3,50 m betragen. Empfehlens-

wert ist aus hygienischen Gründen ein nicht zu langer Abstand (2 - 3 Monate) zwischen der Totalentmistung.

Hinsichtlich des **Stallklimas,** der Lüftung und ggfs. Wärmedämmung gelten die in Kapitel 3.3 beschriebenen Grundsätze.

Eine relativ einfache Lösung für die **Futtervorlage** zeigt Abbildung 14.

Abb. 14
Durchfreßgitter im Laufstall

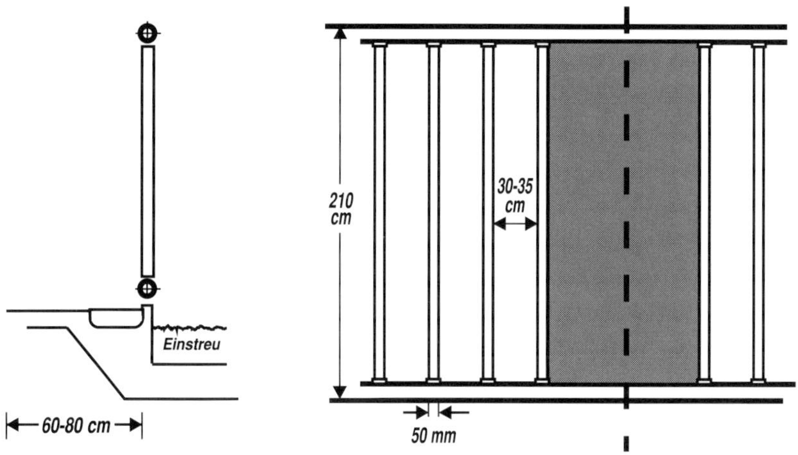

Wird der Laufstall in mehrere Buchten unterteilt, muß der Übergangsbereich geschlossen oder vergittert sein, damit die Pferde nicht von außen mit dem Kopf in die Nachbarbucht gelangen können (erhebliche Verletzungsgefahr!). Wenn die senkrechten Rohre mit T-Schellen befestigt werden, ist eine Anpassung an verschiedene Altersgruppen möglich.

Bei Tiefstreu muß auch hier berücksichtigt werden, daß die Einstreuschicht im Laufe der Stallperiode höher wird, die Sohle des Troges darf also nicht zu tief liegen. Zwischen den senkrechten Rohren (ca. 50 mm stark) oder Rundhölzern ist bei Pferden ein lichter Abstand von ca. 30 cm erforderlich (der Kopf soll problemlos hindurchgesteckt und auch zurückgezogen werden können, das Pferd darf sich jedoch nicht mit der Schulter hindurchzwängen wollen). Für jedes Pferd sollte mindestens ein 80 cm breiter Freßplatz vorgesehen werden. Weitere Ausführungen zur Futtervorlage finden sich in Kapitel 3.5 (Gruppenauslaufhaltung).

3.5

Gruppenauslaufhaltung

(nach Professor Dr. Joachim Piotrowski)

Die Gruppenauslaufhaltung ist die Variante des Laufstalles (meist des Offenstalles), in der nicht der ganze Tierbestand zusammen, sondern in kleineren Einheiten gehalten wird. Dieses Verfahren wurde für Pferde entwickelt, die unregelmäßig bewegt werden.

In der Gruppenauslaufhaltung müssen die Pferde ihren Aufenthaltsbereich im Stall oder im Freien nach Belieben wählen und damit ihr Bedürfnis nach frischer Luft, Bewegung, Erkundung wie nach Sozialkontakt bis hin zur Fellpflege durch Sonne, Wind und Regen auch ohne ständige Vermittlung durch den Menschen befriedigen können. Zugleich muß eine art- und leistungsgerechte, erforderlichenfalls individuelle Versorgung mit Rauh- und Kraftfutter - aus physiologischen Gründen zeitlich gut über den Tag verteilt - ohne Futterneid und Verletzungsgefahr gewährleistet sein. Die bei herkömmlicher Haltung strenge Zeitbindung des Betreuers wird ohne Schaden für die Pferde und für die Tier-Mensch-Beziehung gelockert. Voraussetzung ist eine weitgehend gleichbleibende Gruppenzusammenstellung.

Planungsbeispiele

Für die Gruppenauslaufhaltung gelten folgende allgemeine Grundsätze:

- **Konsequente Trennung des Ruhe-, Fütterungs- und Tränkebereiches durch entsprechende Raum- und Auslaufgestaltung.**

  Auch bei beschränktem Raumangebot sollen die Pferde zu ausreichender Bewegung und zum Abkoten im Auslauf angeregt werden. Das Auseinanderziehen der Aufenthaltsbereiche erleichtert die bedarfsgerechte Versorgung und wirkt der Konzentration der Pferde an bevorzugten Stellen entgegen. Vor allem müssen Sackgassen und tote Winkel vermieden werden, damit unterlegenen Tieren ein Fluchtweg verbleibt. Barrieren zwingen die Pferde zu langen Wegen, in größeren Räumen (Auslauf oder Liegefläche) erleichtern Raumteiler das Ausweichen rangniedrigerer Tiere. Der Liegeraum dient ausschließlich als Ruheraum, die Fütterung wird in den Laufhof oder in benachbarte Flächen verlagert.

- **Vorratsfütterung von Rauhfutter**

  Die Pferde sollen ensprechend ihren physiologischen Bedürfnissen und ihrem angeborenen Verhalten über den ganzen Tag verteilt an der Vorratsraufe "weiden" und sich gleichwohl individuell und ohne Verletzungsgefahr durch Futterneid mit Kraftfutter versorgen können, bzw. versorgt werden. Die automatische Zuteilung auch des Kraftfutters ist möglich - s. S. 72.

- Der **Zugang zum Auslauf** möglichst zur windgeschützten Seite.

- In größeren Beständen werden **Einzelboxen** zur Einzelbehandlung kranker oder für die behutsame Eingewöhnung neuer Tiere benötigt.

- Abmessungen (Richtwerte):

	Faustformel	das ergibt pro Pferd** Wh = 1,65 m	das ergibt pro Pony** Wh = 1,45 m
Liegefläche*	n x (2 x Wh)² minus ca. 20 %	ca. 8 m²	ca. 6,5 m²
Auslauf/Lauffläche	n x 2 x (2 x Wh)²	ca. 22 m²	ca. 12 m²

Abkürzungen: n = Anzahl der Tiere, Wh = Widerristhöhe (Stockmaß)

* Je größer die Gruppe, umso geringer wird der Platzbedarf pro Pferd: Die Fläche darf etwa 20 % geringer sein als die Gesamtfläche der entsprechenden Zahl von Einzelboxen. Je größer die Gruppe ist, desto größer kann der Abschlag sein. Es müssen jedoch in jedem Falle mind. 5 m^2 je Pferd verbleiben.

** Die angegebenen Maße beziehen sich auf durchschnittlich große Pferde/Ponys mit einem Stockmaß von 1,65 m bzw. 1,45 m.

(Maße für Freßstände: s. S. 72)

Breite der Türöffnungen:
mind. 1,20 m, in größeren Beständen: 2 Türöffnungen, um Blockierung des Einganges durch ranghohe Tiere zu vermeiden (ein größeres Tor (3 x 3 m) sollte zusätzlich für das Befahren mit dem Schlepper vorgesehen werden).

- Tränken:

Zur Förderung der Bewegung und damit ein ranghöheres Tier nicht gleichzeitig Tränke und Futter blockieren kann, werden die Tränken möglichst weit vom Fütterungsbereich entfernt installiert (s. auch Abb. 15, 16, 18). Im Handel sind frostsichere Tränken erhältlich.

Beispiele für Gruppenauslaufhaltungen zeigen die folgenden Abbildungen 15/16 auf den Seiten 64/65, 17 und 18 auf den Seiten 66/67 und Abb. 19 auf Seite 68.

In größeren Reitbetrieben mit unterschiedlichen Pferden/Ponys, unterschiedlicher Nutzung und Nutzungsintensivität der Tiere (Sport, Wettkampf, Lehrpferd, Zucht) bietet es sich an, verschiedene Haltungssysteme innerhalb eines Betriebes zu verwirklichen, entweder in mehreren Gebäudekomplexen oder auch unter einem Dach. Ein Beispiel zeigt die Abb. 19.

Anmerkung: Auf dem Rexhof, auf dem der in der Abb. 19 gezeigte Stall steht, fand 1984 ein FN-Seminar zum Thema "Pferdehaltung in Gruppen" statt. Der Rexhof beherrbergte 1984 125 Pferde, Großpferde und Ponys, Schul-, Privat- und Ausbildungspferde sowie eine Zuchtherde. Auf diesem Betrieb wurden mehrere Forschungsprojekte durchgeführt und verschiedene Haltungsformen und Einrichtungen getestet. (Der Seminarbericht wurde 1989 aktualisiert und ist im FN-Verlag erhältlich).

Abb. 15 (Beispiel 1)
Mehrraum-Pferdeauslaufhaltung mit Vorratsfütterung für zwei Ponys mit beliebiger Erweiterungsmöglichkeit

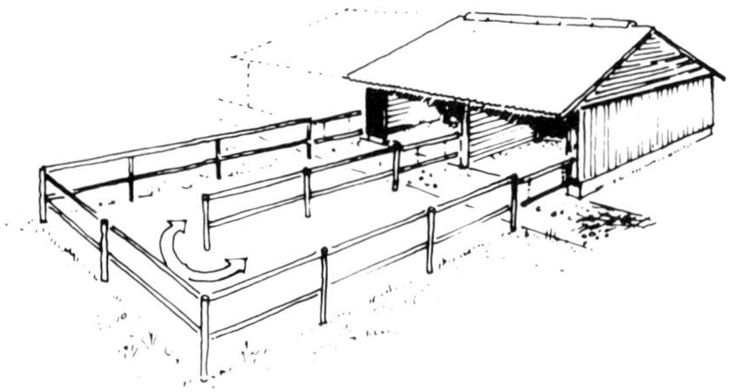

Ansicht

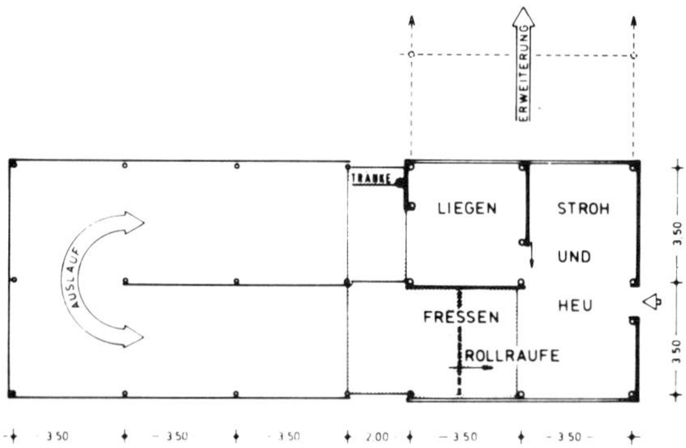

Grundriss

Quelle: Piotrowski, 1984

Abb. 16 (Beispiel 2)
Mehrraumlaufstall mit Freßständen für 5-6 Pferde

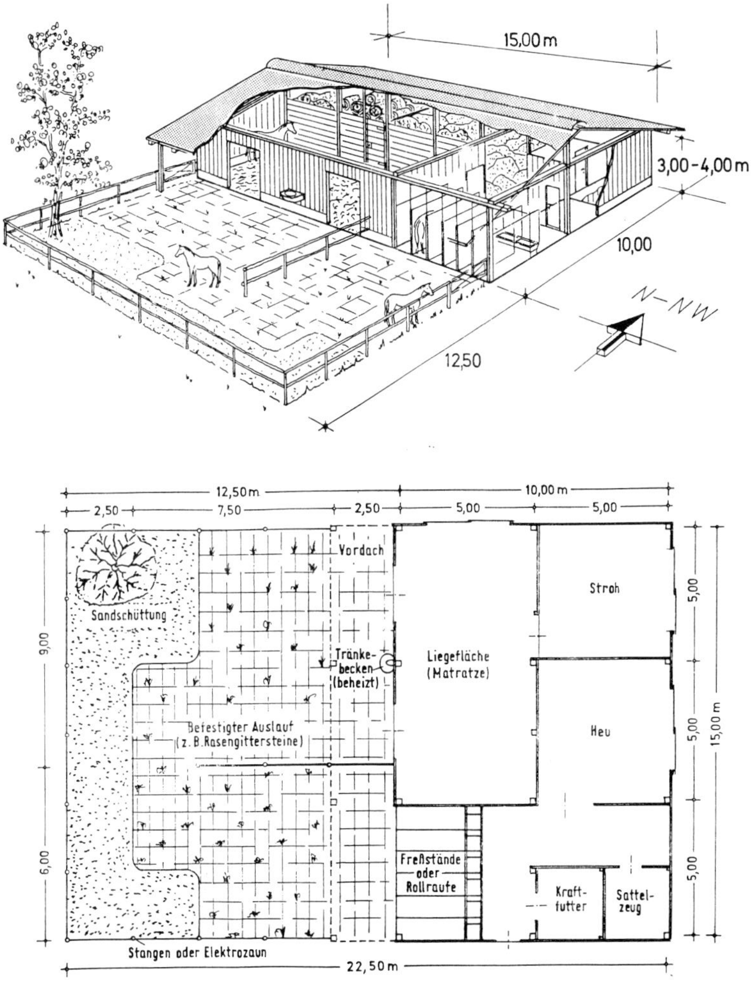

Quelle: Pirkelmann, 1990

Abb. 17 (Beispiel 3)
Getrenntes Futter- und Liegehaus beiderseits der Paddocks

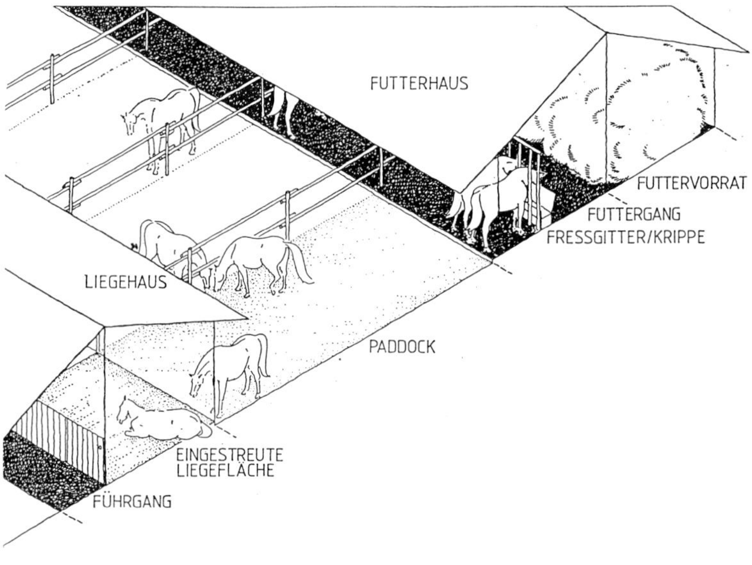

An die Liegefläche schließt sich der Führgang an, von dem aus die Pferde herausgeholt werden können.

Quelle: Schnitzer, 1984

Abb. 18 (Beispiel 4)
Auslaufhaltung für 16-24 Pferde

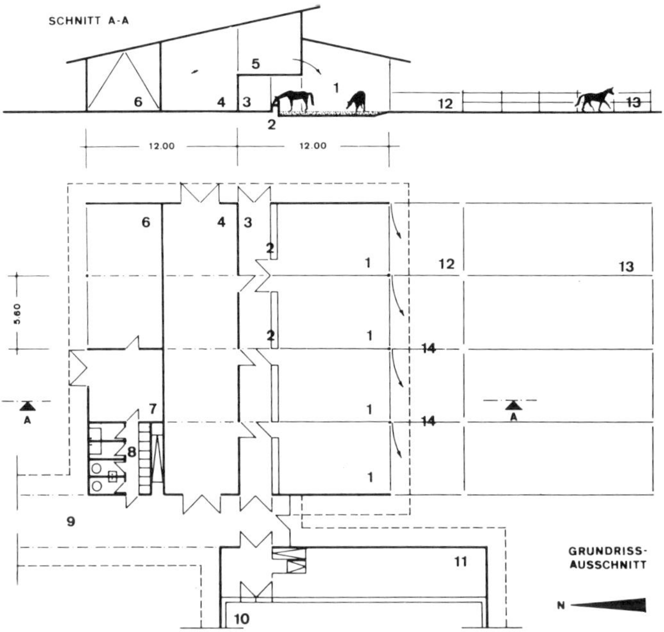

1: überdachte Laufstallfläche
2: Krippe und Raufe
3: Futter- und Führgang
4: Futtervorrat
5: Streuvorrat
6: Fahrzeuge
7: Beschlagraum
8: Sanitärräume
9: überdachter Verbindungsgang
10: gedeckte Reitbahn
11: Reithallentribüne
12: befestigte Hoffläche
13: Auslauf
14: schwenkbare Abtrennung

Die Lauffläche ist in Buchten geteilt, welche jeweils 4 – max. 6 Pferde aufnehmen sollte. Jeder Bucht in eine befestigte Hoffläche (12) und ein kleiner Auslauf (13) zugeordnet. Die Abtrennung (14) zwischen den befestigten Hofflächen sind schwenkbar (Pfeil), damit jede einzelne Bucht mit dem Frontlader befahren werden kann. Während des Entmistungsvorganges mit dem Frontlader können die Pferde gruppenweise oder zusammen in den Ausläufen (13) untergebracht werden. Die Einlagerung der Streu- bzw. Futtervorräte erfolgt mittels fahrbarem Förderband; Streuabwurf direkt auf Laufstallfläche (Pfeil). Die Krippen- und Raufenlänge ist so bemessen, daß alle Pferde rechnerisch gleichzeitig einen Futterplatz haben. Vom Futtergang (3) aus sind die einzelnen Buchten (auch zum Heraus- und Hineinführen einzelner Tiere) betretbar.

Quelle: Schnitzer, 1984

Abb. 19 (Beispiel 5) Kombination Boxen- und Gruppenhaltung am Beispiel des Rexhofes

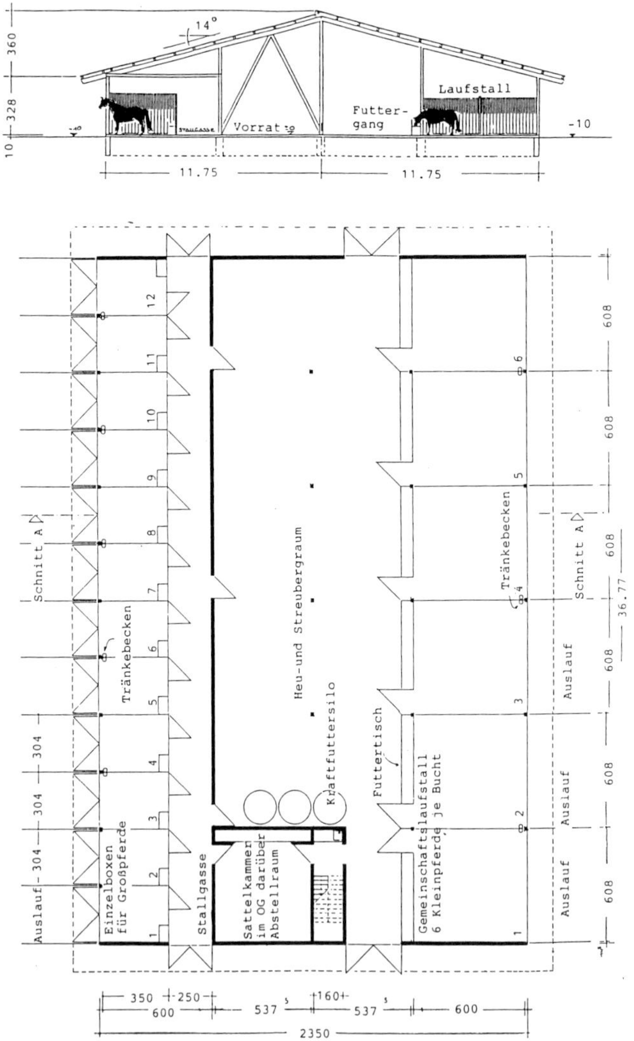

Quelle: Schnitzer, 1984

Fütterungseinrichtungen

Das Rauhfutter wird überwiegend zur freien Bedienung (ad libitum) verabreicht. Beispiele für verschiedene bewährte Möglichkeiten zeigen die Abbildungen 20 (siehe unten), 21 und 22 (siehe S. 70).

Durch Freßstände wird eine verbesserte individuelle Kraft- und Rauhfuttervorlage möglich. Abb. 23 (Seite 71) zeigt die Freßstände und den Grundriß eines Ausstellungsstalles, der von A. Kurz, U.Schnitzer und K. Zeeb auf der Eurocheval 1988 gezeigt wurde (Kompaktanordnung für 4 Pferde). Natürlich sind auch Ausführungen mit Metallstäben möglich. Hinsichtlich der Materialstärke und Verarbeitung gelten die auf Seite 77 beschriebenen Mindestanforderungen.

Die Trennwande der Freßstände sollen ein Durchbeißen der Tiere verhindern, müssen jedoch so durchlässig sein, daß Blickkontakt möglich bleibt. Dichte Wände führen gerade bei rangniedrigeren Tieren zu vermehrter Unruhe , zu hastigem Fressen und zu häufigem Verlassen der Stände. (Während der Kraftfuttergabe können die Tiere natürlich auch angebunden werden).

Abb. 20 Rundraufe

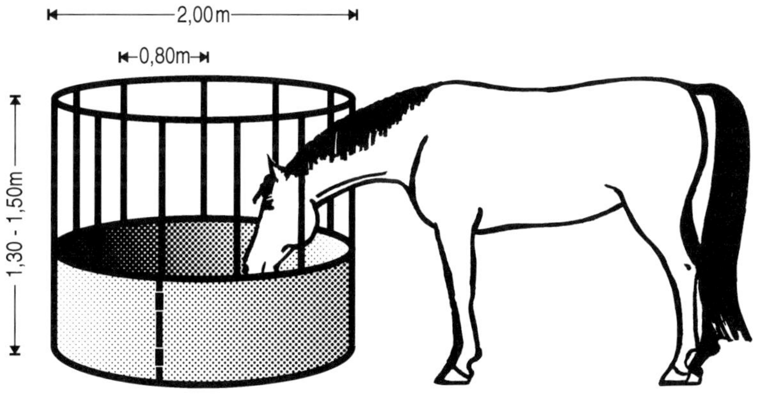

Die Rundraufe zur Aufstellung im Laufhof ist insbesondere für kleinere Bestände geeignet. Der allseitig mögliche und übersichtliche Zugang kommt vor allem rangniedrigen Tieren zugute. Zur individuellen Kraftfuttergabe können umgehängte Futtereimer eine praktikable Lösung darstellen (das ranghöchste Tier wird als erstes bedient und als letztes vom Futtereimer befreit).

Abb. 21 Rollraufe

Die Rollraufe (System FAL) wird von den Pferden in den Futterstock geschoben. Sie hängst leicht pendelnd in Schienen. Ein Bodenbrett sorgt dafür, daß das Futter freßgerecht etwas angehoben wird. Die Freßbreite beträgt pro Pferd ca. 80 cm. Bei leicht futtrigen Pferden wird eine Futterbegrenzung notwendig, die z.B. durch einen zeitgesteuerten Vorhang oder eine mechanische Arrettierung der Rollraufe erreicht werden kann.

Quelle: Piotrowski, 1987

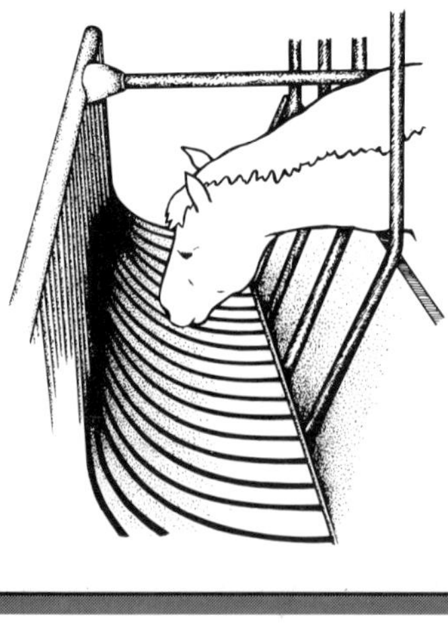

Abb. 22 Rollraufe mit Vorsatzgitter

Eine andere Möglichkeit der eingeschränkten Vorratsfütterung bietet die Beimischung von Stroh. Der Entmischung wird durch Anbringen eines Vorsatzgitters entgegengewirkt (Stababstände: ca. 7cm).

Quelle: Piotrowski, 1984

Abb. 23
Freßstände aus Holz

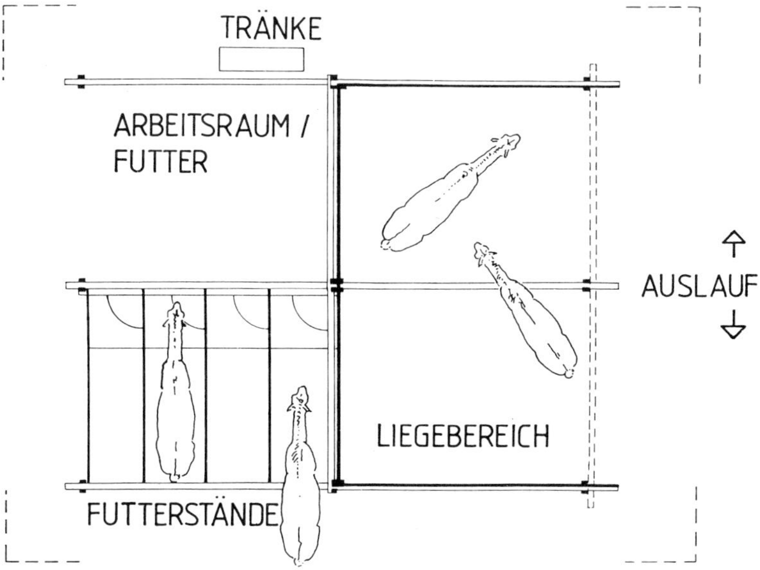

Quelle: Schnitzer, 1984

Maße für Freßstände:

Länge (Wh x 1,8) *1): ca. 3,00 m
Höhe: (Wh x 1,1): 1,80 m

Bodenabstand der untersten Seitenbegrenzung: 0,50 m
Abstand zwischen den Seitenbegrenzungen, max.: 0,10 - 0,12 m

Trogsohle, Höhe
mind. 0,20 m
max.: 0,60 m

*1) Die Länge ist für einen vollständigen Flankenschutz erforderlich.

Industrie und Forschung befassen sich seit einiger Zeit auch mit der automatisch gesteuerten Fütterung von Pferden, die zugleich die Vorratsfütterung und individuelle Portionierung erlaubt. Ein am Institut für landwirtschaftliche Bauforschung (FAL), Braunschweig, entwickeltes System zeigt die Abb. 24). Jeder Freßplatz ist mit einer elektromagnetisch verriegelten Klappe versehen, die nur mit dem vorgegebenen Code geöffnet werden kann. Das einzelne Pferd mit einer Erkennungsmarke am Halfter oder Halsriemen erhält

Abb. 24
Individuelle Fütterung von Rauh- und Kraftfutter

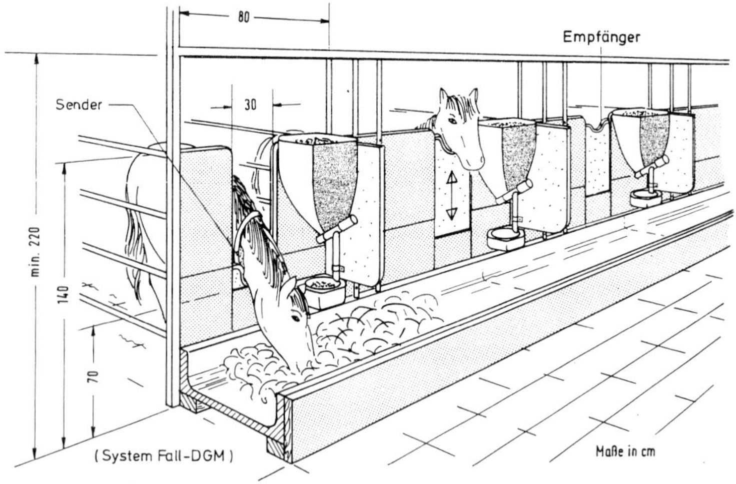

Individuelle Fütterung von Rauh- und Kraftfutter an elektromechanisch gesteuerten Freßgitter mit Einzelfreßplatz und zusätzlichem Kraftfutterdosierer; Identifizierungsmöglichkeit für bis zu 8 Pferde (System FAL).

Quelle: Pirkelmann, 1990

also nur Zugang zu einem bestimmten Freßplatz. Kraftfutter wird über einen Dosierer portionsweise über den Tag verteilt (zeitgesteuert) zugewiesen. Als neueste Entwicklung wird auch in der Pferdehaltung die Abruffütterung mit elektronisch gesteuerter zentraler Futterstation zur Zeit in 2 Betrieben in Weihenstephan erprobt. Die Identifizierung erfolgt mit einem ebenfalls an Halsriemen oder Halfter getragenen „Transponder" mit beliebiger Nummernzahl. Die Steuerung aller Funktionsabläufe – die individuelle Mengenvergabe, die Kontrolle der Freßmengen und des Freßrhythmus – wird durch einen zentralen Rechner vorgenommen. Eine Kraftfutterstation reicht nach bisheriger Erfahrung für ca. 20 Pferde. Die genaue Ausgestaltung der Futterstation wird derzeit noch erprobt.

Auch bei Verwendung solcher Futterautomaten muß die Überwachung und Kontrolle der Pferde möglichst mehrmals täglich mindestens jedoch 2 mal am Tag sichergestellt werden, nur so können Krankheiten (z.B. Kolik) oder Verletzungen rechtzeitig erkannt werden. Bei Fütterung von Hand hat man seine Pferde automatisch im Blick und merkt sofort, wenn etwas nicht stimmt.

Auslauf, Einzäunung

Der Auslauf ist im Offenstall neben dem Futterplatz der wichtigste Aufenthaltsbereich der Pferde und Hauptabkotplatz. Als Mindestgröße gilt 20-30 m^2/Pferd.
Um witterungsbedingte Nutzungseinschränkungen zu vermeiden, sollten die besonders häufig benutzten Flächen befestigt werden. Hierfür haben sich übersandete Betonverbundsteine und Rasengittersteine mit Rautenmuster besonders bewährt.
Neben festen Teilflächen sollten unbedingt auch Teilfächen mit losen Schüttungen, i.d.R. Sand, zum Wälzen der Pferde vorgesehen werden.
Eine sichere Wasserabführung auch bei starken Regenfällen wird durch ein leichtes Gefälle im Laufhof begünstigt. In Höhenlagen mit viel Schneefall empfiehlt es sich, den Auslauf teilweise zu überdachen.
Als Einzäunung werden meistens massive Stangenzäune, mind. 1,50 m hoch, verwendet.

Weitere Hinweise siehe Kap. 6.

Nutzung von Altgebäuden

Vorhandene Altgebäude landwirtschaftlicher Betriebe eignen sich häufig besonders auch für den kostengünstigen Umbau in eine Pferdegruppenauslaufhaltung. Am Beispiel eines Hofes im Sauerland mit zweireihigem nicht mehr genutzten Milchviehstall zeigt die Abb. 25a und b (s. S. 74/75) zwei mögliche Planungsvarianten.

Über dieses Beispiel hinaus gibt es natürlich viele Möglichkeiten der Nutzung von Altgebäuden auch nicht wärmegedämmter jedoch zugfreier Scheunen und Schuppen, insbesondere auch dann, wenn Freß- und Liegebereich in zwei getrennten Räumen untergebracht werden können.

Abb. 25 a Nutzung von Altgebäuden (Beispiel)

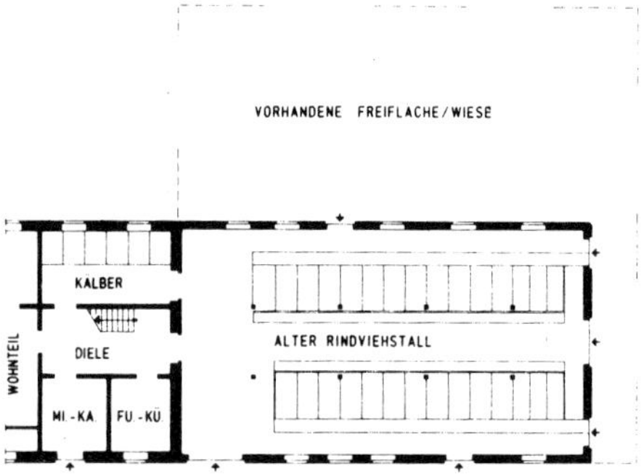

Ausgangslage: zweireihiger Anbindestall für Milchvieh

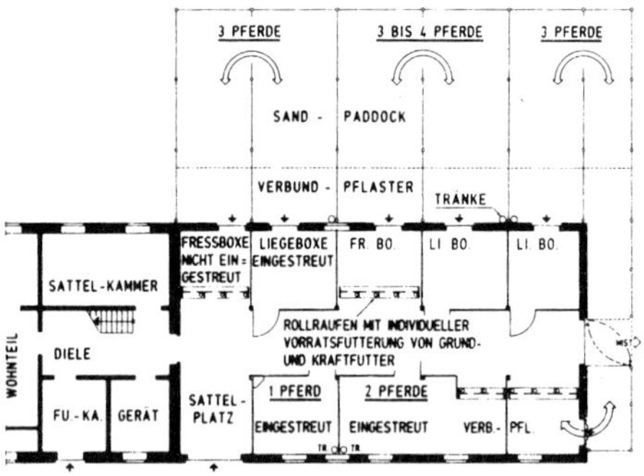

Variante 1: Gruppenauslaufhaltung für 9-10 Pferde zusätzlich zwei Sonderboxen (ohne Auslauf)

Abb. 25 b

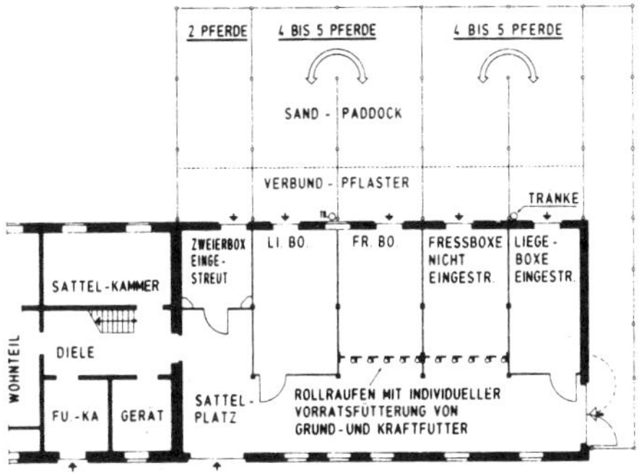

*Variante 2: Gruppenauslaufhaltung für 10-12 Pferde
zusätzlich eine Sonderbox für zwei Pferde (ohne Auslauf)*

*Als Variante 3 wäre auch der Einbau von 8-10 Einzelboxen möglich,
davon 4-5 mit Einzelauslauf*

Quelle: Piotrowski, 1987

Abb. 26 Windschutz

*Als Windschutz können an den Türöffnungen
zum Auslauf hin 15-20 cm breite PVC-Streifen angebracht werden.*

3.6

Boxenstallungen

Auch Boxenstallungen (Einzelhaltung) können als geschlossener (wärmegedämmter) Stall **oder** Offenstall konzipiert werden.
Als Grundsatz für die Stalleinrichtung gilt: alle Einrichtungen, mit denen Pferde in Berührung kommen können, müssen so gestaltet werden, daß Verletzungen an scharfen oder vorstehenden Kanten oder das Festklemmen der Pferde selbst, einzelner Gliedmaßen oder des Kopfes unmöglich sind!

Boxen, Zwischenwände, Türen:

Boxen:
Übersicht 13 zeigt die empfohlenen Maße im Überblick:

Übersicht 13: Maße für Boxen

	Faustzahl	*Mindestmaß (ca.) für durchschnittlich große*	
		Pferde (Wh = 1,65)	*Ponys (Wh = 1,40)*
Fläche schmale Seite	$(2 \times Wh)^2$ 1,50 x Wh	ca. 11 m^2 2,50 m	ca. 8 m^2 2,10 m
Trennwandhöhe: oben offen Oberteil vergittert geschlossen	 0,80 x Wh 1,30 x Wh 1,45 x Wh	 1,30 m 2,20 m 2,40 m	 1,10 m 1,80 m 2,00 m
Türen (Höhe) halbierte Tür (Höhe untere Hälfte):	1/3 x Wh 0,80 x Wh	2,20 m 1,30 m	1,80 m 1,10 m
Krippe (Sohle): (Richtwert)	1/3 x Wh	0,55 m	0,45 m

Wh = Widerristhöhe (Stockmaß)

Die Faustformeln für Fläche und schmalste Seite gehen vom Flächenbedarf des liegenden Pferdes aus. Bei durchschnittlich großen Pferden ergibt sich das Boxenmaß von ca. 3.50 x 3.00 m, auch das Langformat von z.B. 2,70 x 4,00 m wäre möglich.

Für Zuchtpferde (Stute mit Fohlen oder Hengste) sind größere Boxenflächen als in der Übersicht angegeben, vorzusehen: Mindestens 12 m^2, besser 16 m^2. Allgemein ist es empfehlenswert, für die Einstellung einiger besonders großer - bzw. Zuchtpferde oder für den Fall, daß 2 klei-

nere Pferde oder Jungpferde zusammen gestellt werden sollen, einige Boxen mit großzügigen Abmessungen von vorneherein mit einzuplanen.
Nebenbei sei erwähnt, daß Stuten und Hengste nicht in unmittelbar benachbarten Boxen mit Berührungs-, Sicht- und Geruchskontakt untergebracht werden sollen.

Zwischenwände:
Die Entscheidung, ob geschlossene oder teilweise offene Boxentrennwände gewählt werden, hängt von der Art und dem Schwerpunkt des Betriebes ab (siehe auch Abb. 27, S. 78).
Grundsätzlich gilt, daß sich die Pferde gegenseitig sehen und außerdem einen größeren Teil des Stalles überblicken sollen, da Pferde neugierig und an ihrer Umwelt interessiert sind (wie die Verhaltensforscher sagen, ein ausgeprägtes "Erkundungsverhalten" zeigen). Die Trennwände sollen also möglichst durchlässig gestaltet sein.
Die Trennwände werden an Standsäulen aus Stahlrohr oder Holz befestigt, die entweder im Beton eingespannt oder bis zur Decke hochgeführt und dort befestigt werden.

Um Verletzungen durch ein Hängenbleiben der Hufe zu vermeiden, dürfen die **Abstände im Schlagbereich höchstens 5 cm** betragen (oder - nur wenn sich die Pferde gut kennen - über 20 cm, damit der Huf gefahrlos zurückgezogen werden kann). Also: lichte Abstände zwischen 5 und 20 cm vermeiden!
Im **Kopfbereich** muß der **Abstand unter 17 cm** sein, damit der Kopf nicht hindurchgesteckt **oder über 35 cm,** damit er gefahrlos zurückgezogen werden kann. Also: lichte Abstände zwischen 17 und 35 cm auf jeden Fall vermeiden!

In Reitbetrieben sind die Trennwände zumindest zwischen den Tieren im unteren Teil (bis 1,30 m) in der Regel geschlossen (siehe auch Text zu Abb. 27). Für den geschlossenen Teil wird Hartholz, 40 mm dick (z.B. Robinie, Eiche, Lärche, aus Gründen des Umweltschutzes keine Tropenhölzer) oder schlagfeste Sperrholzplatten, 25 mm dick, verwendet. Die senkrechten Bretter werden normalerweise in U-Stahlprofile gefaßt und können ausgewechselt werden. Mauerwerk muß dick genug sein, um standfest zu sein (z.B. 1 voller Stein) und beansprucht daher viel Raum.
Sofern der untere Teil der vorderen Boxenwand geschlossen ist, sollten zur Verbesserung des Luftaustausches **im unteren Bereich Öffnungen** (z.B. Schlitze) eingefräst werden. Verschiedentlich werden auch, insbesondere als Vorderwand, Zwischenwände mit senkrechten Rohren bis zum Boden verwendet. Diese müssen dann mindestens 25 mm dick sein, mit höchstens 50 mm lichtem Zwischenabstand, und Querverbindungen haben.

Die **Mindestanforderungen für die Materialstärke** der im Stallbereich eingesetzten Rohre können der DIN 2440 entnommen werden. Diese Anforderungen müssen unbedingt beachtet werden. Billiganbieter verwenden häufig Rohre oder

Abb. 27 Gestaltung der Zwischen- und Vorderwände

	Anwendung	Ausführung
A 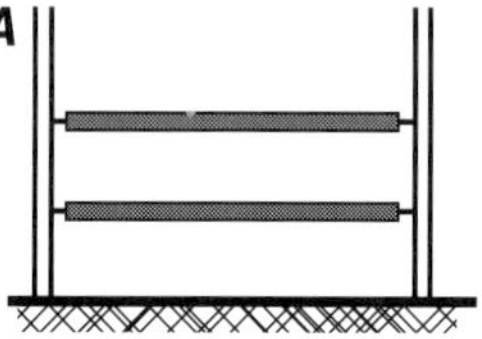	Zuchtbetriebe, kleine Privatställe	Abtrennung seitlich und zur Stallgasse hin durch beweglich aufgehängte Rundhölzer oder Stahlrohre (auch teilweise halbhoch geschlossen)
B 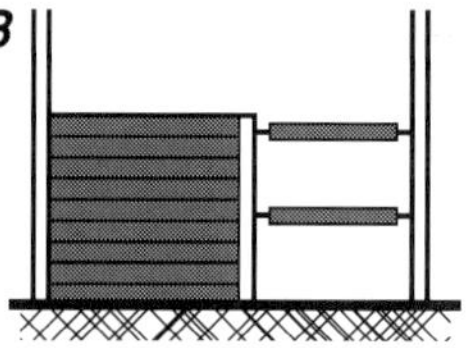		
C 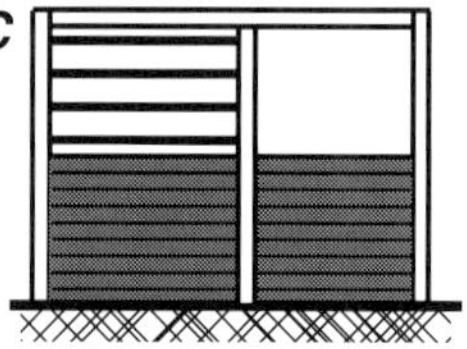	Reitbetriebe, größere Privatställe	Zwischen- und Vorderwände bis Brusthöhe geschlossen; Vorderwand querverlaufende Rohre, halbe Tür
D 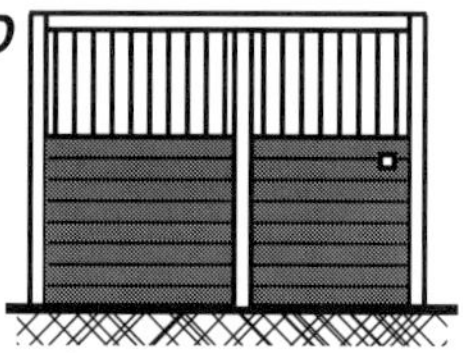		Zwischenwände und Vorderwand bis Brusthöhe geschlossen; Gitteraufsatz kann abnehmbar gestaltet sein
E 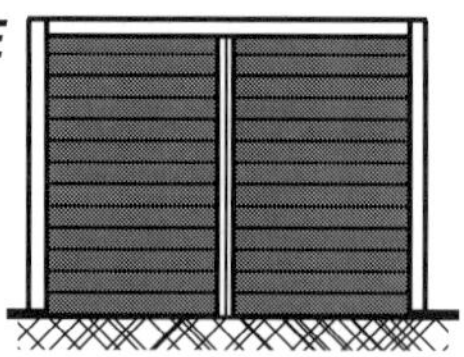	reiner Durchgangsstall (z.B. Klinik, Händler)	Starre bis oben geschlossene Zwischenwände, Vorderwand geschlossen, jedoch durchsichtig (wie Beispiel D)

nach Schnitzer, 1970

Stäbe mit ungenügender Materialstärke. Diese bergen ein erhebliches Verletzungsrisiko für die Pferde, da sie durch einen kräftigen Schlag brechen oder verbiegen können. Aus dem gleichen Grund müssen die Rohre oben und unten (beidseitig) zu 100 % in verdeckten Löchern verschweißt werden. Nur teilweise verschweißte oder nur mittels eines oder mehreren Schweißpunkten befestigte Rohre sind unbedingt abzulehnen. Es kann hier z. B. passieren, daß das Rohr bei einem Schlag aus der oberen Führung springt und verbiegt, so daß der Huf hindurchpaßt, zwischen den Gitterstäben herunterrutschen kann und unter Umständen wie bei einem Fangeisen festgehalten wird - schwere Verletzungen wären unausweichlich.

Der **Bodenabstand** der Zwischenwände darf max. 5 cm, bei Fohlen 2 cm, betragen.

Der obere Teil der Zwischenwände besteht üblicherweise aus einem ca. 1 m hohen **Gitteraufsatz** aus senkrechten Rohren mit 20 - 25 mm Durchmesser und max. 50 mm Zwischenabstand. Besseren Überblick ermöglichen die mit größerem Abstand versehenen Querstangen (Zwischenabstand max. 170 mm). Bewährt haben sich diese vor allem in der vorderen Boxenwand. Der Abstand zwischen den Querstangen sollte nicht über 17 cm liegen, da Pferde mit schmalen Kopf (kleiner Jochbeinabstand) diesen sonst unter Umständen hindurchstecken und verklemmen können.
In Betrieben, wo der Pferdebestand weitgehend gleich bleibt und die Rangordnung durch gemeinsamen Koppelgang gefestigt ist, kommen auch Boxen ohne Gitteraufsatz in Frage. Es ist jedoch sicherzustellen, daß das Publikum nicht durch die Pferde gefährdet werden kann.

Türen der Box:
Die Türbreite muß mindestens 120 cm betragen (auch für kleinere Pferde). Im Einsatz sind Flügeltüren und Schiebetüren. Die obere Schiene von Schiebetüren sollte mindestens 240 cm hoch angebracht sein, damit sich die Pferde nicht den Kopf stoßen können. Schiebetüren müssen gegen Ausheben und Herausfallen aus der oberen Führungsschiene gesichert sein. Flügeltüren sollten von der Gasse aus gesehen rechts anschlagen, d.h. sich rechts öffnen (s. Abb. 28, s. S. 80).
Der Türverschluß soll sich von innen wie außen leicht öffnen lassen.

Tröge und Tränken

Die **Tröge** befinden sich üblicherweise an der der Stallgasse zugewandten Boxenwand, damit nicht jede Box einzeln betreten werden muß und die Fütterung zur Vermeidung von Unruhe im Pferdestall möglichst schnell geleistet werden kann. Die Befüllung der Tröge erfolgt von außen über Futterluken - siehe Abb. 29, S. 81.
Die Anbringung der Tröge erfolgt meistens in der Boxenecke. Damit die Pferde ruhig fressen, möglichst nicht an beiden Seiten der gemeinsamen Boxenwand. (Wenn die Anbringung an der gemeinsamen Boxenwand erfolgt, soll die Trennwand in diesem Bereich geschlossen sein.)

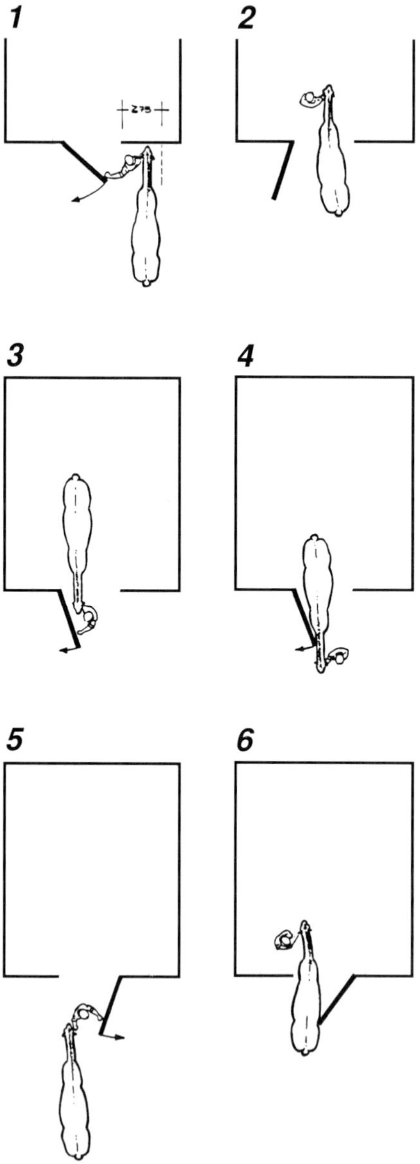

Abb. 28
Drehrichtung der Boxentür

Zur Frage "rechts- oder linksanschlagende Tür?"

Die rechtsanschlagende Tür (= Linkstüren RE und LA) ist ungefährlicher. Man stellt sich mit dem Pferd rechts von der Öffnung auf, um die Tür zu öffnen. Hierfür ist in dem Raum, nach welchem die Tür aufschlägt, rechts von der Tür ein Platz von $\geqq$ 75 cm Breite vorzusehen (Skizze 1). Fällt die Tür wieder zu, so kann der Führer eingreifen, da er zwischen Tür und Pferd steht. Beim Durchgang in umgekehrter Richtung (Skizzen 3 und 4) ist das Zufallen ungefährlich, da die Tür nachgibt (Skizze 4).

Quelle: Schnitzer, 1970

Abb. 29 Futterluke, Futtertröge und Anbringung

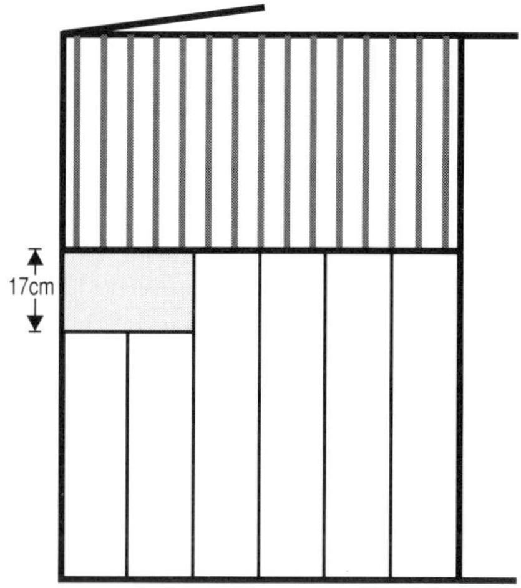

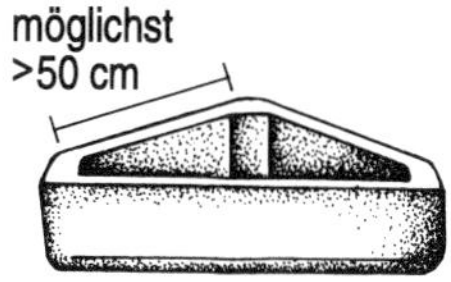

Ecktrog

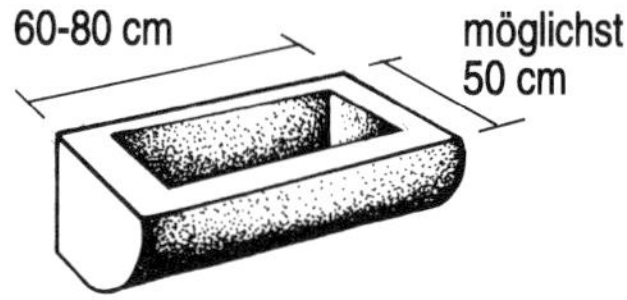

Rechtecktrog

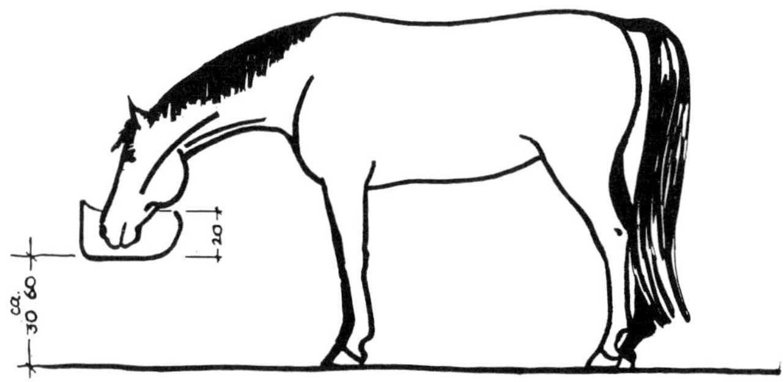

Richtige Form und Höhe der Krippe

. Quelle: Schnitzer, 1970

Die Krippensohle soll sich ca. 60 cm über der Standfläche befinden, damit eine physiologische Freßhaltung (besserer Speichelfluß) eingenommen werden kann - siehe Abb. 29.
Unter dem Trog kann sich auch ein von außen zugänglicher Kasten zur Unterbringung etwa des Putzkastens angebracht werden.
Die **Selbsttränke** soll möglichst weit entfernt vom Futtertrog liegen, da viele Pferde das Futter gerne einweichen und die Tränken auf diese Weise verschmutzen. Daher ist die beste Anbringung diagonal gegenüber. Allerdings ist die Selbsttränke laufend zu kontrollieren; das wäre weniger aufwendig, wenn die Tränke an der vorderen Boxenwand liegt. Außerdem halten sich Pferde normalerweise meistens mit dem Kopf in Richtung Stallgasse auf, die Gefahr in die Tränke "hineinzuäpfeln" ist somit geringer. Selbsttränken sollten einzeln abstellbar sein. In größeren Stallungen sollten die Wasserzuleitungen zu den Tränken in kleineren Einheiten getrennt abstellbar sein, damit bei Reparaturen nur eine kleine Anzahl von Pferden mit der Hand getränkt werden muß.

Boxenboden

Der Boden einer Box soll trocken, wasserundurchlässig, aber luftdurchlässig sein, außerdem rutschfest, eben, widerstandsfähig und leicht zu reinigen. Üblich sind:
- Rauh abgezogener Ortbeton
- Betonverbundsteinpflaster
- Holzpflaster
- Ziegelpflaster

Die beiden erstgenannten Böden sind sicherlich leicht zu verlegen und zu reinigen. Durch reichliche Einstreu muß die mangelnde Atmungsaktivität und die Härte des Bodens kompensiert werden. Hartholzpflaster ist evtl. aus hygienischen Gründen problematisch, außerdem kann es besonders für unbeschlagene Pferde glatt werden. Geeignet sind auch Hartbranntziegel, hochkannt verlegt, Ziegel, die nicht stark gebrannt sind, nutzen mit der Zeit ab.
Die Landesbauordnungen schreiben meistens einen wasserundurchlässigen Boden vor (s. Musterbauordnung in Kap. 2.3). Daher ist naturbelassener Boden oder gestampfter Lehm unzulässig.
Verschiedentlich kommen auch Gummimatten oder Kunststoffplatten zum Einsatz. Diese sind allerdings sehr teuer und darüber hinaus evtl. problematisch, weil in den Fugen, unter oder an den Rändern der Matte schlecht zugängliche Fäulnisherde entstehen können.
Der Stallboden soll nach Möglichkeit wegen besserer Luftzirkulation auf gleicher Höhe mit der Stallgasse liegen. Recht häufig sind für Matratzenstreu jedoch auch um max. 10 - 20 cm tiefer gelegte Böden (aus stallklimatischer Sicht weniger günstig).

Stallgasse, Außentüren

Die Breite der Stallgasse soll im einreihigen Boxenstall mindestens 2.50 m und im zweireihigen Boxenstall mindestens 3.00 m breit sein (siehe hierzu auch Abb. 30).

Abb. 30
Mindestraumbedarf beim Führen und Wenden

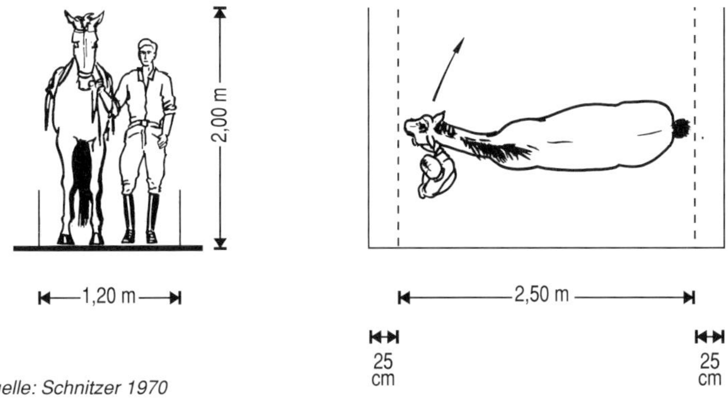

Quelle: Schnitzer 1970

Abb. 31 Außenklappen

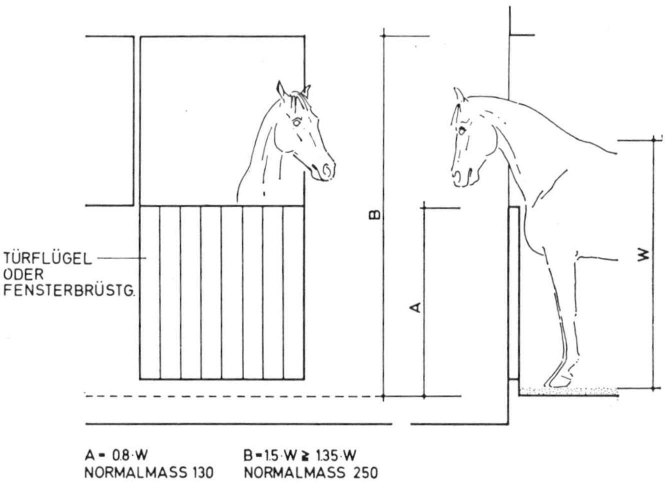

Quelle: Schnitzer, 1970

Im Bereich der Stallgasse muß der Boden nicht dicht (wasserundurchlässig) sein. Die Stallgasse soll griffig, haltbar und leicht zu reinigen sein. Besonders verbreitet sind Betonverbundsteinpflaster und Stirnhartholzpflaster.
Sofern die Stallgasse befahrbar sein soll (z.B. mit Schlepper), müssen Außentüren breit genug sein (möglichst 3 m). Für Pferde ist eine Mindesthöhe von 2,40 m erforderlich. Sofern Schlepper mit Frontlader eingesetzt werden sollen (z.B. bei Einstreu mit Großballen) müssen die Tore 3,0 m hoch sein.
Um Kondenswasser zu vermeiden, sollten auch die Tore wärmegedämmt sein (Kernisolierung).

Außenklappen

Auf die Vorteile von Außenklappen wurde auf S. 54 zusammenfassend hingewiesen. Die Maße zeigt Abb. 31, s. S. 83.

Entmistungsanlagen

Die Arbeitszeitersparnis durch eine mechanisierte Entmistung ist ganz erheblich. In die unterflur verlegten Kanäle wird der Mist von Hand geworfen, der Transport erfolgt automatisch portionsweise.
Für Pferdemist haben sich nur Kettenanlagen mit Endloskette und Mitnehmer bewährt (keine Schlitten oder Schubstange). Die Fördereinrichtungen müssen ausreichend dimensioniert sein, um das Verstopfen durch den relativ voluminösen Pferdemist auszuschließen.
Die Kanäle können unter der Boxenreihe oder unterhalb der Stallgasse geführt werden. Bei Verlegung unter der Stallgasse kann der Mist aus 2 Boxenreihen hineingeworfen werden. Da der Mist von Hand hineingeworfen wird, darf der Abstand zwischen den Abwurfluken nicht zu groß sein. Das Verlegen unter der Box bedingt eine Entmistungsbahn pro Boxenreihe. Dem Vorteil, daß der Mist nicht weit geworfen werden muß, steht der Nachteil gegenüber, daß die Luke in der Box jeweils leergeräumt werden muß. Für eine Verlegung unterhalb der Boxenreihe spricht jedoch noch die Verbesserung der Abluftentsorgung, evtl. unterstützt durch einen am Kanalausgang installierten Unterdruck-Lüfter.
Die Einwurfluken und der Kanal müssen stabil abgedeckt sein und sollten problemlos an jeder Stelle zugänglich sein. Abstand zwischen den Bohlen 1 cm, damit Schadgase in den Kanal absinken können. Der Mistkanal kann je nach räumlicher Lage direkt zur Dunglagerstätte oder über Rampe oder Förderband auf einen Wagen oder Container befördert werden.
Der Einsatz wendiger Stallschlepper oder Elektrostapler kann auch sinnvoll sein.

Fütterungsautomaten

Die Kraftfuttervorlage mit Hilfe von automatischen Fütterungseinrichtungen hat folgende **Vorteile:**
- die gleichzeitige Vorlage des Futters bei allen Pferden vermindert Unruhe im Stall zur Futterzeit,
- die Verteilung der Tagesration auf mehrere kleinere Portionen (das ist physiologisch sinnvoll) wird ohne Mehraufwand möglich und allgemein

- die Arbeit des Fütterns und die strenge Zeitbindung entfällt.

Nachteile:
Investitionsbedarf, Verringerung des individuellen Kontaktes der Betreuer zum Pferd und der laufenden Beobachtung (wichtig u.a. für das rechtzeitige Erkennen von Krankheiten).
Die in Auslaufhaltungen gebräuchlichen Fütterungseinrichtungen sind in Kap. 3.5 beschrieben.

Elektrische Anlage, Beleuchtung

Die Elektroinstallation darf nur durch einen anerkannten Elektrofachmann erfolgen.
Pferde sind stromempfindlich, daher darf die gesamte elektrische Anlage nicht in Reichweite der Pferde verlegt werden, auch nicht "unter Putz". Das gilt für alle Leitungen, Schalter und Steckdosen. Außerdem müssen die elektrischen Installationen den Vorschriften für nasse Räume (VDE 0100)- hierunter fallen auch Stallungen - entsprechen. Leitende Einrichtungsteile sind mit Fehlerstrom (FI)-Schutzschaltung zu erden (Abschaltung bei Überschreiten eines definierten Fehlerstromes).
Die ausreichende Beleuchtung am Tage sollte über die Fenster, evtl. zusätzliche Lichtplatten gewährleistet sein. Die zusätzliche künstliche Beleuchtung ist Voraussetzung für die ordnungsgemäße Durchführung der Stallarbeiten. DIN 18910 fordert in der "Hauptbeleuchtungszone" (Arbeitsgang) mindestens 60 Lux (Lux = Maß für die Beleuchtungsstärke). Das erfordert (ebenfalls nach DIN 18 910) bei der Verwendung von Glühlampen (100 W) und Niederdruckleuchtstofflampen (20 W) zwei Meter Abstand der Leuchtenmitten, bei Verwendung von Niederdruckleuchtstofflampen mit 40 W genügen 5 m Abstand.
Empfohlen werden Warmtonlampen mit Gelbtonanteil.
Die Leuchten müssen so angebracht werden, daß die Luftführung nicht beeinträchtigt ist.
Für größere Stalleinheiten empfiehlt sich eine Blockschaltung zur Energie und Kostenersparnis. Für nächtliche Kontrollgänge des Personals, z.B. um nochmals nach einem kranken Pferd zu sehen, ist eine Nacht-Sparlampe empfehlenswert.

3.7 *Futter- und Einstreulagerung*

Hauptfuttermittel für Pferde sind in unseren Breiten nach wie vor Hafer und Heu. Als Ersatz oder Ergänzung werden daneben insbesondere Gerste oder Pellets und (mit zunehmender Tendenz) Silage eingesetzt. Als Einstreu steht Stroh im Vordergrund, daneben werden Hobelspäne verwendet. Torf sollte aus Gründen des Umweltschutzes nicht mehr verwendet werden (Erhaltung der Torfmoore).
Allgemeine Hinweise zur Anordnung des Futter- und Einstreulagers finden sich in Kap. 3.1.

Raumbedarf:
Der Raumbedarf für Futtermittel und Einstreu richtet sich nach der Pferdezahl und

der gewünschten Lagerdauer. Besonders für Heu schwanken die Preise je nach Jahreszeit erheblich, so daß hierfür im allgemeinen Lagerraum für ein ganzes Jahr vorgesehen werden sollte.
Die Preise für Körnerfutter oder Pellets unterliegen in der Regel keinen größeren jahreszeitlichen Schwankungen, so daß hier von einem Monat Lagerdauer ausgegangen werden kann.
Die Preisunterschiede für zugekauftes Stroh sind ebenfalls jahreszeitlich nicht erheblich, so daß im allgemeinen eine 3monatige Lagerkapazität ausreicht. Geringere Kosten lassen sich natürlich erzielen, wenn z.B. in Ackerbaugebieten die Bergung des Strohs durch den Betrieb selbst organisiert wird. In diesem Fall oder selbstverständlich in landwirtschaftlichen Betrieben muß auch für Stroh eine ganzjährige Lagerkapazität vorgesehen werden. Bei Verwendung von Hobelspänen ist weniger Stauraum als für Stroh erforderlich. Je nach den örtlichen Verhältnissen muß außerdem berücksichtigt werden, in welcher Form die Einstreumaterialien angeboten werden:

- Stroh: Hochdruck- oder Großballen
- Hobelspäne: lose oder in Ballen

Den Raumbedarf für Hafer, Heu, Stroh und Silage in Abhängigkeit des Verbrauches und der Lagerdauer zeigt Übersicht 14.

Raumprogramm, Zuordnung der Räume:
Die Vorratsräume sollen für einen arbeitswirtschaftlich effektiven Ablauf den Stallungen unmittelbar zugeordnet sein. Einen Überblick über die erforderlichen Räume zeigt Abb. 32.

Übersicht 14: Verbrauch und Raumbedarf für Futtermittel und Stroh

Lagergut	*Verbrauch pro Pferd [kg/Tag]*	*Lagerzeit [Monate]*	*Vorrat 1) pro Pferd [kg]*	*Raumgewicht [kg/m³]*	*Raumbedarf pro Pferd [m³]*
Hafer	5 - 6	1	150 - 180	600	0,43 - 0,52 2) 0,26 - 0,31 3)
Heu:	6	12	2.200		
lang, lose				70	37,4 4)
Hochdruckballen				180	30,0 4)
Stroh:		3	720 - 900		
Hochdruckballen	8 - 10			100	4)
Rundballen Ø 1,8 m				90	9,70 - 12,2 4)
Ø 1,2 m				110	7,90 - 9,9 4)
Anwelksilage (Gärheu)	5	12	1.800		
35 % TS				500	4 5)
50 % TS				350	6 5)

1) bezogen auf Lagerzeit
2) 0,80 m Schütthöhe, 40 % Arbeits- und Verkehrsfläche
3) Silospeicher
4) einschließlich 20 % Arbeits- und Verkehrsfläche
5) einschließlich 2 % Leerraum
Die Werte gelten **nicht für statische Berechnungen** (hierfür DIN 1055 beachten)
nach: Faustzahlen für Landwirtschaft und Gartenbau

Abb. 32
Zuordnung der Futter- und Einstreulager (Schema)

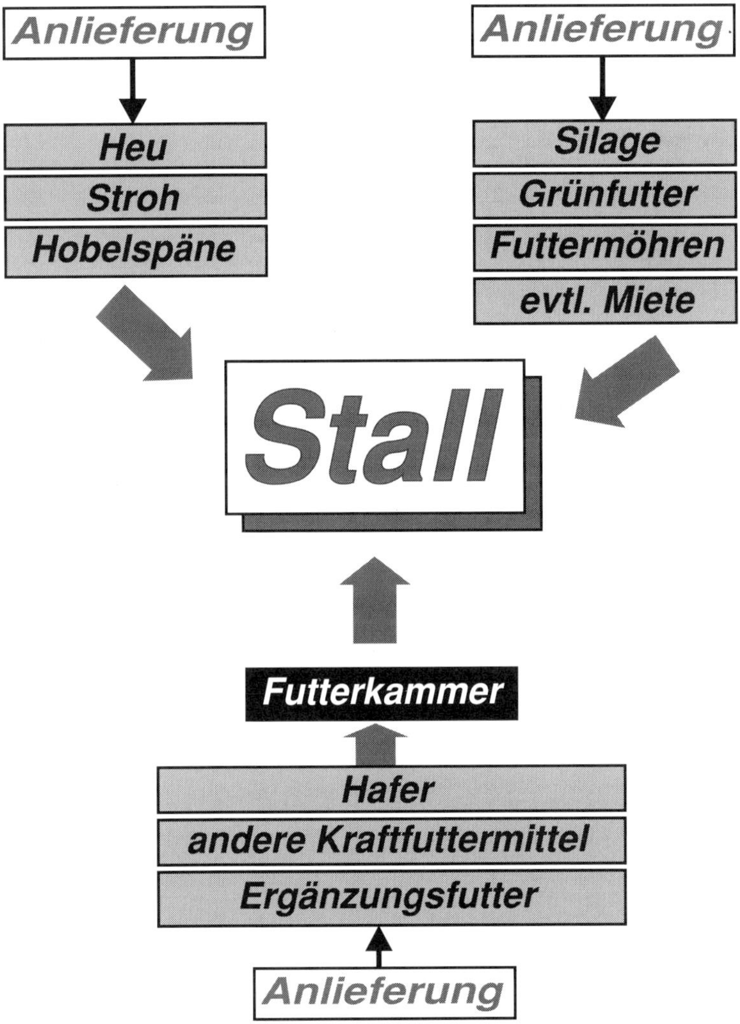

Für die Lagerung von **Heu, Stroh und Hobelspänen** sind trockene, gut durchlüftete zumindest überdachte, in der Regel geschlossene Lagerräume erforderlich.

Das Kraftfutter (Hafer, Gerste, Ergänzungsfutter) wird in kleineren Betrieben sackweise bezogen. Für größere Betriebe lohnt sich der Bau eines bzw. mehrerer Silos.

Das **Silo für Körnerfutter** wird der Futterkammer am besten direkt zugeordnet. Letztere muß groß genug konzipiert werden, damit Haferquetsche, evtl. Entstaubungsgerät, Futterwagen, Wasseranschluß (warm u. kalt) und weitere für die Fütterung benötigte Utensilien (z.B. Eimer) aufbewahrt werden können. Kraftfutter-Silos sollen luftdurchlässig sein, z.B. Lochblech-, Stoffsilo.

Für kurzfristige Zwischenlagerung von **Grünfutter** ist eine überdachte Platte im Freien ausreichend. **Futtermöhren** können in kalten jedoch frostsicheren Räumen aufbewahrt werden. Evlt. lohnt sich die Anlage einer Miete.

Die Verfütterung von **Grassilage** nimmt vor dem Hintergrund zunehmender (Heu-) Allergien bei Pferden immer mehr zu. Unerläßlich ist das Abdecken (Fahrsilo) oder Einwickeln (Großballen) des Erntegutes mit Folien. Beim Einkauf sollte auf Umweltverträglichkeit dieser Folien bei deren Entsorgung geachtet werden. (Es gibt Folien, bei deren Verbrennung lediglich Kohlenmonoxid und Wasser entstehen).

Die Einrichtung eines **Fahrsilos** lohnt sich nur in größeren Beständen. Daher kommen überwiegend **Großballen** zum Einsatz, die mit Spezialmaschinen mit mehreren Folien-Schichten umwickelt sind. Diese Ballen können im Freien möglichst auf einer Sandschicht (um Mäusefraß gering zu halten) gelagert werden.

3.8

Dunglagerung

Daß Pferdeställe keine besondere Jaucheableitung brauchen, hat sich inzwischen in den Baubehörden herumgesprochen. Unterhalb des Mistplatzes wird jedoch leider von den Bauämtern teilweise immer noch der Bau sehr kostenaufwendiger Jauchesammelgruben gefordert. In § 41 der Musterbauordnung der Länder (s. dazu auch Kap. 2.3) heißt es u. a.:

(3) *Für Stalldung sind Dungstätten mit wasserdichten Böden anzulegen. Die Wände müssen bis in ausreichender Höhe wasserdicht sein. Flüssige Abgänge aus Stätten und Dungstätten sind in Jauchebehälter zu leiten, die keine Verbindung zu anderen Abwasserbeseitungsanlagen haben dürfen.*

(4) *Gruben und Kleinkläranlagen müssen wasserdicht und ausreichend groß sein. Sie müssen eine dichte und sichere Abdeckung sowie Reinigungs- und Entleerungsöffnungen haben. Diese Öffnungen dürfen nur vom Freien aus zugänglich sein. Die Anlagen sind so zu entlüften, daß Gesundheitsschäden oder unzumutbare Belästigungen nicht entstehen. Die Zuleitungen zu Abwasserbeseitungsanlagen müssen geschlossen, dicht, und, soweit erforderlich, zum Reinigen eingerichtet sein.*

(5) Sickeranlagen und Dungstätten sollen von Öffnungen zu Aufenthaltsräumen mindestens 5 m entfernt sein; sie müssen von der Nachbargrenze mindestens 2 m entfernt sein.

(6) Offene Dungstätten müssen von öffentlichen Verkehrsflächen mindestens 10 m entfernt sein.

Technisch wären solche Vorkehrungen nicht erforderlich. Es würde eine entsprechend große betonierte Mistplatte mit leichtem Gefälle zum Mittelpunkt genügen. Pferdemist ist Warmmist, er nimmt sehr viel Feuchtigkeit auf. Bei 750 mm Regen in unseren Breiten ergibt sich kein über die Platte abfließender Feuchtigkeitsüberschuß. Das Regenwasser wird vielmehr vom Mist aufgesogen und durch dessen Wärme verdunstet.
Pferde scheiden täglich zwischen 10 und 20 kg Kot und zwischen 5 - 10 l Harn aus.

In der Literatur (zit. nach "Faustzahlen") wird in Abhängigkeit von der Einstreumenge (Stroh) nachstehender jährlicher Dunganfall angegeben:

Stallhaltung Tage	Einstreu (dt/GV) schwach	mittel	stark
365	70	90	110
80	35	45	55
(dt = Dezitonne = 100 kg, GV = Großvieheinheit/500 kg)			

Lagerzeit und Raumbedarf von Strohmist

Den Raumbedarf von Strohmist in Abhängigkeit von unterschiedlicher Einstreumenge und verschiedener Lagerdauer zeigt Übersicht 15.

Übersicht 15: Anfall von Strohmist

Mistanfall pro Pferd [kg]	***Lager-zeit [Monate]***	***Menge pro Pferd [kg]***	***Raumgewicht (frisch) abgelagert [kg/m³]***	***Raumbedarf pro Pferd ca. [m³]***
20 - 35	3	1.200 - 3.150	(400)	(3 - 8) 2,4 - 6,3
	6	3.600 - 6.300	500	(9 - 15) 7,2 - 12,6
	12	7.200 - 12.600		(18 - 31,5) 14,4 - 25,2

Die erforderliche **Größe des Mistplatzes** hängt von der Anzahl der Pferde und, ganz wesentlich, von der Weiterverwertung des Mistes ab. Folgende Möglichkeiten kommen in Frage:

- Eigenverwertung auf landwirtschaftlichen Nutzflächen
- Verkauf an Land-, Gartenbaubetriebe oder Champignonzüchter
- Kompostierung (Eigenverwertung auf eigenen Weiden oder Verkauf, z.B. an Kleingärtner)

Weitere Hinweise, die bei der **Anlage des Mistplatzes** beachtet werden sollten:

- aus hygienischen Gründen möglichst nicht zu dicht am Stall und an der windabgewandten Seite (Fliegen, Geruch);
- bei größerer Entfernung zwischen Stall und Mistplatz kann der täglich anfallende Mist in einen Wagen (oder Container) geladen werden, der bei Karrenentmistung tiefer oder an eine Rampe gestellt wird
- im Halbschatten (Bäume) und Windschatten, um Austrockung und Auskühlung zu vermeiden
- Betonplatte mit Gefälle zur Jauchegrube (soweit erforderlich)
- Befüll- und Entnahmeseite freihalten, genügend Rangierraum für Frontlader (8 m) bei Verkauf des Mistes: Zufahrten ausreichend breit und tragfähig für Lastwagen
- sofern der Mist z.B. an Champignonzüchter verkauft und/oder kompostiert werden soll, ist eine Trennung von Stroh- und Spänemist erforderlich.

Die **Kompostierung des Mistes** bringt wesentliche hygienische Vorteile (Fliegen und ihre Brut sowie Larvenstadien von Wurmparasiten können sich im Komposthaufen nicht entwickeln), es entsteht ein wertvoller Humus- und Nährstofflieferant. Der Kompost kann entweder im eigenen Betrieb z.B. auf Weiden oder begrünten Außenanlagen verwendet werden oder (mit besseren Verkaufschancen als frischer Mist) verkauft werden. Wegen des rel. hohen Arbeitsaufwandes ist diese Methode bisher wenig verbreitet. Wegen der deutlichen hygienischen Vorteile sollen dennoch einige Hinweise hierzu gegeben werden.
Die Kompostierung ist ein aerober Vorgang, d.h. Sauerstoffzufuhr ist notwendig. Der Querschnitt der Mieten ist halbkreisförmig, ca. 1,5 - 2,5 m breit, 1,00 - 1,80 m hoch, die einzelnen Mieten werden mit 2 m Abstand voneinander gesetzt. Die Seitenflächen der Mieten fallen schräg ab, oben eher spitz in niederschlagsreichen-, trapezförmig in niederschlagsarmen Gegenden. Länge der Mieten nach Bedarf.
Das Ansetzen der Miete kann mit einem Stalldungstreuer mechanisiert werden. Für eine ausreichende befestigte Zufahrtsmöglichkeit, die den problemlosen An- und Abtransport auch nach Regenfällen gewährleistet, ist zu sorgen.
Auf ausreichenden Feuchtigkeitsgehalt soll geachtet werden, da insbesondere trockener Pferdemist zu übermäßiger Erwärmung neigt und der Rotteprozeß am besten verläuft, wenn der Feuchtegehalt zwischen 45 und 60% beträgt (Wasseranschluß ist wünschenswert). Nach 4-6

Wochen ist der pilzliche Verrottungsprozeß im allgemeinen abgeschlossen, die hygienische Aufgabe der Kompostierung damit erfüllt und der sog. "Frühkompost" entstanden. Nach ca. 3 - 6 Monaten spricht man von "Reifkompost".
(Die Kompostierung von Hobelspänen dauert wesentlich länger, mindestens 12 Monate. Unter der Voraussetzung, daß der Kompost 3 Monate liegt, ist der Platzbedarf ca. 15 m^2/Pferd). Torf sollte aus Gründen des Umweltschutzes (Erhaltung der Torfmoore) nicht mehr als Einstreu verwendet werden.

Abschließend sei erwähnt, daß im Institut für Technologie der Bundesforschungsanstalt für Landwirtschaft (FAL) Versuche zur **Wärmerückgewinnung aus Pferdemist** angestellt wurden (Schuchardt, Frank "Versuche zum Wärmeentzug aus Festmist", s. Literaturverzeichnis):
In einem Betrieb wurde ein Wärmetauscher (7,1 m^2) auf den Miststapel aufgelegt, wobei dem Mist von 10 Pferden täglich 1,1 kWh (Kilowattstunden) entzogen wurden. Das entspricht der mittleren Leistung von 48 Watt je Pferd und einem Wärmeentzug von ca. 3 % der im Mist enthaltenen Energie. Im konkreten Fall wurde eine Amortisationszeit der Anlage zwischen 6 und 8 Jahren errechnet (ohne Bauzeit und Zeit für das Auf- und Umsetzen der Anlage).
In einem zweiten Betrieb (40 Pferde) wurde ein Wärmetauscher in die Bodenplatte und die Seitenwände der Dungstätte eingebaut, wobei täglich 54 kWh Wärme aus dem Mist gewonnen, die mittlere Leistung von 56 W je Pferd und ein Wärmeentzug von ca. 3,4 % der im Mist enthaltenen Wärme ermittelt wurde.
Es wurden weiterhin außerdem die erzielbaren Leistungen und Wärmemengen in Abhängigkeit von der Tierzahl errechnet und die notwendigen Tierzahlen für den Verbrauch eines 4-Personen-Haushaltes ermittelt: Für die Deckung der Energie zur Warm-Wasserbereitung reichen bereits relativ geringe Tierzahlen (ca. 5 Pferde, je 500 kg schwer) während für Heizzwecke große Tierzahlen (ca. 135 Pferde) notwendig wären. Nähere Einzelheiten können o.a. Veröffentlichung entnommen werden.

3.9 Nebenräume

Sattelkammer

Die Sattelkammer muß ebenfalls in direktem Zusammenhang mit dem Stall geplant werden. Auf jeden Fall wird ein Waschbecken mit Kalt- und Warmwasseranschluß benötigt und es muß für gute Belüftung gesorgt werden. Empfehlenswert ist der Einbau einer Heizung und evtl. eines Entfeuchtungsgerätes. Je nach Größe und Schwerpunkt(en) des Betriebes dient die Sattelkammer der Aufbewahrung folgender Ausrüstungsgegenstände:
- Sättel
- Zaumzeuge
- weitere Ausrüstungsgegenstände (wie Hilfszügel, Longen)
- Putzzeug

- Voltigiergurte nebst Zubehör
- Geschirre

Die Sattelkammer sollte außerdem genügend Platz für die Pflege der Ausrüstungsgegenstände besonders des Lederzeugs, für einen Putzbock und ein Regal oder Schrank für die Pflegeutensilien (Lederfett, Sattelseife, Schwämme, Lappen etc.) bieten.

Darüber hinaus werden Regale oder Schränke für Pferdedecken, zusätzliche Satteldecken, Bandagen etc. benötigt. In größeren Beständen sollten mehrere Sattelkammern eingeplant werden, damit die Wege nicht zu lange werden, außerdem ist es sinnvoll für die Schulpferde und Pensionspferde getrennte Sattelkammern vorzusehen. Pferdebesitzer bringen ihre Ausrüstungsgegenstände gerne in "Spinden" oder in Drahtgeflechtboxen unter, die einzeln abschließbar sind.
Evtl. wird zusätzlich ein Raum für die Turnierkisten benötigt.
Der Platzbedarf für Sättel und Trensen kann der folgenden Abb. 33, s. S. 93, entnommen werden.

Wandbreite	
für ein Fahrgeschirr:	ca. 60 cm
je Voltigiergurt:	ca. 55 cm

Nebenräume für Pferdepflege

Putzplatz:
Es ist üblich, wenn auch wegen der Staubentwicklung und Blockierung der Stallgasse nicht unproblematisch, zumindest im Winter die Pferde in der Stallgasse zu putzen. Hierfür werden an den Standsäulen der Boxen Anbindevorrichtungen angebracht.

Besser ist es, einen gesonderten Putzplatz auch innerhalb des Stallgebäudes vorzusehen, empfehlenswert ist ein Putz-(Sattel-)platz je 8 - 10 Pferde.

Auf jeden Fall werden außerhalb des Stalles befestigte Flächen mit geeigneten Anbindevorrichtungen benötigt, damit die Pferde im Sommer draußen gepflegt werden können. Der Boden des Putzplatzes soll griffig und leicht zu reinigen sein, er soll ein Gefälle (2 %) sowie möglichst Wasseranschluß und evtl. Stromanschluß (für einen Pferdestaubsauger, evtl. Schermaschine) haben.

Waschplatz:
Zum Abspritzen der Beine nach dem Reiten oder zum Waschen verschwitzer Pferde wird ein Waschplatz (mindestens 2,50 x 3,50 m) mit beidseitiger Anbindevorrichtung sowie Wasseranschluß (möglichst kalt und warm) benötigt. Ein Beispiel zeigt die Abb. 34, s. S. 94.

Solarium:
Solarien haben sich in der Pferdehaltung bewährt. Die Lampen erzeugen ein Strahlungsfeld, welches dem Sonnenlicht ähnlich ist. Bestrahlte Pferde sind in der Arbeit lockerer und trocknen nach der Arbeit bzw. dem Waschen schnell wieder ab. Das Solarium wird gegebenenfalls in der Nähe des Waschplatzes angeordnet.

Abb. 33 Maße von Sattel und Trense

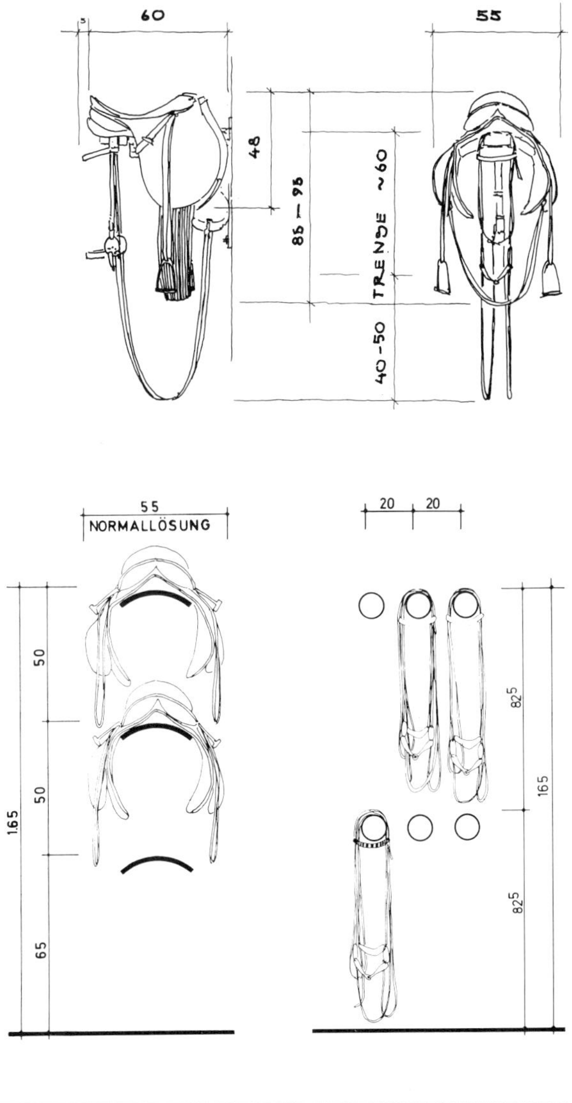

Quelle: Schnitzer, 1973

Abb. 34 Waschplatz (Beispiel)

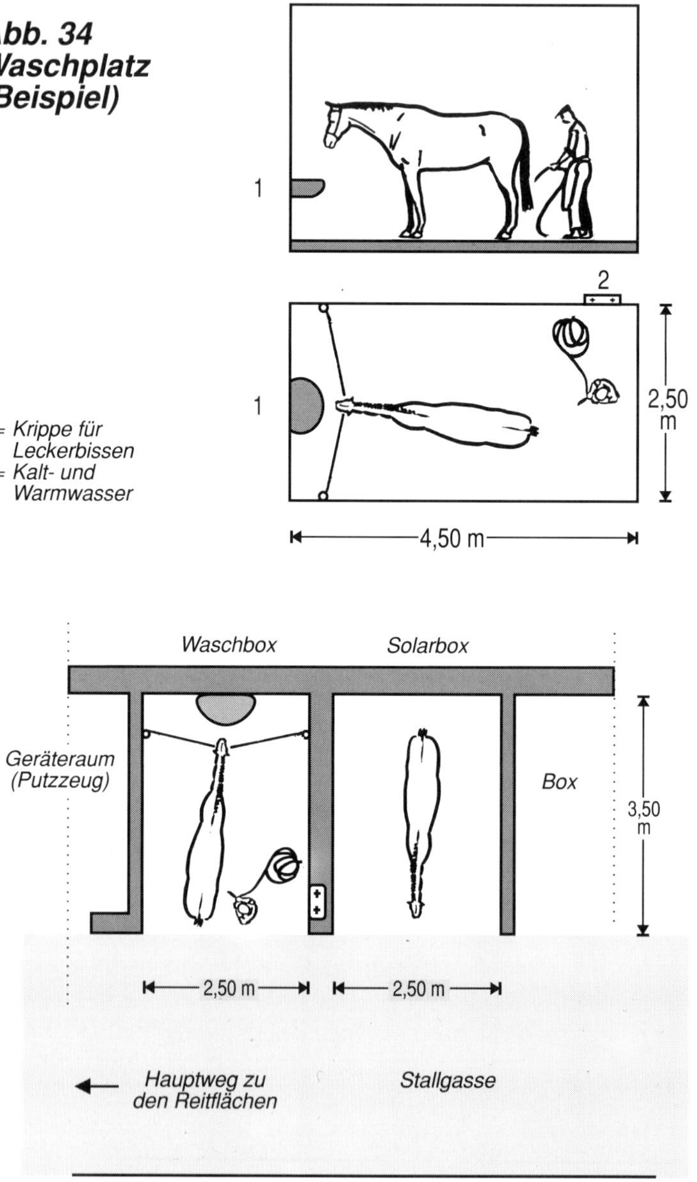

1 = Krippe für Leckerbissen
2 = Kalt- und Warmwasser

nach Schnitzer, 1970

Schmiede:
Eine Arbeitsstätte für den Schmied wird in jeder Pferdehaltung benötigt. Diese kann in kleineren Betrieben mit dem Waschplatz kombiniert werden, die Mindestbreite beträgt dann 3 m. Sofern der Anbindeplatz im Freien genutzt wird, muß eine genügend große windgeschütze Fläche überdacht sein, damit witterungsunabhängig ausgeschnitten oder beschlagen werden kann.

Der Beschlagraum wird innerhalb der Reitanlage am besten an einer Stelle untergebracht, wo die Pferde möglichst wenig abgelenkt werden, da jede Ablenkung oder Beunruhigung der Pferde die Arbeit des Schmiedes verzögert. Ein Grundrißbeispiel für eine komplette Kleinschmiede zeigt die Abb. 35, s. S. 96.

Der Werkstatteil liegt stets hinter dem Pferd, um für den Schmied kurze Wege zu schaffen und außerdem die Arbeiten in größerer Entfernung vom Kopf des Pferdes durchführen zu können. Um den Amboß herum benötigt der Schmied genügend Bewegungsfreiheit (ca. 85 cm).
Auf jeden Fall ist für eine sehr gute Beleuchtung (1.000 Lux, Oberlicht für die Tageslichtbeleuchtung) sowie für ausreichende Lüftung (Absaugventilatoren) zu sorgen.

Stallgerätschaften:
Für die Unterbringung der im Stall benötigten Arbeitsgeräte (Mistforken, Besen, Schaufel, Schubkarre) sollte eine genügend große Abstellfläche vorgesehen werden.

Wälzplatz:
Die meisten Pferde wälzen sich ausgesprochen gerne, es ist daher sehr empfehlenswert, in der Nähe des Stalles einen Wälzplatz von mindestens 5 x 5 m Größe mit einer 20 cm Sandschüttung anzulegen. Dieser sollte nicht eingezäunt werden (damit er nicht auch als Kleinauslauf genutzt und dadurch verschmutzt wird). Wälzplätze tragen nicht nur zum Wohlbefinden der Pferde bei, sondern haben auch den Vorteil, daß sich die Pferde in der Box meist nicht mehr wälzen und somit die Verletzungsgefahr durch Festliegen sinkt.

Sozialräume

Aufenthaltsraum für Stallpersonal:
In größeren Betrieben wird ein Aufenthaltsraum (Teeküche) für das Stallpersonal benötigt. Es trägt zu einem guten Arbeitsklima bei, wenn sich die Mitarbeiter in Pausen oder Freistunden zurückziehen können. Evtl. befindet sich hier auch eine Übernachtungsmöglichkeit für den Fall, daß ein Mitarbeiter nachts nach einem kranken Pferd oder nach einer fohlenden Stute sehen muß. Zweckmäßigerweise wird in diesem Raum auch die Stallapotheke für Pferde angebracht.

Umkleideräume, Toiletten:
Viele berufstätige Pferdeleute gehen direkt von der Arbeit zum Reiten. Aus diesem Grunde sollten, wie in anderen Sportanlagen längst üblich, auch Umkleideräume vorgesehen werden. Hier sollten auch abschließbare Schränke für die persönlichen Kleidungsstücke oder

Abb. 35 Kleinschmiede (Beispiel)

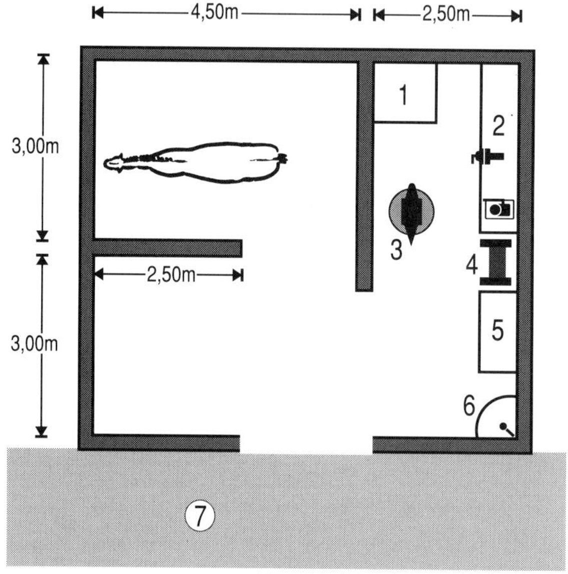

1 = Schmiedefeuer oder Gasfeuer
2 = Werkbank mit Schraubstock und Standbohrmaschine
3 = Amboß
4 = Schleifbock oder Bandschleifer
5 = Vorratsschrank
6 = Waschbecken
7 = Vorführbahn

nach Niemerg, 1991

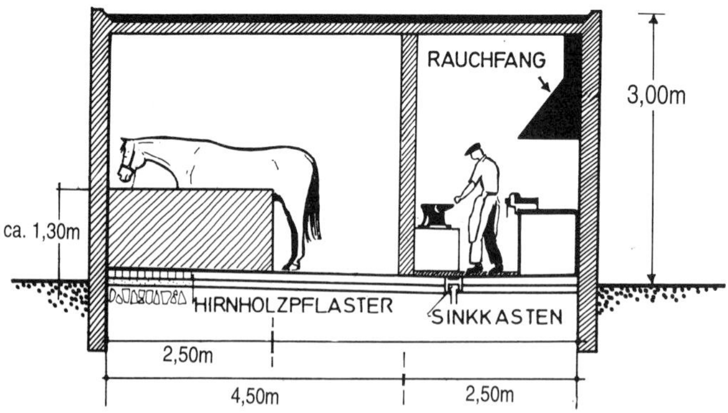

nach Schnitzer, 1970

Wertsachen untergebracht werden und evtl. Duschen.

Darüber hinaus werden selbstverständlich Toiletten, getrennt nach Damen und Herren benötigt. Die Anzahl richtet sich nach der Größe des Stalles.

Die Maße für behindertengerechte Sanitärräume können den Abb. 36a und b entnommen werden.

Zu beachten sind insbesondere:

- rollstuhlgerechte Raumgröße
- nach außen aufschlagende Türen
- ausreichende Haltevorrichtungen
- freier Platz neben WC-Sitz ca. 85 cm
- Handwaschbecken 50 x 50 cm, Vorderkante ca. 60 cm von der Wand entfernt, lichte Höhe ca. 70 cm
- Spiegel, Höhe Unterkante 80 cm

Abb. 36 a Behindertengerechte Sanitärräume (Toilette)

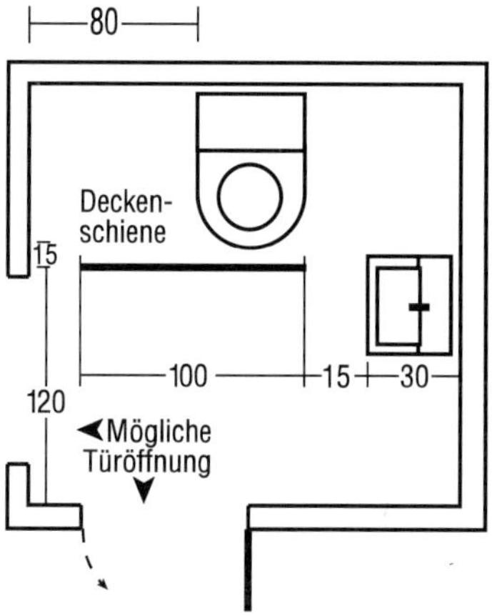

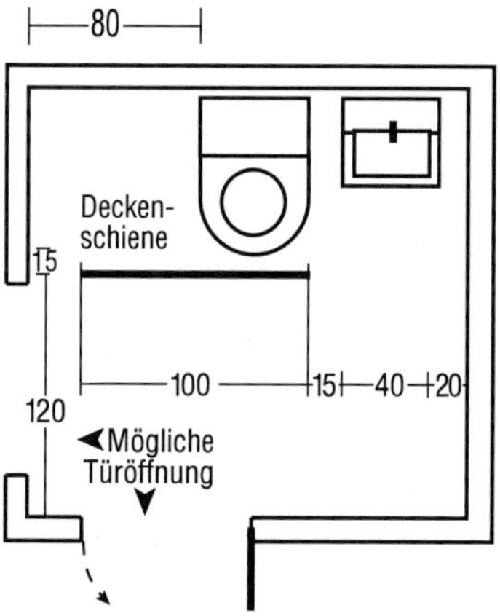

Bemessungen eines WC-Raumes nach DIN 18024 (spiegelbildliche Anordnung möglich)

Quelle: Deutscher Behindertensportverband, 1980

Abb. 36 b Behindertengerechte Sanitärräume (Toilette und Dusche)

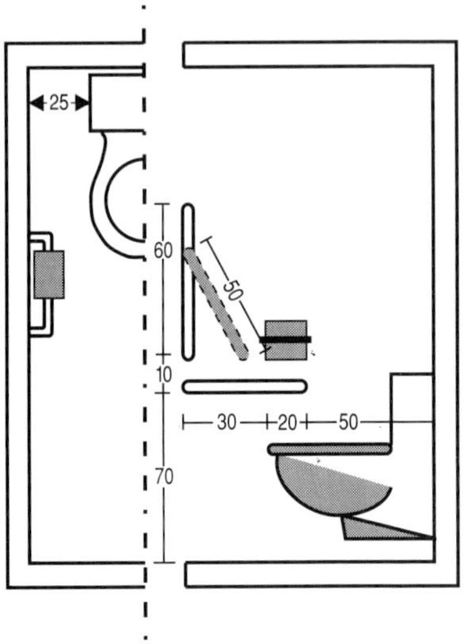

Haltegriffe im WC

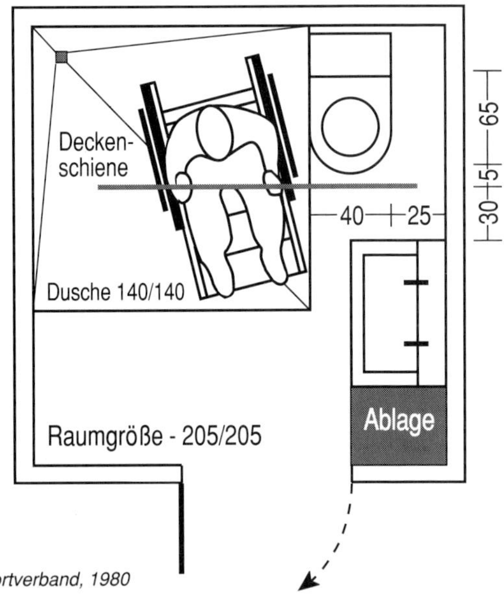

Duschwanne mit WC Abstand der Deckenschiene gegenüber DIN 18024/18025 geändert (Maße sind Mindestmaße)

Quelle: Deutscher Behindertensportverband, 1980

3.10

Isolierbox/Krankenstall

Zur vorübergehenden Quarantäne neu hinzukommender Pferde (oder Gastpferde) und kranker Pferde ist auch in kleineren Beständen eine ständig vorhandene oder schnell einzurichtende Isolierbox sehr wünschenswert.

Die Isolierboxen sollten so gebaut werden, daß sie mit dem Luftraum des übrigen Stalles nicht in Verbindung stehen und die Ver- und Entsorgung (Füttern und Misten) unabhängig von den anderen Pferden durchgeführt werden kann (am besten auch durch andere Mitarbeiter).

Einfachste Lösung sind einige abseits der Stallanlage aufgestellte Außenboxen (auf gute Klimatisierung dieser Boxen muß auf jeden Fall geachtet werden).

3.11

Konzipierung und Ausgestaltung eines Deckraums im Pferdezuchtbetrieb

(Prof. Dr. Erich Klug)

Grundsätzliches

Der natürliche Deckplatz ist die Weidekoppel. Ihre Vorteile liegen in der Geräumigkeit des - jeweils wechselnden - Orts und der Trittsicherheit des Bodens, sowie in der nicht zu übertreffenden Hygiene. Das Milieu der Grasnarbe, Sonne und Regen verhindern eine bedenkliche Keimanreicherung auf natürliche Weise.

Aus vielerlei Gründen ist eine solche Paarungspraxis im Pferdezuchtbetrieb in unseren Breiten nicht üblich und möglich. Das Deckgeschäft wird daher in einen umschlossenen Raum verlegt. Hierbei haben sich fast traditionelle Einrichtungen entwickelt, die oft weit entfernt von modernen Anforderungen, insbesondere an die Hygiene, sind.

Bei der Erneuerung bestehender und Planung eines neu zu erstellenden Deckraums sind die nachfolgenden Darlegungen zu berücksichtigen:

Lokalisation des Deckraums

Ein von allen anderen Stallgebäuden getrennt liegender **Standort** des Deckraums wäre wünschenswert. Jedoch ist ein unmittelbarer Anschluß an den Hengststall durchaus vertretbar. Der Standort in sofortigem Anschluß an einen Stutenstall sollte nur ausnahmsweise gewählt werden und nur dann, wenn in der Decksaison **keine hochtragenden Stuten** im benachbarten Stallkomplex untergebracht sind.

Die **Größe** des Deckraums sollte eine Grundfläche von ca. 8 m x 8 m haben und eine Fläche von 6 m x 6 m nicht unterschreiten, wobei ein annähernd quadratischer Grundriss beibehalten werden sollte. Die lichte Höhe des Raumes muß in allen Bereichen mind. 3,80 m betragen und sollte zum Zentrum hin, dort wo das Deckgeschäft stattfindet, nach Möglichkeit größer sein. Nur bei ausreichender Deckenhöhe werden Verletzungsrisiken ausgeschlossen.

Die **Belichtung** sollte wie bei Reithallen üblich durch ein hochangebrachtes Fensterband erfolgen; entsprechend sollte die künstliche Belichtung durch ein mildes, streuendes Licht von oben, das einer mittleren Tageslichtstärke entspricht, sichergestellt sein.

Die **Seitenwände** können aus einfachem Mauerwerk bestehen. Die Wandoberfläche muß leicht zu reinigen sein (wasserabweisender Latexanstrich). Eine Verkleidung der Wände mit Holz oder Gummipolsterplatten - wie gelegentlich anzutreffen und oft empfohlen - bietet keine Vorteile. Eher sind Nachteile hygienischer Art zu befürchten. Die Hohlräume zwischen Verkleidung und Mauerwerk sind nur schlecht zu belüften und begünstigen die Ansiedlung und Überdauerung von Keimen aller Art. **Fensterluken und Türöffnungen** sind so anzulegen, daß eine gründliche Durchlüftung des gesamten Deckraums jederzeit möglich ist.

Dem **Bodenbelag** ist besondere Aufmerksamkeit zu schenken. Die bequeme Sägemehl- oder Sandschicht im Deckraum ist unter neuzeitlichen Hygieneaspekten nicht mehr zu vertreten. Moderner Bodenbelag in einer Deckhalle muß beide Prinzipien, Hygiene und Trittsicherheit, vereinigen.In der Übersicht Nr. 16 sind die Vor- und Nachteile verschiedener Bodenbeläge dargestellt:

Übersicht 16: Bodenbelagsbeschaffenheit von Deckräumen qualifiziert nach Trittsicherheit und Hygiene

Art des Belages[1]	*Trittsicherheit*	*Hygiene*	*Nachteile*
Kunststoff-Faserfliesen auf Rost	sehr gut	sehr gut	teuer
Kunststoff-Faserfliesen auf Estrich, lose	sehr gut	sehr gut	teuer
Bitumenestrich	gut	sehr gut	regelmäßige Aufrauhung erforderlich
Kunststofflagen geklebt	gut	gut	teuer, Klebfestigkeit?
Kunststofflagen, lose auf Estrich	gut	gut[2]	arbeits-aufwendig
Verbundpflaster, rauh	gut	gut	
Betonestrich, rauh	gut	befriedigend	
Kiesschüttung 0,7 - 9,5 Korngröße	gut	befriedigend	laut

[1] im einschlägigen Fachhandel erhältlich
[2] Hygiene bedenklich, wenn Lagenunterseiten nicht regelmäßig gelüftet und getrocknet werden

Bei allen Belagarten ist für ein ausreichendes Grundgefälle zu einem Gullirinnensystem Sorge zu tragen. Das bei der Rohrentsorgung übliche Gefälle von 1 % reicht für das Flächengefälle nicht aus. Dies sollte bis zu 3 und abschnittsweise sogar 4 % betragen. Neben dem schnellen Wasserabfluß bieten sich dadurch willkommene Gelegenheiten, vorkommende Größenunterschiede zwischen Hengst und Partnerstute ausgleichen zu können. Das Gullirinnensystem sollte großzügig angelegt sein, damit ein rascher Abfluß gewährleistet ist und ein Stau von Flüssigkeitslachen etc. vermieden wird. Es ist selbstverständlich, daß die Entsorgung mit den kommunalen Behörden abgestimmt ist.

Zur Deckhalle gehört der **Probierstand.** Er sollte nach Möglichkeit außerhalb des eigentlichen Deckraums angebracht sein und zwar an einer Seite einer geräumigen Pferdebox, in der sich der Probierhengst aufhalten und durch eine zu öffnende Luke freien Probierkontakt zur Stute im Probierstand haben kann. Innerhalb des Deckraums sollte der Probierstand platzsparend an eine Wandseite verlegt werden. Die Probiertrennwand hat die Höhe von ca. 135 cm und eine Länge von 200 cm. Sie muß robust sein und sollte an den Flächen aus gutem langfaserigem Holz (Pappel) gefertigt sein. Der Probierstand muß Anschluß an das Gullirinnensystem haben.

Zur **Einrichtung** eines Deckraums gehört eine Kalt- und Warmwasserdusche, die an eine Wasch- und Spüleinrichtung (Edelstahl) angeschlossen ist. Ferner ist eine kräftige Kaltwasserversorgung sicherzustellen. Für die Utensilien im normalen Handhabungsbereich (Ausbindestricke, Nasenbremse, etc.) ist eine gut zu belüftende Unterbringung in einem Halbschrank o.ä. zu beschaffen. Andere Gerätschaften (Einmalhandschuhe, etc.) sind in einem leicht zu reinigenden Schrank (Veterinärschrank) unterzubringen. Diese "Hygieneecke" ist im "Aktionsschatten" des Deckraums zu plazieren und möglichst raumschonend zu planen.

Ein nach diesen Plänen ausgeführter Deckraum kann jederzeit auch als Samenentnahmeeinheit in der Samenübertragung genutzt werden.

3.12 *Brandschutz, Vorkehrungen für Brandfälle*

Auf jeden Fall müssen alle Gebäude mit wirksamen Blitzschutzanlagen ausgerüstet werden.

Nachstehend in Stichpunkten einige weitere Hinweise für Brandvorkehrungen, die bei der Planung berücksichtigt werden sollten:

- gute Zufahrtsmöglichkeiten für Feuerwehr
- kurze Fluchtwege für die Pferde (genügend breite nach Außen aufschlagende Türen, am besten von jeder Box direkt ins Freie)
- genügende Anzahl von Feuerlöschern
- gut zugängliche Hydranten mit ausrei-

chender Kapazität, evtl. Feuerlöschteich
- evtl. Feuermeldeanlagen
- eingezäunte Fläche in Stallnähe, wohin die Pferde im Brandfall gebracht werden können.

Rechtliche Vorschriften hierzu finden sich gfls. in den Landesbauordnungen (s. z.B. § 49 Abs. 3 der Musterbauordnung, hier abgedruckt auf S. 21).

In diesem Zusammenhang sei erwähnt, daß dem vorbeugenden Brandschutz im Reitbetrieb wesentliche Bedeutung zukommt. Hierzu gehört:
- Rauchverbot in Stall und Reithalle
- Verbot des Umganges mit offenem Feuer (Hierzu gehören auch alle Arbeiten mit Maschinen, die Funken bilden. Diese sollten in ausreichender Entfernung von Stall und Reithalle oder z.B. in der Schmiede durchgeführt werden.)
- Wärmeerzeuger für eine evtl. erforderliche Heizung müssen außerhalb von Halle oder Stallungen angeordnet sein. Die Wärmeträger (Heizkörper) müssen niedrige Oberflächentemperaturen garantieren.
- Eine genügende Anzahl von Feuerlöschern ist zu fordern, siehe „Sicherheitsregeln für die Ausrüstung von Arbeitsstätten mit Feuerlöschern" (ZH1/201).
- Eine besondere Brandgefahr geht vom Heulager aus, weil sich vor allem feuchtes Heu selbst entzünden kann. Frisch eingefahrenes Heu „schwitzt" ca. 2 bis 10 Wochen nach der Einlagerung. Hierbei kann es zu einer erheblichen Erwärmung des im Stapel innen gelagerten Heus mit akuter Brandgefahr kommen. Die Temperaturentwicklung frisch eingefahrenen Heus sollte mit Hilfe einer Heu-Sonde regelmäßig überprüft werden, Wände und Decke des Heulagers sollen regendicht sein, etc.
- Elektrische Anlagen dürfen nur von einer Elektrofachkraft installiert, geändert oder repariert werden.
- Leuchten, Glühlampen oder Leuchtstoffröhren, die unvorschriftsmäßig auf brennbaren Materialien (z.B. Holz) angebracht sind, können eine Brandgefahr darstellen.
- Elektrische Anlagen sollen regelmäßig durch eine Elektrofachkraft auf ihre Betriebsicherheit überprüft werden.

Weitere Hinweise hierzu und allgemein zur Unfallverhütung in der Pferdehaltung finden sich in einer Broschüre der Berufsgenossenschaft über Fahrzeughaltungen (s. Literaturverzeichnis).

4

Reit- und Longierhallen

Der Bau einer Reithalle ist für größere pferdehaltende Betriebe heute eine betriebswirtschaftliche Notwendigkeit.
Reithallen müssen durchaus nicht, wie leider sehr häufig der Fall, von außen wie häßliche Fabrikhallen wirken. Der sinnvollen Anordnung innerhalb des Geländes (s. auch Kap. 2.5) und in der Gesamtanlage kommt wesentliche Bedeutung zu. Außerdem sollen die Außenwände gegliedert sein (z.B. durch Verwendung von Holz, Fachwerk, große Fensterflächen besonders nach Norden, durch die der Reiter auch heraussehen kann).

4.1 Größe

Die Frage der Größe richtet sich in erster Linie nach der Betriebsgröße (Anzahl der Pferde) und nach den Schwerpunkten des Betriebes.

Bei Neubau sollte eine Reithalle mindestens 20 x 40 m (Hufschlagmaß) groß sein. Besser ist das Maß 25 x 45 m, damit um ein Dressurviereck herum geritten werden kann, bzw. die Möglichkeiten für den Parcoursaufbau erweitert werden - allerdings ist jede Verbreiterung der freitragenden kurzen Seite relativ teuer.
Der Trend geht heute zur Reithalle mit den Maßen 20 x 60 m (oder 25 x 65 m), aus diesem Grund sollte eine Erweiterungsmöglichkeit bei einem Neubau von vorneherein mit eingeplant werden (s. auch Kap. 4.2).

Die Mindestmaße für Turnierprüfungen in der Halle können Übersicht 17 entnommen werden.

Übersicht 17: Mindestmaße für Turnierprüfungen in der Halle

Springen	Kat. C und B	Kat. A und internationale Prüfungen
Mindestgröße Mindestbreite:	800 m^2 20 m	1.200 m^2 20 m
Materialprüfungen:		
Mindestgröße:	20 x 40 m	
Dressurprüfungen:	allg.: die Umgrenzungen (Zuschauerabgrenzung) solltenmöglichst mind. 2 m vom Viereck entfernt sein.	

	national	Kat. A und international	
Reitponys:	15 x 30 m oder 20 x 40 m je nach Ausschreibung	20 x 60 m	
Reitpferde:	20 x 40 m oder 20 x 60 m je nach Ausschreibung bzw. Klasse	20 x 60 m	
Einspänner:	20 x 40 m		
Zweispänner:	20 x 40 m		
Vierspänner:	30 x 60 m		
Hindernisfahren:			
Mindestgröße: Mindestbreite:	800 m^2 bis Kl. L 20 m	1.200 m^2 Kl. M 20 m	1.200 m^2 Kl. S 25 m
Vorbereitungsplätze:	40 x 20 m		
Voltigieren:	Prüfungs- und Vorbereitungsplatz: Durchmesser: mindestens 18 m, zusätzlich 2,5 m Freiraum bis zur Platzabgrenzung		

Quelle: LPO, Ausgabe 1990 § 51 und § 200 und Richtlinien für Reiten und Fahren, Band 3, Reglements der FEI, Art. 429, 3129, 922, 931.

Sofern die Halle durch feste Stunden (Schulbetrieb, Voltigieren, Therapeutisches Reiten) gerade in den Nachmittags- und Abendstunden stark belegt ist, empfiehlt sich neben einem witterungsunabhängig benutzbaren und beleuchteten Außenplatz (s. Kap. 5) zusätzlich die Anlage einer überdachten Longierhalle; Durchmesser: 14 - 16 m, bzw. 18 m besser 20 m, sofern diese für das Voltigieren genutzt werden soll (damit gefahrlose Abgänge der Voltigierer - freiwillig und unfreiwillig - auch nach außen hin möglich sind und die Voltigierer außerhalb des Zirkels Aufstellung nehmen können).

Die bisher angegebenen Maße bezeichnen das **Hufschlagmaß,** das an der Bandenunterkante gemessen wird. Die Spannweite einer Konstruktion wird von Mitte zu Mitte des Binderfußes angegeben, je nach Konstruktion muß ggfs. die Schräge der Binder und die Schrägstellung der Bande berücksichtigt werden. Das ergibt also ein **Konstruktionsmaß,** welches mindestens 1,50 - 2,00 m breiter ist als das Hufschlagmaß. Die **lichte Mindestseitenhöhe** sollte über dem Hufschlag 4,25 m, besser 5,0 m betragen.

4.2 Konstruktion

Reithallen bedürfen zur Überbrückung der großen Spannweiten relativ aufwendiger Zimmermanns- oder Ingenieurstruktionen. Einige gängige Beispiele zeigt Abb. 37, S. 106.

Die abgebildeten Konstruktionen stellen unterschiedliche Anforderungen an das **Fundament,** welches ein wesentlicher Kostenfaktor ist. Daher wird empfohlen, verschiedene Angebote unter Berücksichtigung der Gesamtkonstruktion einzuholen.

Für eine problemlose Verlängerung der Halle in einem späteren Bauabschnitt (sofern es das Grundstück erlaubt) ist es sinnvoll, einen Binder in den Giebel einzubauen. Neben der Verlängerung einer bestehenden Halle kommen noch andere Möglichkeiten bei einer Erweiterung in Frage (siehe Abb. 38, Seite 107).

Die Reithalle in L-Form, wegen der relativ aufwendigen Konstruktion natürlich relativ teuer, bietet verschiedene Variationsmöglichkeiten: 2 Hallen 20 x 40 m oder 20 x 60 m und 20 x 20 m oder 4 mal 20 x 20 m. Als Vorteil wird angeführt, daß der aufsichtshabende Reitlehrer alle Reiter im Blick behält.

Wird eine 2. Halle mit etwas Abstand neben die bestehende Halle gesetzt, kann der entstehende Zwischenraum, z.B. für die Ablage von Hindernismaterial, den Einbau einer Tribüne, eines Kasinos etc. genutzt werden. Vorteilhaft besonders für die Veranstaltung von Turnieren.

Longierhallen:

Fachgerechtes Longieren wird durch eine weitgehend runde Konstruktion der den Longierzirkel umgebenden Bande erleichtert. Die Longierhalle selbst kann entweder quadratisch sein, wobei die außerhalb der Innenbande liegenden Ecken dann als Stauraum oder dergleichen genutzt werden können. Architektonisch ansprechender ist eine Außenkonstruktion, die der Bande weitgehend folgt.

Abb. 37 Baukonstruktionen

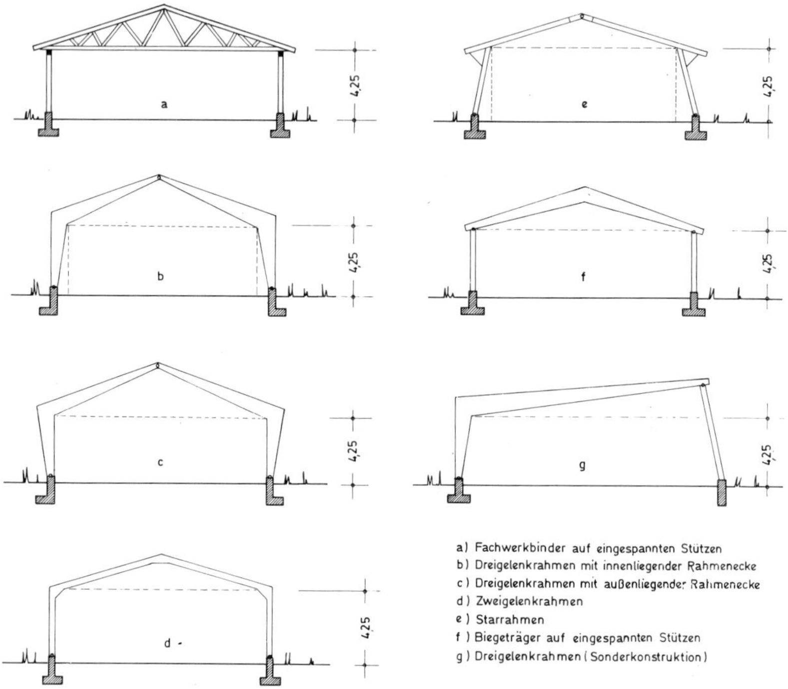

Quelle: Stump, 1980

Sechs- bis achteckige Hallen sind weit verbreitet. Sie bilden im Rahmen der gesamten Reitanlage eine attraktive bauliche Auflockerung. Als Fassadengliederung einer z.B. 8-eckigen Halle bietet sich an: 2 m Holz- oder Mauerwerk, darüber 1,30 m Fensterband (z.B. von Ecke zu Ecke in je 4 Fenster unterteilt), darüber 1,20 m Holzverbretterung. An der Eingangshalle ist ein Vorbau zweckmäßig. Ein Beispiel zeigt Abb. 39, s. S. 107.

Belüftung:
Auf jeden Fall muß für eine gute Belüftung der Halle und des Daches gesorgt werden, um Aufheizung (im Sommer) oder Niederschlag von Kondenswasser (im Winter) zu vermeiden, z.B. durch Trauf-First-Entlüftung (ca. 20 cm breiter mit Abdeckhaube und Windabweisern versehener Firstschlitz und durchgehende ca. 10 cm breiten Zuluftöffnungen an den Traufen).

Abb. 38 Grundrißvarianten

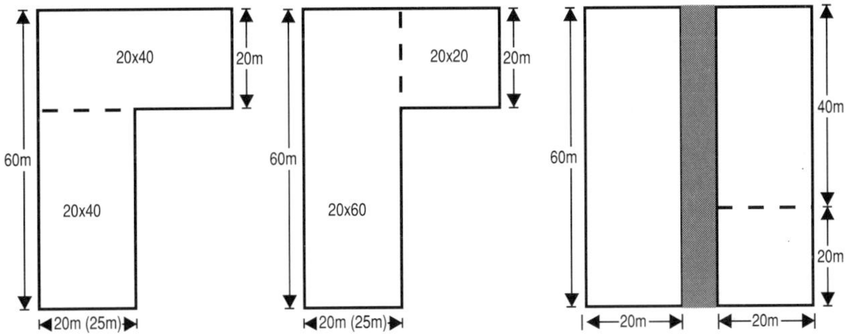

Reithallen in L-Form

zwei Hallen nebeneinander

Abb. 39 Longierhallen

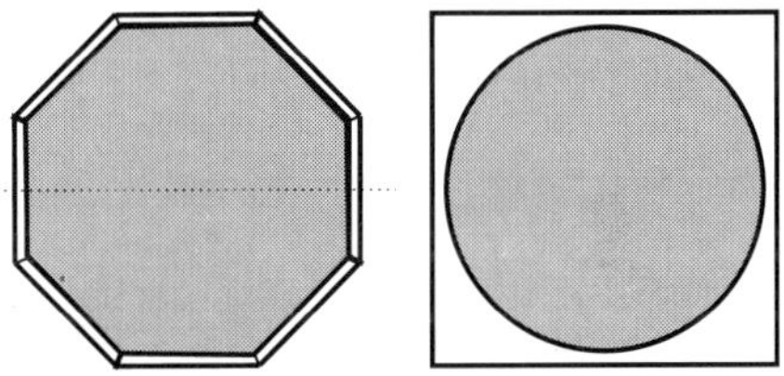

Beispiel

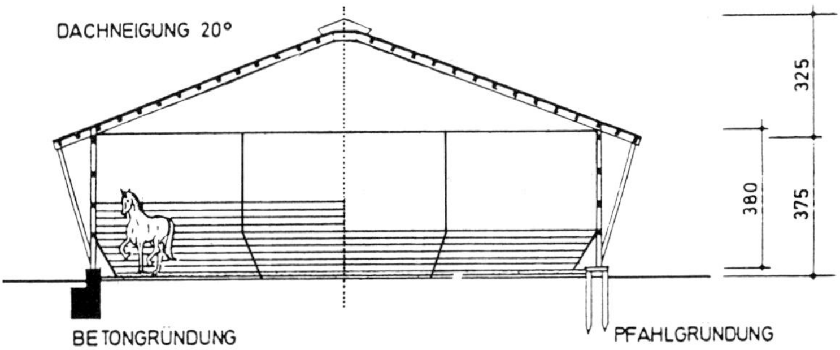

nach Schnitzer, 1970

Wärmedämmung:
Eine Wärmedämmung insbesondere an der Decke ist sehr vorteilhaft, da sich die Halle im Sommer nicht so stark aufheizt und im Winter nicht so kalt wird, so daß der Boden seltener gefriert. Außerdem dämpft eine Wärmedämmung das Geräusch von Regen oder Hagel. Für eine gute Hinterlüftung des Daches muß jedoch gesorgt werden. Aus Kostengründen wird im ersten Bauabschnitt häufig auf die Wärmedämmung verzichtet, jedoch sollte von vorneherein darauf geachtet werden, daß eine spätere Ergänzung ohne aufwendige Konstruktionsänderung möglich ist.

Wände, Baumaterialien:
Die Wände werden in der Regel mit Holz oder Mauerwerk verschalt.
Alle verwendeten Baumaterialien müssen **korrosionsbeständig** sein, da eine zeitweise hohe Luftfeuchtigkeit durch das Beregnen der Reitbahn unvermeidbar ist.

Hauptzugangstor:
Das Hauptzugangstor der Reithalle sollte mit einem LKW befahren werden können, also mindestens 3,00 x 3,00 m (besser 3,50 m breit, 4,00 m hoch) groß sein, damit das Einbringen oder die Ergänzung des Belages arbeitssparend möglich ist. (Zu Reitbahneingänge s. S. 110).

4.3 Belichtung, Beleuchtung

Belichtung:
Für die Belichtung der Reithalle mit Tageslicht kommen Lichtbänder in den Wänden (s. Abb. 40) und evtl. im Dach in Frage. Optisch wesentlich ansprechender sind allerdings großzügige Fenster-

Abb. 40 Anbringung von Lichtbändern

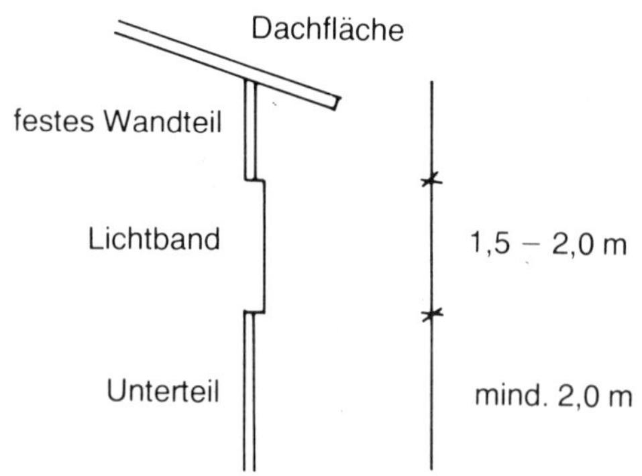

Bei weit überragendem Dach sollte das obere Wandteil fest sein.

flächen. Die Blendwirkung läßt sich durch lichtstreuende Verglasungen mindern. Nach Möglichkeit sollten größere Fensterflächen nach Norden oder Nordosten ausgerichtet werden. Durch zweiseitige Anordnung oder zusätzliche Beleuchtung von oben können Blendung und Silouetteneffekt vermindert werden. Durch Sonnenlicht, welches direkt in die Halle eintritt, werden die Sehbedingungen verschlechtert und die Halle im Sommer aufgeheizt. Daher sollten sonnenzugewandte Fenster mit außenseitigen farblich neutralen Sonnenschutzeinrichtungen versehen werden, auch lichtstreuend verglaste Flächen. Wo (z.B. nach Osten oder Norden) Klarsichtfenster bis zur Bandenhöhe herabgeführt werden, sind die Fensterflächen durch geeignete Maßnahmen zu sichern, um das Überspringen durch die Pferde auszuschließen.

Beleuchtung:
Die Beleuchtungsstärke ("horizontale Nennbeleuchtungsstärke" = Mittelwert der Beleuchtungsstärke) soll in der Reithalle im Training zwischen 80 Lux (Reiten) und 150 (Springen) und im Wettkampf 300 Lux betragen. Es empfiehlt sich also der Einbau einer Reihenschaltung, um je nach Nutzung Strom zu sparen. Der für den Wettkampf angegebene Wert berücksichtigt auch die Sehanforderungen der Zuschauer. Da sich die angegebenen Werte auf den mittleren Betriebszustand der Beleuchtungsanlage beziehen, ist der empfohlene Wert bei der Planung im allgemeinen mit 1,25 zu multiplizieren.
Die Gleichmäßigkeit der Beleuchtungsstärke sollte im Training 1:3 bis 1:2 (Springen) betragen und im Wettkampf 1:2. Glühlampen, Halogenglühlampen und Halogenmetalldampflampen sind geeignete Lampenarten. Nähere Einzelheiten finden sich in der DIN 67526 ("Sportstättenbeleuchtung").
Hinsichtlich der Sicherheit der Beleuchtung sind die gesetzlichen und behördlichen Vorschriften zu beachten (s. VDE 0108 "Vorschriften für das Errichten und den Betrieb elektrischer Starkstromanlagen in Versammlungsstätten und Warenhäusern sowie auf Sport- und Versammlungsstätten im Freien").

4.4 *Bande, Reitbahneingänge, Spiegel*

Die **Bande** erleichtert die dressurmäßige Arbeit und erhält die Einwirkungsmöglichkeit des äußeren Reiterschenkels, wenn das Pferd an die Wand drängt. Hierzu wird eine nach außen 15 bis ca. 20 Grad geneigte Holzwand (empfohlene Bohlenstärke: 4 cm) erstellt.
Da der untere, im Bereich des Belages liegende Teil der Bande besonders fäulnisgefährdet ist, hat sich ein Betonsockel als Abschluß bewährt, Abb. 41, s. S. 110. Eine andere Möglichkeit ist die waagerechte Anbringung einer leicht auszuwechselnden Bohle aus Hartholz (ca. 30 cm hoch). Diese muß allerdings regelmäßig überprüft werden, da das Hindurchtreten und Hängenbleiben eines Hufes in eine z.B. durch Pflegegeräte (Egge) oder Fäulnis beschädigte Bohle zu erheblichen Verletzungen führen kann.

Abb. 41 Bande der Reitbahn

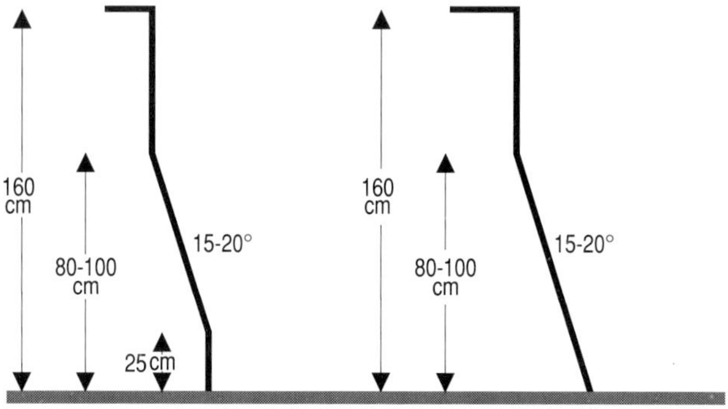

nach Schnitzer, 1991

Abb. 42 Plazierung des Bandentores

Bereiche, in denen Bandentore vorgesehen werden können (ein Eingang in die Reitbahn)

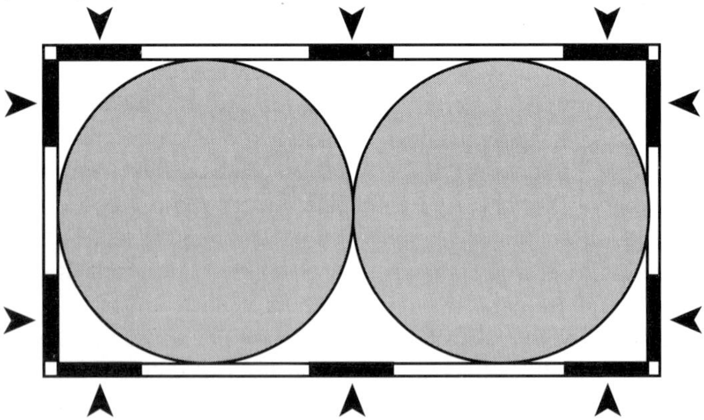

nach Schnitzer, 1970

Die **Höhe** der Bande hängt vor allem von der Konstruktion der Halle (evtl. nach innen ragende Pfeiler oder Binder) ab. Sie soll mind. 1,60 besser 1,80 m hoch sein. Außerdem muß sichergestellt sein, daß sich Pferd und Reiter nicht den Kopf stoßen können, wenn auf dem Hufschlag geritten oder gesprungen wird, d.h. bis in mind. 3,00 m Höhe keine vorspringenden Bauteile. Je nach den örtlichen Gegebenheiten muß die Bande ggf. erhöht und nach vorne gezogen werden.

Die Bande sollte gut hinterlüftet evtl. oben offen sein.

Das **Bandentor** muß für die Pferde mindestens 1,20 m breit, und 2,75 m hoch sein, soll so angebracht werden, daß die Reiter in der Bahn möglichst wenig gestört werden (s. Abb. 42, S. 110). Aus diesem Grunde sollte möglichst nur ein Tor vorgesehen bzw. benutzt werden. Soll der gleiche Eingang auch mit dem Schlepper bzw. LKW befahren werden, sollte die lichte Durchfahrweite mindestens 3,50 x 3,50 m betragen, in diesem Fall sind 2 Torflügel vorzusehen.

Das Bandentor muß das gleiche Profil wie die Bande selbst haben, gut abschließen und nach außen aufschlagen. Beschläge dürfen nicht hervorstehen. Bei höheren Toren ist eine Sichtöffnung anzubringen.

Freistehende Tore oder Banden sind gegen Überspringen zu sichern, z.B. durch über der Bande angebrachte 1,60 m hohe Querstangen.

Zur eigenen Kontrolle des Reiters werden **Spiegel** benötigt, auf jeden Fall in der Mitte der langen Seite, möglichst auch in einer oder mehreren Ecken der kurzen Seite. Gegebenenfalls ist zusätzlich ein Spiegel in der Mitte der kurzen Seite wünschenswert.

Der Spiegel in der Mitte der langen Seite soll mindestens 2,50 m breit sein, die Spiegel für den Hufschlag mindestens 1,00 m. Höhe: ca. 2,00 m. Aus Sicht der Reiter sind größere Spiegel wünschenswert. Die graphische Bestimmung von Höhe und Neigung des Reitbahnspiegels zeigt Abb. 43, S. 112.

An die optische Qualität der Spiegel sind hohe Anforderungen zu stellen, da schon geringe Unebenheiten auf die großen Entfernungen zu erheblichen Verzerrungen führen.

Die Spiegel müssen mit einem Vorhang oder Rolladen versehen werden, um sie z.B. beim Freispringen abdecken zu können (Unfälle durch in den Spiegel springendes freilaufendes Pferd sind leider nicht selten).

4.5

Boden, Belag

Der Bodenbelag soll rutschfest und möglichst staubfrei sein.

In der Halle hat sich insbesondere folgender Aufbau bewährt:

- **Tragschicht** aus Lehm, 15 - 30 cm stark (Walzen und mind. 2 Monate liegenlassen), evtl. wird Schlacke miteingewalzt. Der Lehm sollte einen hohen Tonanteil haben oder durch Zusatzstoffe z.B. Kalk speziell verfestigt werden. In Sonderfällen (z.B. auf Beton oder Asphalt) kommen auch andere Materialien in Frage (z.B. spezielle Gummiplatten).

Abb. 43
Graphische Bestimmung von Höhe und Neigungswinkel des Reitbahnspiegels

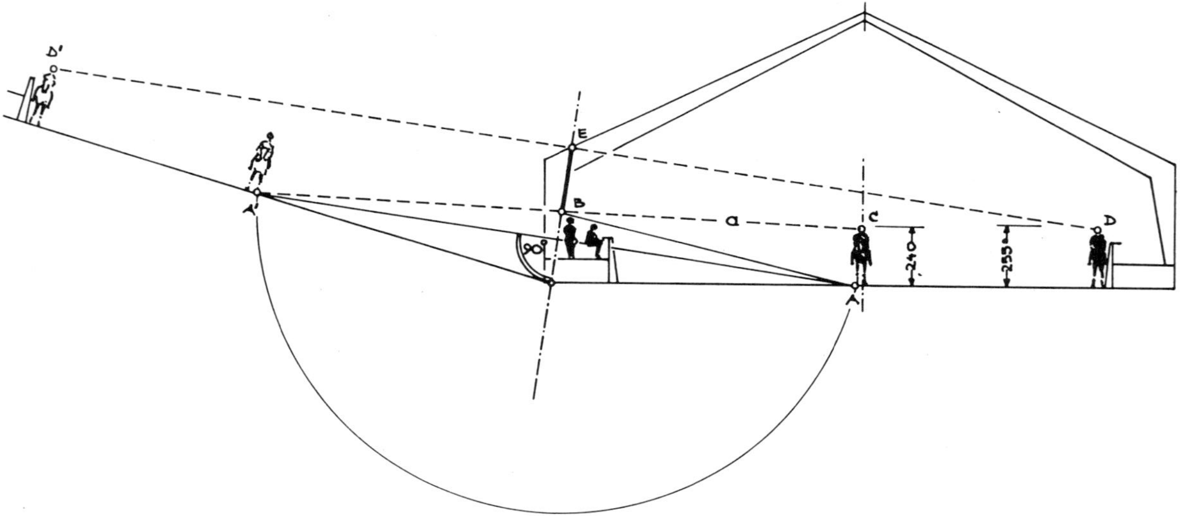

Quelle: Schnitzer, 1970

- Als **Tretschicht** sind Sand, Sand-Holzschnitzel-Gemische (Gatterspäne, Hobelspäne, Hackschnitzel, Schälspäne, Rindenmulch) oder Sand-Kunststoff-Gemische üblich.

In der Halle sollten im Gegensatz zu Außenplätzen durchaus **"bindige" Sande** (mit O-Anteilen) eingesetzt werden, da es hier nicht auf die Wasserdurchlässigkeit ankommt.

Unter **Holzschnitzel** werden hier entrindete relativ grobe, flache Holzspäne (ca. 1 - 2 mm stark, 2 - 7 cm lang und 0,5 - 3,0 cm breit) verstanden (s. auch Kap. 5.4).

Hobelspäne, Abfall von Hobelmaschinen und groben Sägen, entstaubt, werden im Stall häufig als Einstreu verwendet. Für den Belag in der Reitbahn eignen sie sich weniger, da sie relativ schnell zertreten werden. Sie werden vorwiegend zur optischen Aufbesserung eingebracht. Alle Materialien mit **Rindenanteil** neigen angefeuchtet zu relativ schneller Verrottung durch Fäulniserreger.

Das Mischungsverhältnis Sand-Holzschnitzel richtet sich nach der Beschaffenheit der örtlich zur Verfügung stehenden Sande und nach der Nutzungsart (Springreiter und Fahrer wünschen sich einen härteren Boden, also mehr bindigen Sand, Dressurreiter und Voltigierer bevorzugen eine "weichere" Bodenbeschaffenheit). Im allgemeinen liegt der Anteil von Holzschnitzeln in der Halle zwischen 30 und 50 %.

Bei allen **Recycling- oder Abfallprodukten** (z.B. Ledermehl, Kunststoffschnitzel) sollte unbedingt vor Anschaffung die spätere Entsorgung (Umweltverträglichkeit des Materiales) geprüft werden - es sind Fälle bekannt, wo die Entsorgung von Reitplatzbelägen auf Spezialdeponien 600,- DM/m^2 kostete, das sind für ein 20 x 40 m Viereck allein ca. 50.000,- DM! Auskunft über die ggf. vorhandenen Auflagen und die zu erwartenden Kosten erteilt die zuständige Behörde, das Amt für Abfallwirtschaft des Stadt- bzw. des Landkreises.

4.6

Beregnung, Pflege

Die **Haltbarkeit** des Belages wird wesentlich verbessert, wenn dieser gleichmäßig feucht (nicht zu naß) gehalten wird.

Unabhängig vom verwendeten Belag ist eine regelmäßige Beregnung außerdem zur **Vermeidung von zu starker Staubentwicklung** für die Gesundheit der Pferde außerordentlich wichtig: Die Bedeutung des Stallklimas für die Gesunderhaltung der Atemwege des Pferdes ist in Kapitel 3 ausführlich erläutert. Ein weiterer Belastungsfaktor ist der Staub bei der Bewegung in der Halle. In der Luft enthaltene (Staub-)Partikel, die evtl. mit Pilzsporen, Allergenen besetzt sind, gelangen zwangsläufig beim Atmen in die Atemwege, wobei die Partikelkonzentration und die umgesetzte Luftmenge von wesentlicher Bedeutung sind. Das Atemminutenvolumen steigt bei körperlicher Belastung: in Ruhe beträgt es ca. 60 Liter/ Minute (500 kg schweres Pferd), im Schritt steigt das Atemvolumen auf ca.

120 Liter/Min, im Trab auf ca. 300 Liter/ Min und im Galopp beträgt es 2.000 Liter/ Min und mehr. In einer neueren Untersuchung (Rapp, et al. "Untersuchungen in Reithallen ..." s. Literaturverzeichnis) wird geschätzt, daß ein Pferd bei 90 Minuten Arbeit (je nach Intensität) etwa 1/3 seiner während des ganzen Tages verbrauchten Luftmenge einatmet! Das zeigt deutlich, wie wichtig "saubere" Luft auch in der Halle ist.

Neben der regelmäßigen Befeuchtung des Belages ist außerdem die **Beseitung von "Staubnestern"** (Flächen z.B. auf Tribüne/Hindernissen, auf denen sich feiner Staub abgesetzt hat, der bei Luftbewegung aufgewirbelt wird) durch regelmäßiges Abspritzen notwendig.

Es gibt folgende Möglichkeiten der Beregnung:

- **Beregnung von Hand:** Anschluß mit großem Querschnitt (C-Rohr) ist erforderlich. Die Gleichmäßigkeit ist fraglich (Tropfenbildung muß vermieden werden).
- **Automatische Beregnung:**
  a) an der Decke installierte längsverlaufende Rohre, die mit Düsen versehen sind. Der erzeugte Sprühnebel ermöglicht eine gleichmäßige Befeuchtung der Halle. Allerdings sollten regelmäßig durchzuführende Wartungsarbeiten durch den Lieferanten vorgesehen werden. In jedem Falle muß eine Entleerungsmöglichkeit (wegen Frostgefahr) bestehen, Nachtropfen (wegen Vernässung kleinerer Stellen) muß vermieden werden.
  b) an den Längsseiten der Bahn in die Bande eingelassene oder in Traufenhöhe angebrachte Halbkreisregner mit einem Radius von mindestens 10 m (bei 20 m breiter Halle). Ausreichender Wasserdruck ist sicherzustellen, damit zu starke Tropfenbildung verhindert wird. Da die Sprenger leicht zugänglich sind, ist die Durchführung von Wartungs- oder Reparaturarbeiten einfacher, die beregneten Flächen überschneiden sich allerdings zum Teil, was zu einem erhöhten Wasserverbrauch und zu einer ungleichmäßigen Befeuchtung (problematisch eventuell bei Lehmtragschichten) führt.

Die **tägliche leichte Befeuchtung** sollte einer starken Bewässerung in großen Abständen unbedingt vorgezogen werden. Neben der Befeuchtung ist die **regelmäßige Pflege** für die gleichbleibende Qualität und Lebensdauer des Belages unerläßlich. Üblicherweise wird ein an den Schlepper angebautes Planierschild eingesetzt.

4.7

Nebenräume

Warte- und Aufsitzraum

Vor dem Reitbahneingang sollte ein genügend großer Raum (mind. 2,50 m breit) vorgesehen werden, in dem Pferde/Reiter warten bzw. Pferde, die nicht in der Anlage selbst eingestellt sind, aufgezäumt und aufgesattelt werden können. Es werden in diesem Raum also Anbindemöglichkeiten sowie Regale oder Haken für Ausrüstungsgegenstände wie z.B. Pferdedecken, Mäntel der Reiter etc. benötigt.

Hindernismaterial

Der Abstellraum für Hindernisse soll von der Halle aus gut zugänglich sowie trokken und luftig sein. Die Größe richtet sich in erster Linie danach, inwieweit Springausbildung betrieben, für welche Springprüfungen die Kundschaft vorbereitet bzw. welche Springprüfungen in der Halle veranstaltet werden sollen. Die Anzahl der für Springprüfungen in den verschiedenen Klassen in der Halle gem. LPO benötigten Hindernisse zeigt Übersicht 18.

Übersicht 18: Benötigte Hindernisse für Springprüfungen in der Halle und Abmessungen

	Turnier-Kategorie und Klasse					
	Kat. C		*Kat. B*		*Kat. A*	
Hindernisse	*E*	*A*	*L*	*M-B*	*M-A*	*S*
Mindestzahl	6	6	8	8	10	10
Höchstzahl	10	12	14	14	16	18
Mindesthöhe *	0,80	1,00	1,10	1,20	1,30	1,40
Höchstabmessung *	1,00	1,10	1,20	1,30	1,40	1,60

* Höhenangaben sind in Meter angegeben
Quelle: LPO, § 405

Neben Hindernissen müssen z.B. auch Fänge, Bodenricks, das Holzpferd für Voltigierer, Utensilien für Reiterspiele, etc. Platz finden.
Als Richtwert wird von ca. 65 m^2 ausgegangen. Hindernisstangen lassen sich platzsparend und gut erreichbar an Wandhalterungen unterbringen. Mehr Raum benötigen dagegen Ständer, Fänge etc. Angaben zum Hindernismaterial (elementare Bauteile, Hindernistypen, etc.) können der Veröffentlichung "Parcousgestaltung" (s. Literaturverzeichnis im Anhang) entnommen werden.
Kleinere Räume sparen zwar Platz, allerdings bedeutet die Entnahme jeweils deutlichen Mehraufwand.
Die Unterbringung selten oder nur für Turniere verwendeter Hindernisse kann in einem separatem Raum vorgesehen werden, der nicht unbedingt der Halle zugeordnet werden muß.
Dagegen sollte für häufig benutzte Gegenstände wie z.B. einige Stangen, Bodenricks, ein Hindernis, Hallenpflegegeräte (Planierschild, Schaufel, Rechen) z.B. im Eingangsbereich der Halle für den täglichen Gebrauch, eine genügend

große, zusätzliche offen zugängliche Abstellfläche vorgesehen werden (ca. 2,00 x 4,50 m).

Zuschauerplätze

Auch die Ausstattung mit Zuschauerplätzen richtet sich nach dem Nutzungsschwerpunkt. Selbst in Arbeitsbahnen, die für keine Veranstaltungen vorgesehen sind, sollten wenigstens für Unterrichtszwecke, Eltern oder Angehörige etc. einige Plätze vorgesehen werden. Normalerweise werden in der Reithalle zumindest von Zeit zu Zeit Sonderprüfungen (z.B. Abnahme von "Kleinem Hufeisen", Reiternadel, Reiterabzeichen) abgenommen oder gesellige Veranstaltungen z.B. Weihnachts-/Faschingsreiten oder Reitertage veranstaltet. Solche Aktivitäten sind für einen Reitbetrieb heute ein Muß. Hieraus ergibt sich auch die Notwendigkeit für Zuschauerplätze oder Tribünen.

Die mögliche Anordnung von Tribünenplätzen in der Halle zeigt Abb. 44.

Bei der Planung der Tribüne ist zu berücksichtigen, daß bei den o.g. Veranstaltungen die Zuschauer Ihren Standort normalerweise relativ häufig wechseln. Der Abstand zwischen den Sitzreihen soll daher ein geräuscharmes Verlassen und Betreten der Tribüne ermöglichen. Beispiel für einen Zuschauerumgang und eine Tribüne an der kurzen Seite zeigt die Abb. 45. Die Anordnung 45 b ergibt bei einer 20 m x 40 m großen Halle eine Kapazität von ca. 200 Sitz- und Stehplätzen.

Bei über 200 Plätzen sieht das Bauordnungsrecht der Länder spezielle Vorschriften in Form von "Richtlinien über den **Bau und Betrieb von Versammlungsstätten"** vor. Das hat weitreichende bauliche Konsequenzen zur Folge.

Abb. 44
Mögliche Anordnung der Tribünen in der Reithalle

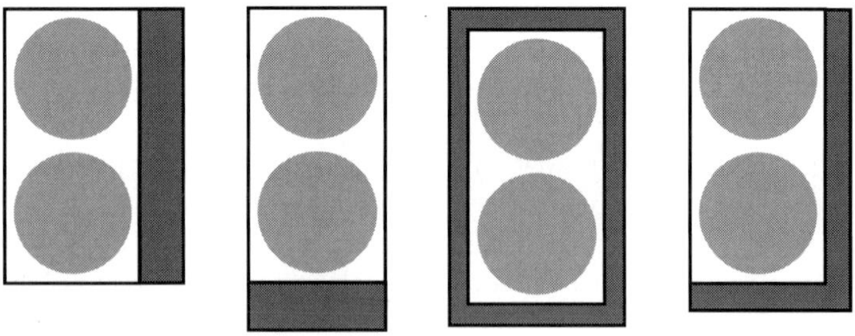

Quelle: Schnitzer, 1973

Abb. 45
Tribüne an der kurzen Seite und Zuschauerumgang

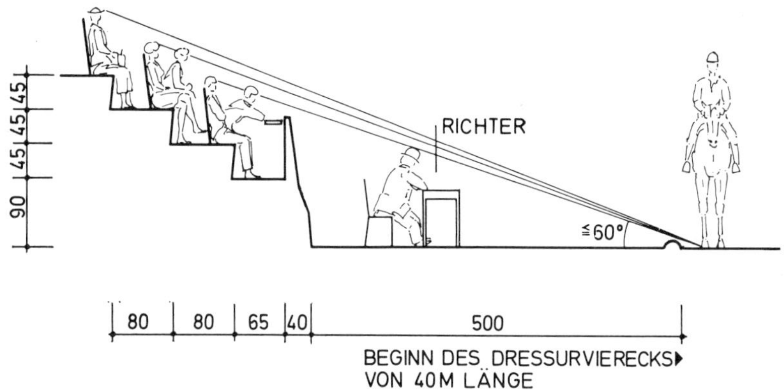

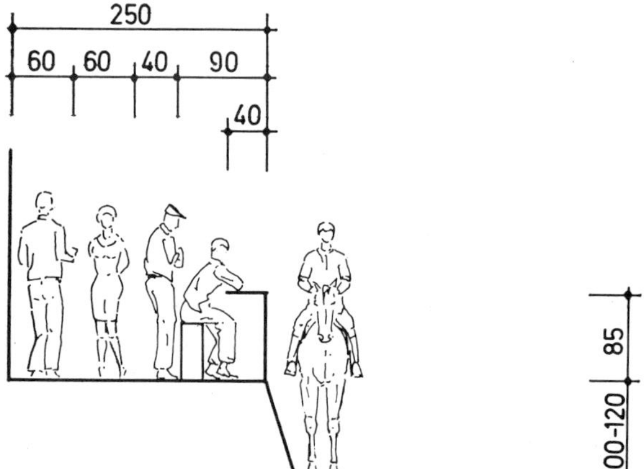

Quelle: Schnitzer, 1970

Die Tribüne soll in der Regel ca. 1 m - 1,20 m über dem Hallenboden liegen. Obergeschoßtribünen sind nicht günstig, da die Sicht von oben insbesondere beim Dressurreiten weniger interessant ist und außerdem der davorliegende Hufschlag nicht einzusehen ist, s. Abb. 46.

Abb. 46 Ungünstige Obergeschoßtribüne

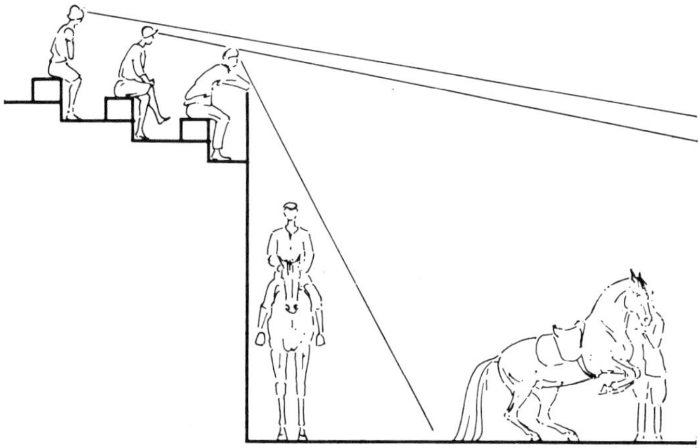

Quelle: Schnitzer, 1970

Weitere Nebenräume

Der Halle zugeordnet werden außerdem folgende weitere Nebenräume:

Mit Sichtkontakt zur Halle:
- Aufenthaltsraum (Kasino, Reiterstube - wo möglich auch mit Sitzgelegenheiten draußen)
- Büro für Betriebsleiter
- Lehr-/Unterrichtsraum
- Raum für Musik-/Lautsprecheranlage (möglichst auch als Richterkabine nutzbar, d. h. Mitte der kurzen und/oder der langen Seite)

Evtl. ohne Sichtkontakt in die Halle:
- Erste-Hilfe-Raum
- Ausweichräume für Veranstaltungen (Meldestelle, Richter, Presse, etc.)
- Umkleideräume, evtl. Duschen und Toiletten (getrennt für Damen und Herren)
- Jugendraum (zweckmäßigerweise "im Hintergrund").

4.8

Aufsitzhilfen für Behinderte

In Reithallen, in denen Behindertenreitsport oder Hippotherapie stattfindet, hat sich die Einrichtung von in die Bande eingebauten Aufsitzrampen bewährt. Diese müssen stabil ausgeführt sein und sollen auf der Plattform ca. 60 - 80 cm über dem Hufschlag 2 - 3 Personen bequem Platz bieten, damit auch schwer gehbehinderte Patienten sicher auf das Pferd gelangen können. Ein Beispiel zeigt die Abb. 47.

Abb. 47 Aufsitzrampe für Behinderte

5

Reitplätze

5.1

Größe und Lage

Die Größe von Reitplätzen variiert je nach Betriebsschwerpunkt und Betriebsgröße. In kleineren Betrieben mit nur einem Reitplatz für Dressur und Springen sollte dieser 30 x 40 m groß sein. Besser ist es, 2 verschiedene Plätze einzuplanen, welche getrennt für Dressur und Springen genutzt werden können (auf dem Springplatz können dann die aufgebauten Hindernisse auf dem Platz verbleiben).

Bei der Neuanlage von Reit- oder Turnierplätze sollten auch andere als rechtekkige Formen in Betracht gezogen werden, besonders, wenn die umgebende Landschaft dies anbietet.

Die erforderlichen Mindestmaße für Turnierplätze können der Übersicht 5 (s. S. 23) entnommen werden. Longierzirkel sollten mindestens 14 m besser 18 m Durchmesser haben, letztere können dann auch für das Voltigieren genutzt werden.

Für ein kleineres Turnier der Kategorie C und B werden normalerweise bereits ein Dressurplatz (25 x 45 m), ein Springplatz (40 x 70 m) und ein Abreiteplatz (40 x 80 m) benötigt. Bei größeren Starterfeldern und parallel laufenden Prüfungen wird schnell ein weiteres Dressurviereck (möglichst für Materialprüfungen und/ oder Eignungsprüfungen nutzbar, d.h. mindestens 25 x 50 m) und ein weiterer Abreiteplatz benötigt. Sollen größere Turniere veranstaltet werden, erhöht sich der Platzbedarf entsprechend (nähere Einzelheiten s. Übersicht 5, S. 23).

Nebenbei sei angemerkt, daß für Veranstaltungen allgemein zusätzliche Stellflächen für PKW und Pferdehänger benötigt werden. Bei größeren Turnierveranstaltungen evtl. außerdem ein Stallzelt (mit Wasser und elektrischem Anschluß).

Dressurplätze, die auch für Turnierveranstaltungen genutzt werden, sollen möglichst in Nord-Süd-Richtung angelegt sein, damit die Richter am Bahnpunkt C nicht gegen die Sonne blicken müssen.

Neben der reinen Reitfläche, 20 x 40 m (Kl. E - L) bzw. 20 x 60 m (Kl. L - S) sollte zusätzlich ein bereitbarer Randstreifen an den Seiten von mindestens 3 m und am Einritt von mindestens 5 m vorgesehen werden. Für die Veranstaltung von Turnieren ist ein Mindestabstand der Zuschauer vom Hufschlag vom 5 m bei nationalen und von 20 m bei internationalen Prüfungen vorgeschrieben. Ebenso ist der Raum für Richterkabinen einzuplanen, s. Abb. 48, S. 122.

5.2

Einzäunung, Abgrenzung, Richterkabine

Einzäunung:

Wird ein Reitplatz für Anfängerunterricht oder für die Arbeit mit jungen Pferden verwendet oder sollen dort gelegentlich Pferde freilaufen, wird der Reitplatz eingezäunt (ca. 1,20 m hoch). Die Einzäunung soll stabil, achtunggebietend, pflegeleicht und dauerhaft sein. Die verwendeten Pfosten und Stangen müssen gut abgerundet sein. Ein bewährtes Beispiel zeigt Abb. 49, S. 123.

Abgrenzung:

Bei reinen Dressurvierecken reichen auch tiefer liegende Begrenzungen, siehe Abb. 49 b. Für Turnierprüfungen in der Dressur ist eine deutliche Markierung des Vierecks, bis zu 40 cm hoch national (gem. LPO) bzw. ca. 30 cm hoch (international) verlangt, die so beschaffen sein muß, daß die Pferde nicht mit dem Huf hindurchtreten können (s. Abb. 50, S. 123). Solche tragbaren weiß gestrichenen Gatter dienen auch der Abgrenzung eines Dressurviereckes auf größeren Sand- oder Rasenplätzen.

Überschaubare Hecken sind insbesondere für Longierzirkel eine weitere sehr gute Möglichkeit der Abgrenzung.

Schön und praktisch ist es, den Reitplatz mit einem aufgeschütteten Erdwall zu umgeben. Dieser kann teilweise mit Sträuchern bepflanzt werden (Nistgelegenheit für Singvögel), teilweise dient er den Zuschauern als natürliche Tribüne. Die Bepflanzung soll allerdings nicht so dicht sein, daß Luftbewegung in dem umpflanzten Gelände ganz verhindert wird.

Richterkabine:

Beim gemeinsamen Richten von Dressurprüfungen sitzen die Richter am Bahnpunkt C, bei getrenntem Richtverfahren zusätzlich bei H und M oder B und E, in internationalen Prüfungen (außer CDA u. CDF) bei C, H, M, B und E. Wegen des besseren Überblicks sollten die Richter ca. 5 m vom Hufschlag entfernt sitzen. Die Richterkabine am Bahnpunkt C sollte mindestens 3 Personen (2 Richter, ein Protokollführer) und eventuell einer weiteren Person (z.B. Nachwuchsrichter)

Abb. 48 Dressurplatz-Abmessungen

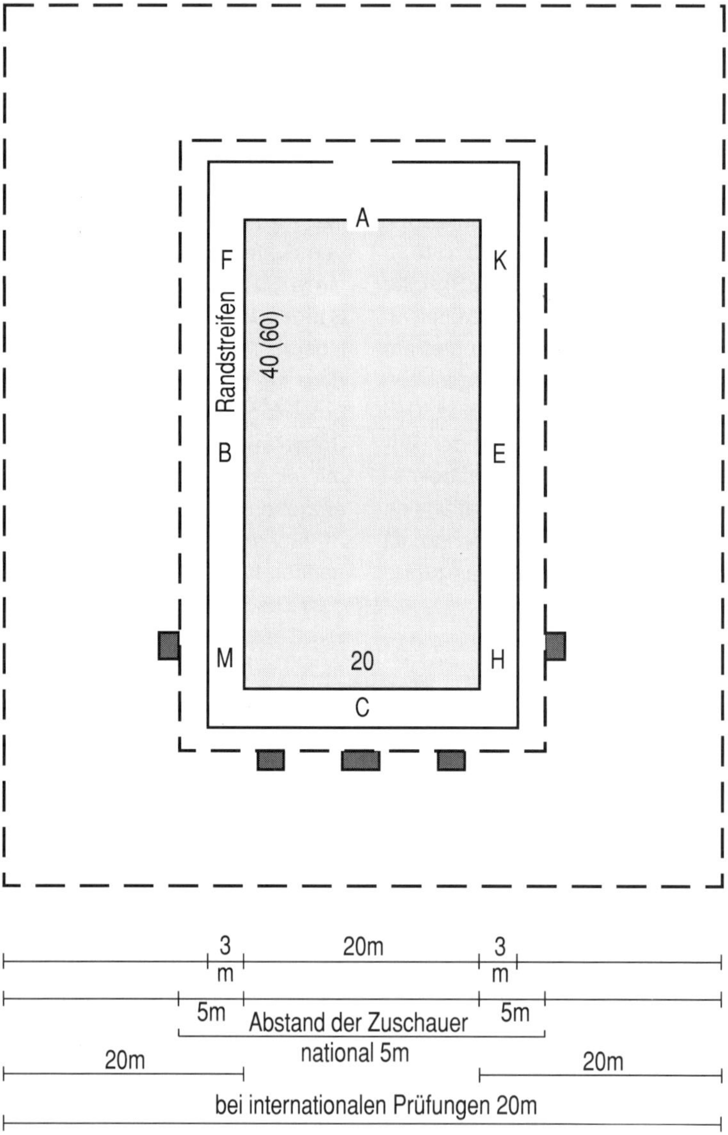

Abb. 49
Abgrenzungen von Reitplätzen (zwei Beispiele)

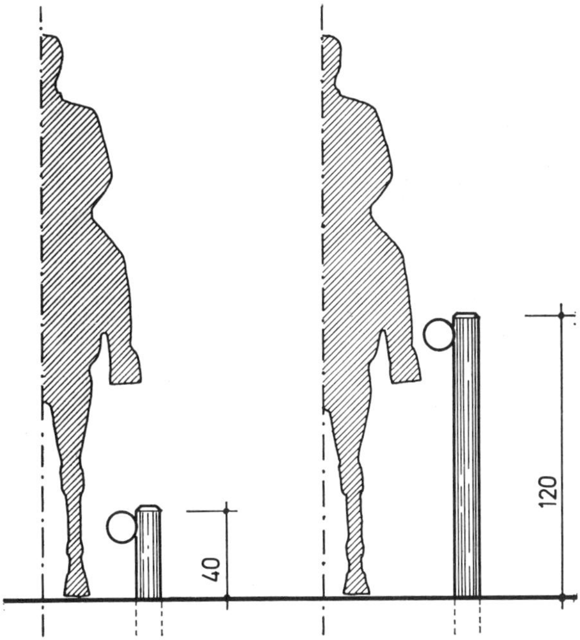

Quelle: Schnitzer, 1970

Abb. 50 Bewegliche Dressurplatzabgrenzung

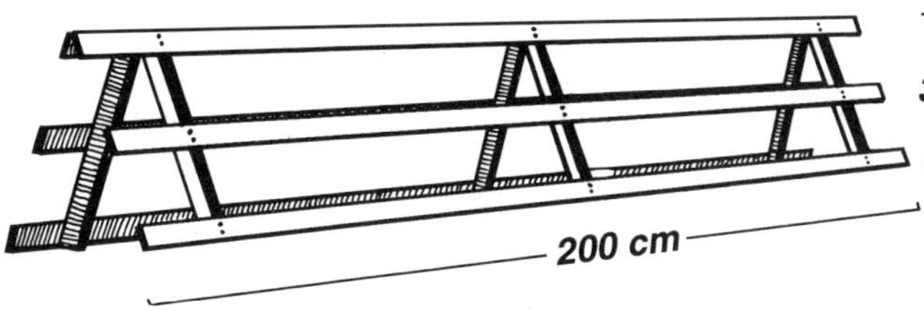

ausreichend Platz bieten. Die Kabinen an den anderen Bahnpunkten können kleiner sein (1 Richter, 1 Protokollführer, evtl. 1 weiterer Platz). Der Einbau von Fensterscheiben (Schiebefenster in der Vorderwand) und Regenablauf ist empfehlenswert. Das Beispiel einer Richterkabine zeigt Abb. 51.

Abb. 51 Richterkabine (Beispiel DOKR)

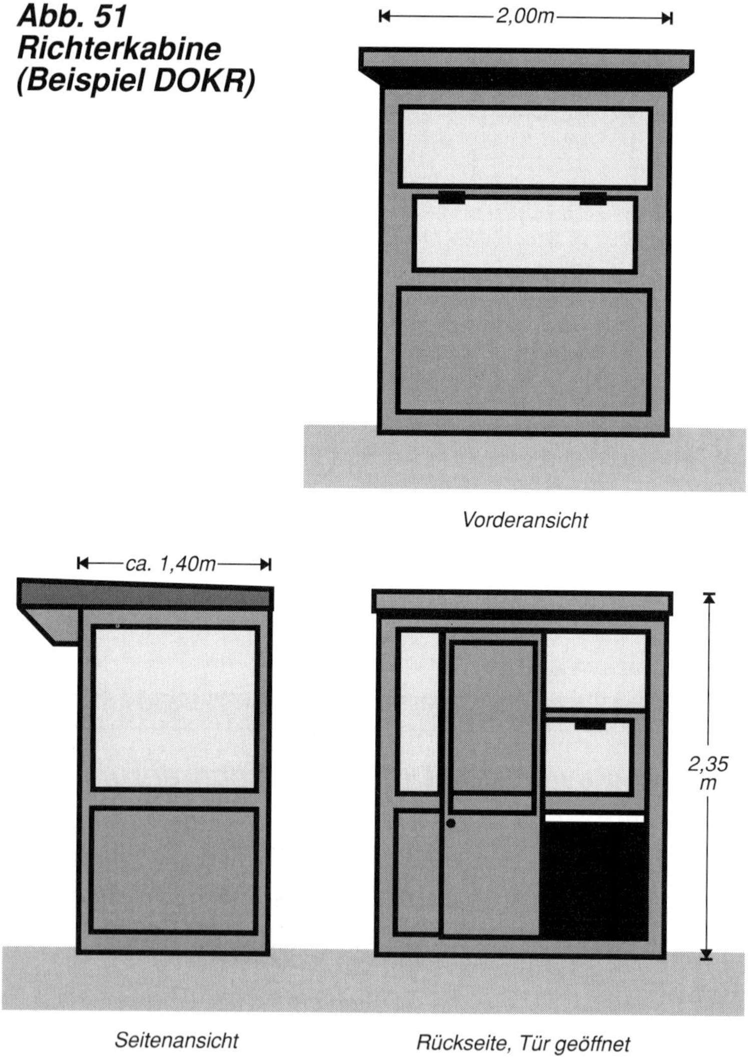

5.3 Beleuchtung

Der Gebrauchswert der Außenplätze erhöht sich wesentlich durch die Installation einer künstlichen Beleuchtung (Entlastung der Reithalle auch in der dunklen Jahreszeit).
Wie auch in der Halle (s. Kap. 4.3) wird nach DIN 67.526 Bl.1 im Training 80 Lux (Reiten) bzw. 150 Lux (Springen) und im Wettkampf 300 Lux empfohlen. Die Gleichmäßigkeit der Beleuchtungsstärke soll jeweils 1:2 betragen. Als geeignete Lampenarten werden Glühlampen, Halogenglühlampen und Halogenmetalldampflampen angegeben. Bei der Konzipierung einer Flutlichtanlage sollte ein Fachingenieurbüro zu Rate gezogen werden.

Es wird dringend empfohlen, Fachleute zu Rate zu ziehen, die Erfahrungen mit dem Bau von Reitplätzen haben. Außerdem sollte man sich einige Reitplätze ansehen, die in der angebotenen Weise gebaut wurden, um vor Ort zu klären, ob sich der Platz auch noch nach einigen Jahren bewährt (unter Berücksichigung der Nutzungsart und -frequenz). Viele Beispiele aus der Praxis zeigen, daß zunächst billig erscheinende Lösungen letztlich doch teurer werden, wenn der Platz entweder dem Betrieb bei ungünstiger Witterung nicht zur Verfügung steht oder immer wieder neue Kosten durch Sanierungsversuche auftreten. Ein Patentrezept für einen billigen Reitplatz gibt es nicht. Örtlich zur Verfügung stehende Baumaterialien müssen sorgfältig auf ihre Eignung geprüft werden.

5.4 Anlage von Reitplätzen im Freien

Reitplätze sollen:

- pferdegerecht
- umweltgerecht und
- ganzjährig zu bereiten sein.

Es gibt keine einheitliche Bauanleitung für Reitplätze und keine DIN- Norm. Aufbau und Materialien richten sich nach den Ansprüchen (z.B. weitgehend ganzjährig bereitbar) und nach dem Verwendungszweck z. B. Dressurplatz, Springplatz oder Kombination.

Technischer Aufbau - Schichtenfolge und Aufgaben

Das Thema Reitplatzbau ist viel diskutiert. Kenntnisse aus dem Straßen- und/ oder Sportplatzbau können nur bedingt übernommen werden. Im Reitplatzbau ist es zweckmäßig auf dem **Baugrund** folgende Schichten aufzubauen:

- **Tragschicht**
- **Trennschicht**
- **Tretschicht**

Die Schichtenfolge und Bezeichnungen sind aus nachstehender Abb. 52 ersichtlich.

Abb. 52 Schichtenfolge

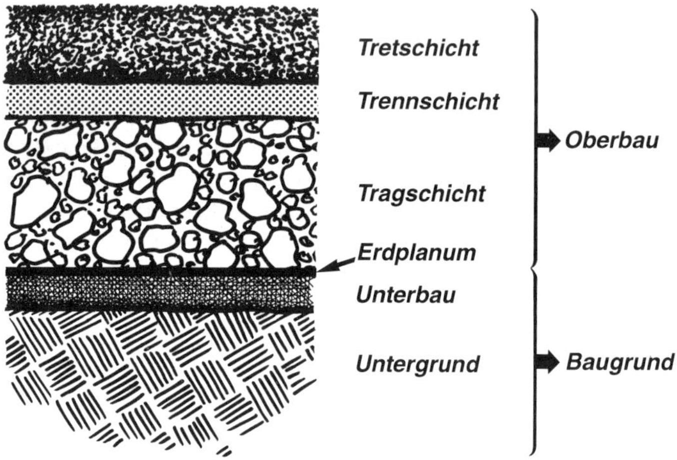

1. Baugrund:

Der Baugrund besteht aus dem **Untergrund,** das ist der natürlich anstehende Boden, und dem eventuell erforderlichen **Unterbau,** das sind Aufschüttungen auf dem Untergrund zum Höhenausgleich (Einebnung) oder Verbesserung der Tragfähigkeit (man spricht auch von "verbessertem Unterbau"). Der Unterbau dient z.B. auch zur Erhöhung gegenüber der umliegenden Fläche. Für den Unterbau ist ein einbaufähiger, gut verdichtbarer, möglichst wasserunempfindlicher Boden zu verwenden.

Wesentliche Eigenschaften des Baugrundes sind dessen **Standfestigkeit** und **Tragfähigkeit.**

In den Baugrund wird die evtl. erforderliche Drainage verlegt.

Unter **Baugrundplanum** (Erdplanum) versteht man die ebenflächig planierte (mit Gefälle angelegte) Oberfläche des Baugrundes. Das Baugrundplanum muß ebenfalls tragfähig sein; diese Tragfähigkeit und Ebenflächigkeit muß auch während der Bauzeit der evtl. stärkeren Belastung durch das Befahren mit schweren Maschinen standhalten.

2. Tragschicht:

Die Tragschicht dient der Tretschicht als **standfeste Unterlage.** Sie muß **wasserdurchlässig** sein, **überschüssiges Wasser abführen** und **frostbeständig** sein.

Die **Dicke** der Tragschicht ist abhängig von der Tragfähigkeit des Baugrundes bzw. von dem verwendeten Material oder System.

Auf eine Tragschicht kann evtl. verzichtet werden, wenn der Baugrund selber den vorbeschriebenen Anforderungen genügt.

3. Trennschicht:

Die Trennschicht soll die Vermischung von Tret- und Tragschichtbestandteilen verhindern. Sie muß **wasserdurchlässig** sein, **überschüssiges Wasser abführen,** sollte **wasserspeichernd** sein und **nicht zur Porenverstopfung** neigen. Sie muß außerdem **punktueller Druckbelastung** standhalten und sollte **stoßdämpfend** wirken. Die Trennschicht muß **Scherfestigkeit** (Widerstandsfähigkeit gegen schräg wirkende Kräfte) aufweisen, damit die Hufe das Korngerüst der Tragschicht nicht beschädigen (s. Abb. 53).

Abb. 53 Scherfestigkeit

Die **Oberfläche** der Trennschicht muß **rauh** sein, damit die Tretschicht nicht auf der Trennschicht rutscht.

4. Tretschicht:

Die Tretschicht ist die oberste Schicht des Reitplatzes. Sie soll **trittsicher** und pflegeleicht sein sowie möglichst wenig stauben. Auch die Tretschicht soll **Wasser speichern** und **überschüssiges Wasser ableiten.**

Wesentlich ist, daß die **Trenn- und Tretschicht aufeinander abgestimmt sind.** Die meisten Probleme entstehen, wie die Erfahrung zeigt, im Übergangsbereich, wo sich zwischen den beiden Schichten häufig nach einiger Zeit verdichtete wasserundurchlässige Zonen bilden (das Übel liegt dann nicht wie vielfach fälschlich angenommen in einer nicht funktionierenden Drainage).

Gefälle und Entwässerung

Die Oberflächenentwässerung erfolgt durch senkrechtes Versickern der Niederschläge durch die Tret-, die Trennschicht und (soweit vorhanden) die Tragschicht. Der Abfluß überschüssigen Wassers erfolgt über das Gefälle auf dem stabilisierten Baugrundplanum je nach Aufbau des Reitplatzes oder Gefällesystem entweder direkt ins Umland oder in ein Drainleitungssystem.

Das Erdplanum wird mit **Gefälle** von 1-1,5% angelegt. (Es wird in den darüberliegenden Schichten beibehalten). Möglich sind:

- Pultdachgefälle
- Satteldachgefälle
- Walmdachgefälle

Siehe Abb. 54. Für Plätze bis ca. 30 m Breite empfiehlt sich das Pultdach, für breitere Plätze kommt ein Sattel- oder evtl. auch Walmdachgefälle in Betracht. Letztere sind allerdings schwerer zu pflegen, da das Tretschichtmaterial in Gefällerichtung wandert (s. auch Kap. 5.6).

Reitplätze werden heute vielfach gegenüber dem angrenzenden Boden um 35 - 50 cm erhöht angelegt. Dadurch wird eine bessere Abführung des anfallenden Oberflächenwassers gewährleistet.

Bei ungünstigen Baugrundverhältnissen kann der Einbau einer zusätzlichen Dränschicht notwendig werden. Drängräben werden je nach Bodenart in einem Abstand von 3 - 10 m in den Baugrund verlegt, bei einem Durchmesser der Dränleitungen von 10 cm. Über die Dränleitungen wird das anfallende Sickerwasser einem Vorfluter zugeführt. Die Einbautiefe der Dränleitungen soll möglichst gering sein, ca. 10 cm Anfangstiefe bis ca. 40 cm Endtiefe im Baugrund. Die Drainleitungen müssen gespült werden können, über Kontrollschächte an den Enden außerhalb des Platzes. Das Gefälle soll mindestens 0,3 % betragen. Die Draingräben müssen mit wasserdurchlässigen Material verfüllt werden.

Abb. 54
Gefälle und Längs- bzw. Ringsammler

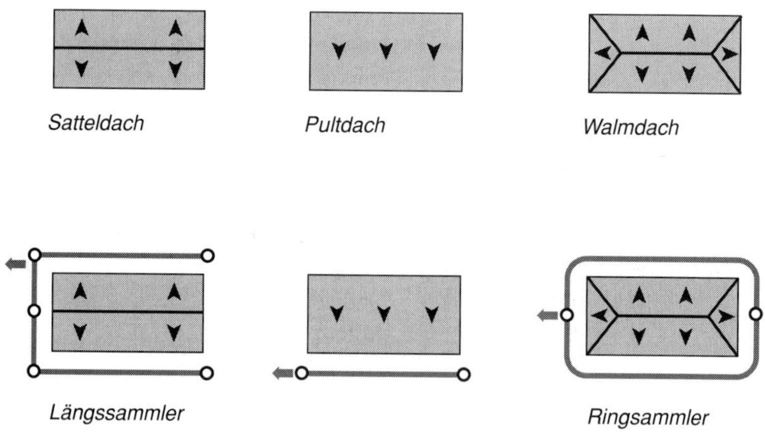

Wie erwähnt wird die Bedeutung von Drainleitungen vielfach überschätzt. Bei den meisten Plätzen mit Entwässerungsproblemen zeigt die Untersuchung, daß die Drainleitungen in Ordnung sind und Verdichtungen und Wassorundurchlässigkeit nicht im Baugrund vorliegen, sondern in den darüberliegenden Schichten, meistens in der Trennschicht.

Den Verlauf von Drainleitungen zeigt schematisch Abb. 55.

Abb. 55 Anordnung der Drainage

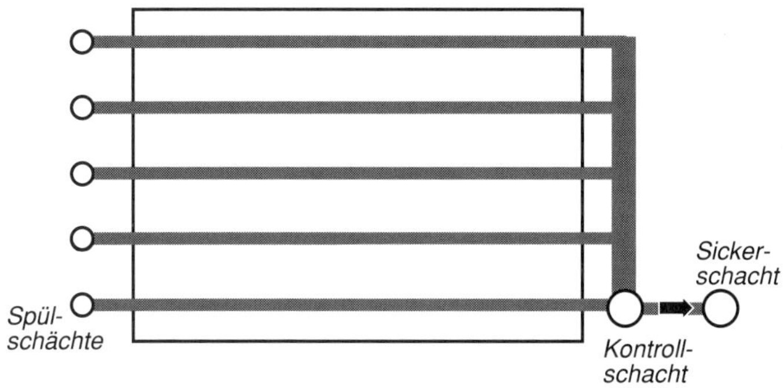

Trag-, Trenn- und Tretschicht, Baumaterialien

Tragschicht:
Die Tragschicht besteht aus nullfreiem wasserdurchlässigem **Schottergemisch,** je nach Baugrund 10 - 20 cm dick, welches durch ein in sich verkeilendes Korngerüst den ausreichenden Verbund sicherstellt, ohne daß die Wasserdurchlässigkeit beeinträchtigt wird (Rundkörnige Materialien sind unbrauchbar):

Trennschicht:
Bis vor wenigen Jahren wurden ausschließlich folgende Trennschichten eingesetzt:

- **wassergebundene Trennschicht** (z.B. wasserdurchlässiger Mineralbeton)
- **wasserdurchlässiger Asphalt** (bituminös gebundene Mineralstoffe) für Dressur- und Trainingsplätze, weniger geeignet für Springprüfungen, wo mit hoher Geschwindigkeit enge Wendungen geritten werden.

Seit einiger Zeit bieten Spezialfirmen folgende Trennschichtlösungen an:

- **spezielle Gummimatten** (4 cm dick) mit 2 - 3 cm Fugenabstand verlegt
- **Lava-gefüllte Kunststoff-Raster**

Gewebevliese als Trennschicht (z.B. aus Kunststoff) haben sich in der Praxis nicht

bewährt, da sie durch Pflegemaßnahmen oder Beritt nach einiger Zeit verzogen oder beschädigt wurden.
Trag- und Trennschicht bilden die dauerhafte Grundlage für einen guten Reitplatz, hier gemachte Fehler lassen sich später nur mit großem Aufwand beheben, daher hier nochmals die Empfehlung, sich einige Reitplätze in anderen Reitbetrieben anzusehen, die in der geplanten Weise gebaut wurden (s. auch S. 125).

Tretschicht
Die Tretschicht, je nach Nutzungsart und -intensität 8 - 13 cm dick, besteht in der Regel aus:

- **Sand**
  Plätze mit reinem Sandbelag sind im Vergleich zu Mischungen mit Holz- oder Kunststoffschnitzeln weniger scherfest ("elastisch") und neigen bei trockenem Wetter vermehrt zum Stauben.
- **Sand mit Zuschlagstoffen**
  Zuschlagstoffe wie Holzschnitzel (Weichholz) oder Kunstoffmaterialien dienen der Verbesserung der Trittfestigkeit und der Wasserspeicherfähigkeit (Staubbindung).
- **Holzschnitzel (mit Reibstoff)**
  Reine Holzplätze sind in den Anfangsjahren angenehm zu bereiten und kaum staubanfällig, nach wenigen Jahren jedoch verrottungsgefährdet.

Bei der Zusammensetzung der Tretschicht sollte der Nutzungsschwerpunkt berücksichtigt werden: für Springen und Fahren etwas „härter", für Dressur und Voltigieren etwas „weicher". Diese Eigenschaften werden durch den eingesetzten Sand und den Anteil an Zuschlagstoffen variiert.

Die Verwendung **geeigneten Sandes** ist entscheidend! Es werden Flußsande (evtl. gewaschen) mit der Körnung von ca. 0/3 mit möglichst wenig Nullanteilen (Ton-, Lehmanteile, "Schlämmkornanteile") empfohlen. Für die Beurteilung wird neben der Korngröße, der Kornform und -oberfläche insbesondere die **Korngrößenverteilung** herangezogen.
Die Bezeichnung 0/3 sagt zwar aus, daß in der Mischung sehr feine bis 3 mm große Sandkörner enthalten sind, nicht jedoch, wie groß der Anteil der einzelnen Korngrößen in der Sandmischung ist. Diese Angabe läßt sich der Körnungslinie (Sieblinie, gem. DIN 4022) entnehmen, welche den prozentualen Anteil verschiedener Korngrößen in der Sandmischung angibt. Die Körnungslinie sollte im Bereich der in Abb. 56 angegebenen Grenzen liegen. Die Beurteilung örtlich zur Verfügung stehender Sande ist Erfahrungssache, die Körnungslinie kann nur Hilfestellung geben.
Wie erwähnt sind auf dem Außenreitplatz Flußsande (noch besser Quarzsand) mit relativ glatter Oberfläche geeigneter als Brechsande. Außerdem ist die chemische Zusammensetzung wichtig, insbesondere darf der Sand keine Kalkanteile enthalten, die durch Regen herausgewaschen sehr harte und wasserundurchlässige Stellen bedingen.

Hinsichtlich der **Holz-Zuschlagstoffe** gibt es leider keine einheitliche Verwendung der Begriffe (Holzschnitzel, Sägespäne, Hackspäne, Gatterspäne etc.).

Abb. 56 Körnungslinie

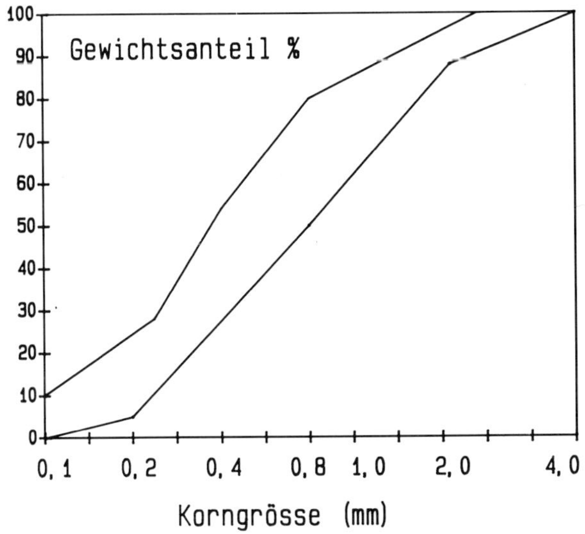

Maschenweite (Quadratlochweite) der Siebe nach DIN

(Dr. Schlüter, 1991)

Vor Beschaffung des Holz-Zuschlagstoffes muß sichergestellt werden, daß Besteller und Lieferant das Gleiche unter dem verwendeten Begriff verstehen. Hier werden unter "Holzschnitzeln" die für Reitplätze geeigneten flachen (1 - 2 mm dick), ca. 2 - 7 cm langen und 0,5 - 3 cm breiten Holzteilchen verstanden. Je nach Qualität des Sandes, den verwendeten Schnitzeln und der Art der Nutzung beträgt der Anteil 10 - 50 Volumen %, wobei mindestens 50 % grobere Bestandteile (1 - 2 mm stark, 5 - 7 cm lang) und höchstens 25 % feinere Teile (grobe Sägespäne) enthalten sein sollten.

Eine Besonderheit bieten langfaserige grobe Hobelspäne **(Schälspäne),** die sich gut verzahnen. Dabei bildet sich über einem relativ festen Teil der Tretschicht eine lockere Auflage aus. Allerdings lassen sich solche Tretschichten schwer pflegen.

Holzschnitzel mit Rindenanteilen eignen sich auf dem Außenplatz weniger, da sie relativ schnell verrotten und bei Nässe rutschig werden.

Bei Verwendung von **Recyclingmaterialien** (z.B. Kunststoffreste), ist unbedingt auf deren Umweltverträglichkeit zu achten (s. auch S. 113) - Kabelreste sind aus diesem Grund in der Regel ungeeignet, da sie Schwermetalle enthalten können. Die verschiedenen Bestandteile sollen möglichst **vorgemischt aufgebracht** werden, da sich die gewünschte Mischung durch das Bereiten nicht oder erst nach langer Zeit ergibt. Die Holzschnitzel müssen von Zeit zu Zeit ergänzt werden.

Rasenplätze

Es ist heute durchaus möglich, Rasenplätze anzulegen, die relativ strapazierfähig sind und neben dem Allwetterreitplatz durchaus ihre Berechtigung haben. Das kann durch Neuansaat oder Belegen mit Rollrasen erfolgen. Zuvor sind ggfls. bodenverbessernde Maßnahmen durchzuführen (z.B. Bodenvermagerung zur Erhöhung der Wasserdurchlässigkeit und der Sauerstoffzufuhr).
Für die Neuansaat oder Nachsaat sind Mischungen aus intensiv- und tiefwurzelnden sowie ausläufertreibenden Gräsern (z.B. Deutsches Weidelgras, Rotschwingel, Wiesenrispe, australische Quecke) besonders geeignet. Nach Neuansaat sollte der Platz mind. 1 Jahr lang nicht beritten jedoch regelmäßig gemäht werden (mit Rollrasen belegte Plätze sind schneller belastbar).

5.5

Sanierung von Reitplätzen

Es kann viele Ursache haben, wenn ein Reitplatz nicht "funktioniert". Die am meisten anzutreffenden Probleme sind:

- Unebenheit
- ungenügende Wasserableitung nach Regenfällen
- mangelnde Trittfestigkeit (rutschiger Belag)
- Steine in der Tretschicht.

Im Prinzip kann die Ursache in jeder Schicht des Reitplatzes liegen, besonders häufig bilden sich in der Trennschicht wasserundurchlässige Verdichtungen. Mitunter wurden auch falsche oder nichtzusammenpassende Materialien verwendet oder der Platz wurde nicht häufig genug gepflegt.
Mulden, in denen Niederschläge stehen bleiben, müssen eingeebnet werden. Liegen Vertiefungen in der Tragschicht vor, muß diese ausgebessert werden. Plätze mit ungleichmäßiger Feuchtigkeit weisen unter feuchteren Stellen wasserundurchlässigere Verdichtungen auf. Wenn die darunterliegende Bodenschicht wasserdurchlässig ist, hilft evtl. ein punktuelles Durchstoßen.
Es kommt auch recht häufig vor, daß die Tretschicht nicht richtig zusammengesetzt ist. Böden mit hohem Sandanteil und wenig Zusatzstoffen (z.B. Holzschnitzel) sind zwar gut wasserführend, evtl. jedoch zu tief oder zu locker. Eine Analyse über die tatsächliche Zusammensetzung der Tretschicht kann Aufschluß geben.
Im Einzelfall muß zunächst ermittelt werden, wodurch die Probleme hervorgerufen werden, weiterhin müssen die Benutzungsstärke, die Art der Benutzung, mögliche Eigenleistungen, etc. berücksichtigt werden. Wegen der relativ gro-

ßen Fläche, der hohen Transport- und Arbeitskosten und des großen Materialbedarfs ist es normalerweise günstiger, einen Fachmann zu Rate zu ziehen als selbst zu experimentieren.

5.6

Pflegemaßnahmen, Bewässerung

Pflege:
Jeder Reitplatz bedarf regelmäßiger Pflege. Umfang und Art der Pflegemaßnahmen hängen ab von:

- der Intensität der Nutzung
- der Art der Nutzung (Schulstunde - Einzelreiter, Dressur, Springen, Longieren)
- den Witterungsverhältnissen
- der Zusammensetzung der Tretschicht

Bei stärkerer Benutzung sollte die Tretschicht **täglich eingeebnet** werden. Hierfür wird zweckmäßigerweise ein **Planierschild** eingesetzt, welches einen verstellbaren Neigungswinkel hat und nach Möglichkeit mit Zusatzgeräten (z.B. Walze) kombiniert werden kann.

Die regelmäßige Pflege der Tretschicht ist bei empfindlichen Trennschichten besonders wichtig, damit die Tretschicht, immer gleichmäßig hoch bleibt und so verhindert, daß die Pferdehufe auf die Trennschicht hindurchtreten und Teile aus dem Verbund lösen. Je länger eine Tretschicht genutzt, je "verbrauchter" sie also ist, desto mehr Schmutz- und Feinbestandteile bilden sich, welche die Trennschichten, die Nullanteile enthalten, zusetzen können. Haben sich solche Trennschichten zugesetzt, ist eine Sanierung aufwendig, evtl. nicht mehr möglich. Daher ist es wichtig, die Tretschicht von Zeit zu Zeit zu ergänzen und rechtzeitig auszuwechseln, in der Regel nach 3 - 5 Jahren (ca. 5.000 - 10.000 Betriebsstunden).

Mittels eines **Zollstocks** sollte von Zeit zu Zeit die gleichmäßige Schichtdicke auf dem Platz **kontrolliert und ggf. korrigiert** werden. Hindernisse müssen bei den Pflegemaßnahmen versetzt oder vom Platz gebracht werden.

Bewässerung:
Hier gilt (mit Ausnahme der an der Hallendecke installierten Beregnung) dasselbe, was zur Beregnung in der Reithalle (s. S. 113) gesagt ist. Die dort erwähnten Halbkreisregner lassen sich am Rand des Platzes (auch versenkt) einbauen (s. Abb. 57, S. 134). Auf die gleichmäßige Beregnung ist auch hier zu achten (s. Abb. 58, S. 134). Die Beregnung kann von Hand, halbautomatisch durch Zeitschaltuhr oder vollautomatisch durch einen Regenmesser gesteuert werden. In größeren Rasenplätzen (so z.B. DOKR- Trainingsplatz) lassen sich die Regner auch als Vollkreisregner innerhalb des Platzes (versenkt) einbauen.

Abb. 57
Versenkt eingebauter Regner (Beispiel DOKR, Warendorf)

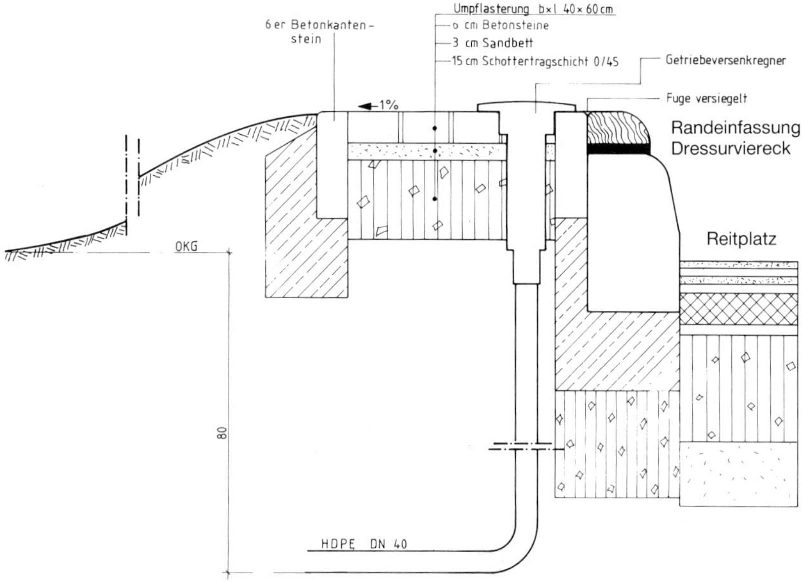

Abb. 58 Halbkreisregner (DOKR, Warendorf)

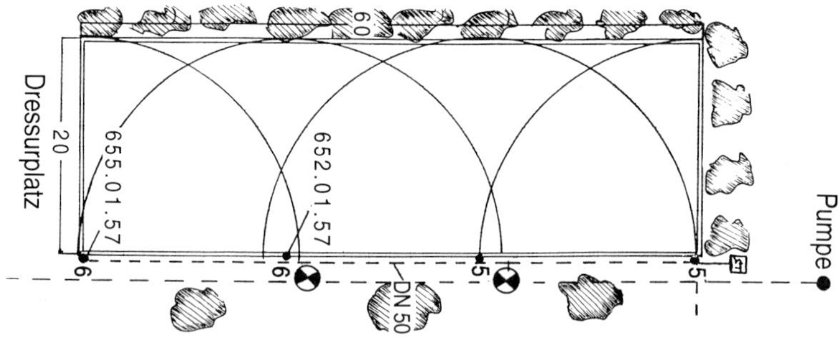

6

Paddock, Führanlagen, Weide

6.1

Paddock

Größe:
Der einer Box direkt zugeordnete Auslauf (Paddock), kann bereits sinnvoll sein, wenn er nur so groß ist, wie die Box selbst. Ein solcher Auslauf bietet zwar wenig Bewegungsanreiz, jedoch Umweltkontakt und Klimareize (Sonne, Regen, etc.). Natürlich gilt auch hier der Grundsatz: je größer desto besser!

Der Auslauf für mehrere Pferde soll eher rechteckig als quadratisch sein, um selbst bei begrenzter Gesamtfläche mehr Bewegungsanreiz zu bieten. Ein Auslauf von ca. 10 x 30 m ermöglicht bereits einige Galoppsprünge. Sofern mehrere Pferde gemeinsam in den Auslauf gebracht werden (wegen der Sozialkontakte wünschenswert), ist es sinnvoll, in der Mitte einen Raumteiler anzubringen, damit rangniedrige Tiere ausweichen können.

Befestigung:
Wird der Boden naturbelassen, bildet sich in der relativ kleinen Auslauffläche schnell tiefer Matsch, der nach einiger Zeit durch den Kot der Tiere stark verschmutzt und abgetrocknet bei schwerem Boden recht uneben wird. Aus diesem Grund sollte der Boden des Auslaufs befestigt werden.
Der Aufbau der Befestigung ist im Prinzip der gleiche wie bei Reitplätzen (s. Kap. 5). Auf den meisten Untergründen wird man zunächst eine Tragschicht mit Gefälle (Pultdach) aufbringen müssen, die Tret-

schicht kann jedoch wesentlich fester als im Reitplatzbau sein. Dies erleichtert das Trocken- und Sauberhalten der Flächen und fördert das gesunde Hufwachstum. Bewährt haben sich übersandete Betonverbundstein-, Hartbrandziegelpflaster oder Rasengittersteine mit Rautenmuster, die bei sachgemäßer Verlegung eine ebene Oberflächenstruktur für den Einsatz eines Räumschildes aufweisen. Noch besser sind Materialien mit höherer Elastizität, wie z.B. Regeneratplatten mit Gitterstruktur aus Kunststoff, die allerdings auch wesentlich teurer sind. Eine Randeinfassung aus ausgemusterten Freileitungsmasten oder Bordsteinen verhindert, daß das Pflaster nach außen weggetreten wird.

Einzäunung:
Die relativ kleine Fläche des Auslaufes soll verletzungssicher eingezäunt werden und ein Überspringen verhindern, bei Pferden 1,60 m - 1,80 m hoch. In Frage kommen insbesondere Holzzäune, evtl. zusätzlich mit Elektrodraht gesichert, oder Elektrobandzäune. Das Eingangstor sollte so groß sein, daß es auch mit an den Schlepper angekoppelten Pflegegeräten befahren werden kann (3,00 m breit).
Weitere Hinweise zur Einzäunung befinden sich im Kapitel 6.3.

6.2

Führanlagen

Führanlagen können, vernünftig eingesetzt, als Ergänzung des Trainings und für die zusätzliche Bewegung der Pferde gute Dienste leisten. Üblicherweise werden Anlagen mit einem Durchmesser zwischen 14 und 21 m verwendet. Man unterscheidet Anlagen mit Anbindung in ca. 1.10 m Höhe, Anlagen mit Hochanbindung (ca. 2,10 m) und Freilaufanlagen. Größere Freiheit haben die Tiere in Anlagen, in denen sie nicht angebunden werden.
Die Lauffläche kann wie der Reitplatz befestigt werden, wobei wie beim Auslauf (s. Kap. 6.1) gilt, daß die Tretschicht wesentlich fester sein kann.

6.3

Weide

Allgemeine Hinweise

Regelmäßiger Weidegang ist wünschenswert. In der Reitpferdehaltung kommt es neben der Grünfutteraufnahme vor allem auf die Befriedigung des Bedürfnisses nach Bewegung, sozialen Kontakten und frischer Luft an.
Je nach Qualität der Weide, die wiederum von der Jahreszeit, dem Bodenklima, der Nutzungsintensität und Düngung abhängig ist, werden pro Tier 0,5 - 1,0 ha Weide gerechnet, wenn der Erhaltungsbedarf gedeckt und das Winterfutter ebenfalls von diesen Flächen geworben werden soll.
Für die Aufzucht von Jungpferden sollten die Weiden mindestens je 2 ha groß sein. Eine rechteckige Anlage ist der quadratischen vorzuziehen. Für stundenweisen Weidegang kommen auch kleinere Flä-

chen in Frage, auch hier gilt wiederum: je größer eine Weide, desto besser.
Sind die Koppeln durch außen liegende Treibwege erreichbar, können diese im Winter als Auslauf genutzt werden, evtl. auch als Galoppierbahn.
Der für Pferde typische kurze Verbiß der Grasnarbe, die Trittbelastung durch die Hufe und die selektive Futteraufnahme (Bevorzugung bestimmter Pflanzenarten) führt zu einer starken Belastung von Pferdeweiden. Das erfordert eine dauernde Beobachtung der Weide und entsprechende **Bewirtschaftungs- und Pflegemaßnahmen.** Hierzu gehören:

- Wechsel von Heugewinnung und Beweidung (mind. regelmäßiges Nachmähen),
- gemeinsame oder wechselweise Nutzung durch Rinder und Pferde (nicht nur aus Gründen der Weidepflege, sondern auch aus hygienischen Gründen sehr vorteilhaft),
- genügend lange Ruhezeiten durch Portionsweiden, Umtriebsweiden (günstig ist zumindest eine Dreiteilung der Flächen),
- Walzen, Abschleppen, Verteilen oder Absammeln der Pferdeäpfel,
- bedarfsgerechte Düngung (nach Bodenuntersuchungsergebnissen durch die LUFA (Landwirtschaftliche Untersuchungs- und Forschungsanstalt),
- rechtzeitige Nachsaat durch Übersaat (Grassamen wird an besonders belasteten Stellen auf den Boden gestreut) oder Durchsaat (Einbringung des Samens in 1,5 - 2 cm Tiefe, mittels Spezialsämaschinen).

Umweltanforderungen (wie z.B. Schnitt nicht vor 1. Blüte, Vermeidung von Überdüngung, möglichst extensive Bewirtschaftung) sollten möglichst berücksichtigt werden.

Für die **Neuansaat** von Weideflächen (etwa nach bisheriger Ackernutzung oder dem Umbruch stark verunkrauteter Flächen) werden nach Dr. Hilbert, Landwirtschaftskammer Westfalen-Lippe, je nach Standort Standardmischungen für Grünland (G) empfohlen, die auf Sortenechtheit und artgerechte Zusammensetzung geprüft sind und zwar G 2, bestehend aus Deutschem Weidelgras, Wiesenschwingel, Lieschgras, Wiesenrispe, evtl. ein geringer Weißkleeanteil, mit sinnvollem Gemisch früher, mittlerer, später und tetraploider Sorten, bzw. G 4 mit Knaulgrasanteilen (Zuchtsorten) auf flachgründigen austrockungsgefährdeten Standorten oder wenn das Futter z.B. für Ponys nicht so energiereich sein soll.
Bei einer **Nachsaat** (Übersaat oder auch maschinelle Durchsaat) die, wo immer möglich, der Neuansaat vorgezogen werden sollte, kommt es darauf an, daß sich die jungen Gräser im Bestand behaupten. Hierfür wird die Standardmischung G 5 (verschiedene Sorten Deutsches Weidelgras) empfohlen.
Die Grünlandabteilungen der Landwirtschaftskammern/Regierungspräsidien stehen für eine Beratung zur Verfügung.

Trinkwasserversorgung:

Pferde benötigen je nach Größe, Kondition sowie Feuchtigkeit des Grases und Witterung mindestens 20 - 60 Liter Wasser/Tag.

Die ausreichende Trinkwasserversorgung mit sauberem Wasser (frei von Ungeziefer, Algen, Blättern etc.) muß auf jeder Weide sichergestellt werden. Hierfür kommen in Frage:

- Installation einer Viehtränke (Brunnen oder natürliches Gewässer mit Pumpe)
- fahrbare Wasserbehälter (ohne scharfe Ecken und Kanten)

Die Tränke soll an gut zugänglicher Stelle möglichst nicht direkt am Tor oder unter einem Baum installiert werden. Stehende Gewässer werden je nach Uferbeschaffenheit eingezäunt. Die Tränken müssen regelmäßig kontrolliert werden.

Einzäunung

Besonderes Augenmerk ist auf die **Einzäunung** zu richten: Der Koppelzaun soll stabil, verletzungs- und möglichst ausbruchsicher sein, also gut sichtbar und respekteinflößend.

Der Weidezaun soll je nach Pferdebestand zwischen 1,20 m und 1,50 m hoch sein. Da die **Zaunpfähle** zu ca. 1/3 ihrer Länge eingegraben werden (Faustzahl) ergibt sich eine Pfahllänge von 1,80 m - 2,25 m. Die Zaunpfähle sollen aus Hartholz (Rund- oder Eichenspaltholz) bestehen und werden mit einem Abstand von 2,50 m - 4,00 m gesetzt.

An den Pfosten werden **von innen** angebracht (mit 40 - 50 cm Abstand):

- **Rund- oder Halbrundhölzer** mit mindestens 12 cm Durchmesser oder Planken, mindestens 4 cm stark;
- **Bänder aus Förderbandgummi,** 7 - 10 cm breite Streifen, die stark gespannt werden müssen;
- **Elektrobänder,** gewebte Kunststoffbänder mit eingeflochtenen Edelstahldrähten, 4 - 6 cm breit mittels Isolation an den Pfosten befestigt;
- Kombination **Holz-Draht** (Elektroband). Der oberen Abschluß besteht aus Holz, darunter wird glatter Draht oder Elektroband angebracht.

Siehe Abb. 59.

Die **Eck- und Torpfosten** müssen insbesondere bei den Bandzäunen relativ hohe Zugkräfte aufnehmen, also besonders massiv sein und gut versteift werden. Gegen Verbiß, Gegenlehnen sollte ein zusätzlicher Elektrodraht angebracht werden.

Für die Verwendung von Weichholz notwendige Imprägnierung der Pfosten sollen aus Sicht des Umweltschutzes keine Teersubstanzen verwendet werden, sondern die Salzimprägnierung.

Als alleinige Einzäunung genügt der **Elektrodraht** nicht, auch reine Drahtzäune sind nicht ideal. Wegen erhöhter Verletzungsgefahr sollte auf **Stacheldraht ebenfalls verzichtet** werden.

Knotengitter, ist dort, wo Schafe (aus weidehygienischer Sicht) ebenfalls weiden sollen, durchaus sinnvoll, muß jedoch zusätzlich gesichert werden, da für Pferde eine erhöhte Verletzungsgefahr besteht. Das gilt für alle Einzäunungen, in denen sich ein Pferdehuf oder -bein verfangen kann!

Die **Elektrobänder** müssen 2.000 Volt Hüte-Spannung haben, auch noch an vom Stromgeber weit entfernten Stellen

Abb. 59 Koppelzäune

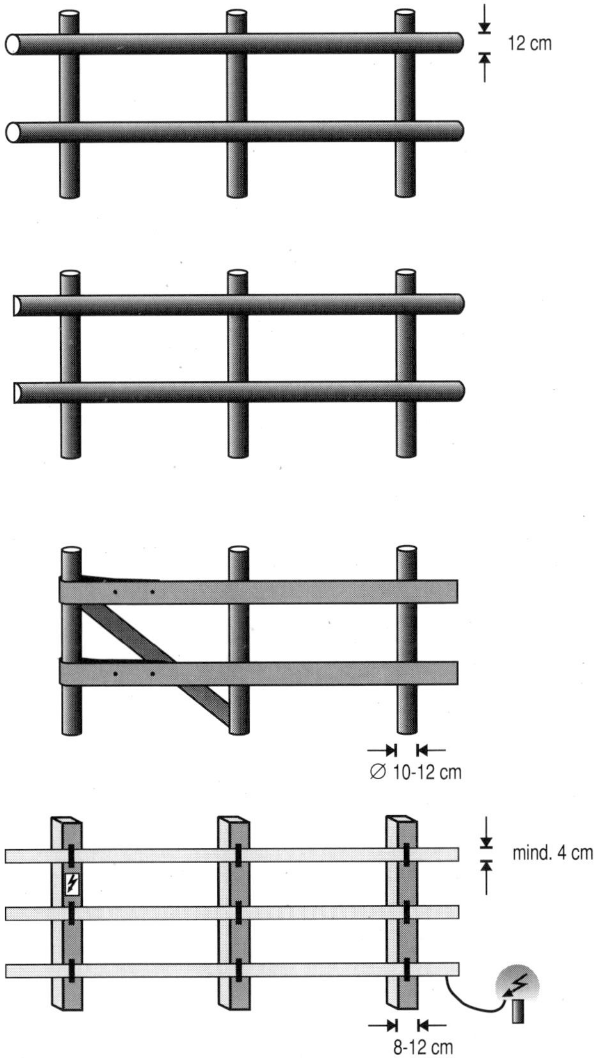

(regelmäßig überprüfen mittels im Handel erhältlichen Prüfgerät!). Weidezaungeräte sollten mit dem VDE-, GS- oder DLG-Prüfsiegel gekennzeichnet sein. Bei Elektroband-Koppeln sollten Bäume oder **Scheuerpfosten** zur Fellpflege verfügbar sein.

Hecken als alleinige Einzäunung sollen mindestens 1,50 m hoch und 0,60 m breit sein, Schwachstellen müssen zusätzlich gesichert werden.
Wenn Pferde auf der Weide nicht genügend Beschäftigung haben (z.B. knappes Futter), beunruhigt werden (z.B. durch Insekten) neigen sie eher zum Ausbrechen (das ist auch der Grund dafür, daß die Einzäunung für Paddocks höher als für Weiden sein soll, 1,60 m - 1,80 m).

Der Koppelzaun soll **in den Ecken abgerundet** sein, die einzelnen Teile des Zaunes (Pfähle, Latten) dürfen keine scharfen Kanten haben.
Das **Tor** soll stabil (einbetonierte Pfosten) und mit einer Hand leicht zu bedienen sein und möglichst nicht in einer Ecke liegen.
Bäume und Sträucher spenden Schatten, bieten Schutz vor schlechter Witterung und starkem Wind, optische Verstärkung und ökologische Bereicherung (keine giftigen Pflanzen! - s. S. 144). Wertvolle Bäume und Bauminseln in der Weide sind gegen Verbiß zu schützen.

Schutzhütten

Schutzhütten werden nach Möglichkeit auf trockenem etwas erhöhtem Baugrund errichtet, mit der Rückwand zur Hauptwindrichtung. Rückwand und Seitenwände sollten nicht mit der Einzäunung abschließen, da sich die Pferde je nach Witterung gern neben oder hinter der Hütte aufhalten.

Die Ausführung richtet sich nach der Größe des Pferdebestandes und den Ansprüchen des Halters; sie reicht von der einfachen, dreiseitig geschlossenen Weidehütte bis zu kompletten Offenställen, wie sie in Kap. "Pferdehaltung in Gruppen" beschrieben sind. Eine einfache Schutzhütte zeigt Abb. 60.

Schutzhütten werden meist ohne Wärmedämmung gebaut, die Innentemperatur unterscheidet sich also kaum von der Außentemperatur. Eine leichte Dämmung der Dachfläche mildert die Aufheizung des Stalles bei hohen Sommertemperaturen und das Tropfen von Schwitzwasser in der kalten Jahreszeit. Ein ausreichender Luftwechsel ohne Zugluft wird über die offenen Eingänge, evtl. zusätzliche Lüftungsöffnungen im First sichergestellt.

Die Zugangsöffnung soll entgegen der Hauptwindrichtung orientiert sein. Es emfiehlt sich, die Schutzhütte in einen Liege- und einen Freßbereich zu unterteilen. Der Eingangs- und Freßbereich sollte befestigt werden.

Über die bauordnungsrechtliche Zulässigkeit gibt die jeweilige Landesbauordnung Auskunft. (s. Kap. 2.3). Über regionale Bestimmungen informieren gfls. die Landwirtschaftsämter.

Abb. 60 Schutzhütte

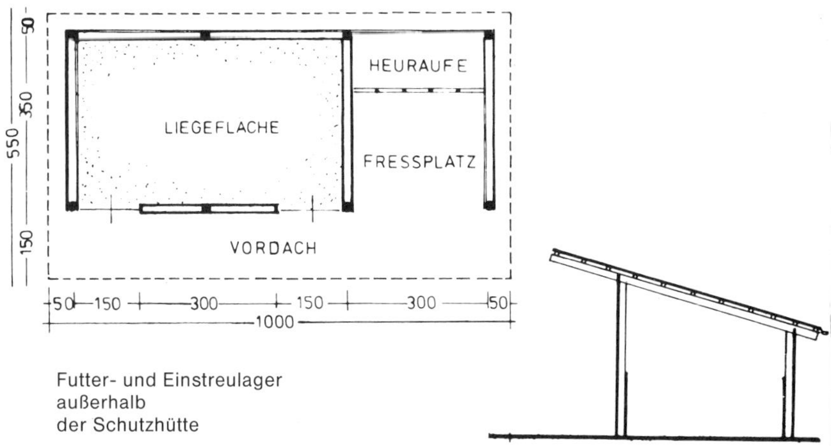

Futter- und Einstreulager
außerhalb
der Schutzhütte

In der Musterbauordnung heißt es in § 62 Abs. 1 Ziff. 16:

> *"**Keiner** Baugenehmigung bedürfen: **landwirtschaftlich,** forstwirtschaftlich oder erwerbsgärtnerisch genutzte Gebäude bis 4 m Firsthöhe, wenn sie nur zum vorübergehenden Schutz von Pflanzen oder Tieren bestimmt sind."*

Die hiernach in den meisten Ländern einzuhaltende Maximalhöhe von 4 m ist für Pferdeschutzhütten kein Problem (sie sind ohnehin meistens niedriger). Wichtig jedoch: genehmigungsfrei sind nur solche Schutzhütten für Pferde, die im Rahmen eines **landwirtschaftlichen** Betriebes errichtet werden.

Dazu zählt zwar auch die Pensionspferdehaltung im Rahmen der Landwirtschaft. (Als Landwirtschaft im baurechtlichen Sinne gilt auch der landwirtschaftliche Nebenerwerbsbetrieb, wenn der Betrieb auf Dauer angelegt und lebensfähig ist.) Die Hobby-Pferdehaltung ist jedoch in keinem Falle Landwirtschaft. Daher ist hier also eine Genehmigung erforderlich, die in der Regel jedoch **nicht** erteilt wird.

7

Gestaltung der Außenanlage unter Berücksichtigung von Umwelt-, Kunden- und öffentlichen Interessen

7.1

Gliederung und Bepflanzung

Durch die intensive Beziehung zu Pferden und das Wissen um deren Bedürfnisse haben Reiter gute Voraussetzungen für einen besonderen Kontakt und eine besondere Verantwortung für Natur und Umwelt. Die aktive Bereitschaft zur Erhaltung des Lebensraumes für Planzen und Tiere beizutragen, fängt bei der Gestaltung der eigenen Reitanlage an. Die Reitanlage selbst kann zur Gliederung und Durchgrünung von Siedlungsräumen beitragen, sie sollte eine **ökologische Bereicherung** sein und auch für die **nichtreitende Öffentlichkeit Erholungswert haben.**

Je mehr Raum vorhanden ist, je großzügiger also geplant werden kann, desto umweltfreundlicher kann die Gesamtanlage im Sinne einer Parklandschaft angelegt werden. Aber auch Betriebe mit beengtem Platzangebot können mit Ideenreichtum eine ganze Menge erreichen (Anpflanzung einzelner Bäume, Begrünung der Gebäude mittels Efeu, wildem Wein etc., Anlage wenigstens einreihiger Hekken etwa an der Reitplatz-, Paddockbegrenzung).

Für Begrünungsmaßnahmen gibt es übrigens evtl. auch öffentliche Zuschüsse,

Auskunft erteilen Landwirtschafts- und Naturschutzbehörden.
Stallgebäude und Außenanlagen bieten Lebensräume für Tiere wie z.B. Schwalbe, Igel, Eule, Fledermaus, Siebenschläfer. Herbizide oder Insektizide sollten in und an Ställen und in der Reitanlage nicht verwendet werden, damit diese Tiere die Ernährungsgrundlage nicht verlieren.
Vorhandene Grünbestände, Baumgruppen, Wasserflächen sollen erhalten bleiben und in die Konzeption der Gesamtanlage mit neuangelegten, bepflanzten Erdwällen und Gehölzstreifen sinnvoll einbezogen werden. Dabei können Bereiche unterschiedlicher Nutzung durchaus in verschiedener Höhe liegen. Wasserflächen tragen zur Gliederung der Gesamtanlage bei. Sie können teilweise naturbelassen, teilweise an befestigten Stellen für das Durchreiten nach der Arbeit und/oder als Naturhindernis genutzt werden.
Auch andere Naturhindernisse (z.B. Wälle, Terrassen, Gräben, Mauern) tragen zur Gliederung der Gesamtanlage bei. Sie sind außerdem wichtige Ergänzung in der Grundausbildung von Reiter und Pferd (s. Kap. 7.2). Alle genannten Elemente dienen der Ausbildung, Gesunderhaltung und Erfrischung der Pferde und tragen zusätzlich dazu bei, daß sich Kunden und Gäste in ihrem Reitbetrieb wohlfühlen, auch, wenn sie nicht reiten (s. Kap. 7.3).

Bäume, Hecken, Erdwälle
Dicht gewachsene Hecken aus verschiedenen Gehölzarten bieten viele Vorteile, sie:

- erfreuen durch abwechselungsreiche Blütenformen und -farben,
- bieten zahlreichen Tierarten Nistgelegenheiten und Unterschlupf,
- dienen den Tieren mit ihren Früchten und Beeren bis in den Winter hinein als Nahrungsquelle,
- schaffen der bodenlebenden Kleintierwelt Lebensraum als Nahrungsquelle durch Insekten,
- geben Wind-, Schall- und Sichtschutz,
- verhindern Erosion auf gefährdeten Standorten (Abhänge, Wälle, etc.).
- sind platzsparend, raumgliedernd und ökologisch wertvoll.

An geeigneten Stellen können Hecken und Wälle auch als Naturhindernis dienen.

Geeignete Gehölzarten
Es wird empfohlen, Fachleute zur Beratung hinzuzuziehen.

- Bäume:
Für einzeln oder in Gruppen stehende Bäume sind großkronige Baumarten besonders geeignet, vorzugsweise Laubbäume wie z.B. Eiche, Ahorn, Linde, Kastanie - Für Pferde giftige Arten meiden, s. S. 144.

- Hecken:
Hecken bilden sich durch freien Wuchs oder Schnitt. Hinsichtlich der Pflanzenarten sind ihre Bodenansprüche und ihr Lichtbedürfnis zu berücksichtigen. Für regelmäßig geschnittene Hecken, eignen sich z.B. folgende laubtragende Gehölze: Feldahorn, Buche, Hainbuche, Feuerdorn, Spierstrauch, Schneebeere, Weiß- und Rotdorn.

Für naturwüchsige Hecken in Mischanpflanzungen können z.B. außerdem: Schwarzdorn (Schlehe), Schneeball, Hartriegel, Kreuzdorn, Sanddorn, Kornelkirsche, Schwarzer Holunder, Apfelrose sowie verschiedene andere Wildrosenarten verwendet werden.

In die Heckenreihe eingefügte **kleinwüchsige Bäume,** wie Eberesche, Birke, Obstbäume, Mehlbeerbaum, Wildkirsche führen durch ihren Blütenreichtum zu einer Bereicherung, ergänzen den Baumbestand der Anlagen und sichern mit den anfallenden Fruchtbeständen ein erhöhtes Nahrungsangebot für viele Tierarten. Für Pferde giftige Planzen sollten ausgeschlossen werden.

Giftige Gehölze, Stauden und Kräuter:

Lebensbaum (Thuja occidentalis)
Stechapfel (Datura shamonium)
Goldregen (Laburnum anagyroides)
Robinie (Robinia pseudoacacia)
Liguster (z.B. Ligustrum vulgare)
Eibe (Taxus baccata)
Buchsbaum (Buxus sempervirens)
Schwarze Tollkirsche (tropa belladonna)
Bingelkraut (Mercurialis perennis und -annua)
Herbstzeitlose (Colchicum autumnale)
Adlerfarn (Pteridium aquilinum)
Sumpfschachtelhalm (Equisetum palustre)
Roter Fingerhut (Digitalis purpuea)
Sumpfdotterblume (Caltha palustris)
Schwarzes Bilsenkraut (Hyoscyamus niger)
Schierling (Conium maculatum)
Seidelbast (Daphne mezereum, -cneorum)

Pflanzstreifen und Abstände

Die **Pflanzstreifenbreite** für eine einreihige Schnitthecke beläuft sich je nach gewünschter Höhe auf ca. 1 m. Naturwüchsige, seltener geschnittener Hecken benötigen mindestens 3 m Breite. Für Bepflanzungen, die - am besten in Verbindung mit einem Erdwall - der Lärmminderung benachbarter Flächen dienen sollen, sind in 5 - 10 m Breite mit dichtzweigigen Pflanzen zu empfehlen.

Der **Pflanzabstand** liegt bei einer einreihigen Formhecke je nach Gehölzart bei 50 - 60 cm. Bei weitgehend ungehindert wachsenden Hecken hängt der Abstand von der Wuchshöhe der verwendeten Gehölze ab und liegt in der Regel zwischen 1 und 2 m. Hierbei dauert es 3 - 5 Jahre bis sich der Bestand schließt. Kleinkronige Bäume können in einem Abstand von 5 - 6 m gesetzt werden, großkronige Bäume in 6 - 10 m Abstand.

Pflanzzeit/Pflege:

Geeignete **Pflanzzeiten** sind je nach Witterung Ende November bis April. Das Pflanzloch sollte die doppelte Breite des Wurzelstockes haben.

Junge Anpflanzungen sind durch Holz- oder Elektrozaun gegen Abfressen zu sichern. In den ersten Jahren müssen die Pflanzen bei Trockenheit gewässert werden und zwar lieber seltener aber nachhaltig: der Boden sollte mind. 20 - 40 cm tief durchfeuchtet werden.

Vom 3. Jahr an trägt der **Pflegeschnitt** dazu bei, daß die Hecken dichter werden, dadurch Vögeln bessere Nistgelegenheit bieten. Aus Sicht des Vogelschutzes eignen sich insbesondere Dornenhecken wie z.B. Rot-/Weißdorn, Schlehen, Stechpalme (Ilex aquifolium, nicht die Gartenformen, Ilex I.C. van Thol) etc. Die beste Schnittzeit ist die erste Märzhälfte (leichtes Arbeiten im kahlen Holz, keine Störung brütender Vögel). Für Höhlen- und Halbhöhlenbrüter sollten zusätzlich **Nistgelegenheiten** geschaffen werden, z.B. unter dem Dach von Scheune und Halle, Kästen für Schleiereule, an Bäumen Rohre für den Kautz, über die Anlage verteilt, Nist- und Schlafkästen für Fledermäuse etc. Die Pflege sollte einem interessierten Vereinsmitglied oder einem Mitglied des örtlichen Vogelschutzbundes übertragen werden.

Denken Sie auch an, evtl. eingezäunte, **naturbelassene Rückzugsflächen,** Wildblumenwiesen, Teiche, etc., wobei auch hier gilt: eine kleine Fläche ist besser als gar keine. Auch Reisighaufen bieten vielen Inseken, Vögeln und kleineren Säugetieren (z.B. Igel) Lebensraum.

7.2 *Naturhindernisse*

Durch Naturhindernisse wie Kletterstellen (Hügel, Wall), kleine Sprünge, evtl. Wellenbahn lernen Reiter und Pferd ein gelassenes Verhalten im Freien. Die Sicherheit und das Gleichgewicht auch in unebenem Gelände wird gefördert. Die Pferde lösen sich leichter, die Rücken- und Hinterhandmuskulatur wird gestärkt, die Beingeschicklichkeit gefördert.

Naturhindernisse sollen sich den Geländeverhältnissen **harmonisch anpassen.** Vorhandene Geländeunterschiede, Wälle, Gräben, Baumgruppen, Abhänge etc. sollen nach Möglichkeit einbezogen werden. Fest installierte Hindernisse müssen über **Jahre hinweg nutzbar** sein. Daher ist nicht nur eine solide handwerkliche Bauausführung und Befestigung wichtig, sondern es muß auch die Plazierung der Hindernisse sorgfältig überlegt werden.

Die Hindernisse müssen in gerader Linie angeritten werden können, nach dem Sprung muß ein harmonisches Weiterreiten möglich sein. Die **Linienführung** muß ein rhythmisches flüssiges Galoppieren ermöglichen. Ein Teil der Hindernisse soll möglichst so angeordnet sein, daß auch kleine Turnierprüfungen wie z.B. Geländereiterwettbewerbe, Stilgeländeritt Kl. E und A ohne großen zusätzlichen Aufwand möglich sind. Die sinnvolle Einordnung sollte also die **landschaftsgestalterischen und sportfachlichen Anforderungen** berücksichtigen.

Daher wird dringend empfohlen einen erfahrenen Geländeaufbauer zu Rate zu ziehen. Die zuständige Landeskommission benennt solche Fachleute gerne (Anschriften s. Anhang). Es zahlt sich nicht aus, an der Bauausführung zu sparen.

Folgende Hindernisse sollten in keiner Anlage fehlen:

- ein strapazierfähiger Wall, von mehreren Seiten nutzbar evtl. in Verbindung mit Stufen (Terrasse), s. Abb. 61a, S. 146).
- ein Billard (s. Abb. 61a, S. 146)
- eine Wasserstelle
- Gräben in unterschiedlicher Breite, offen und/oder überbaut (s. Abb. 61b)
- unregelmäßig verlegte Baumstämme mit unterschiedlicher Höhe.

Abb. 61 a Terrasse, Billard

Terrasse

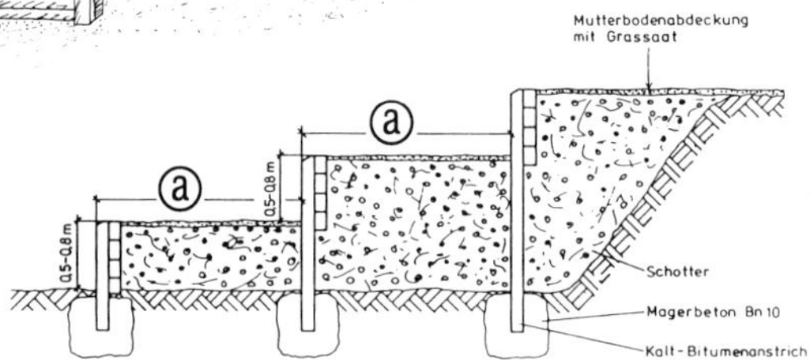

ⓐ = *2,40-2,90 m,*
(In-Out)
5,70-6,50 m,
(ein Galoppsprung)
9,00-10,00 m,
(zwei Galoppsprünge)

Billard

ⓑ = *2,80-3,50 m,*
(In-Out)
5,50-6,00 m,
(ein Galoppsprung)
9,20-10,00 m,
(zwei Galoppsprünge)

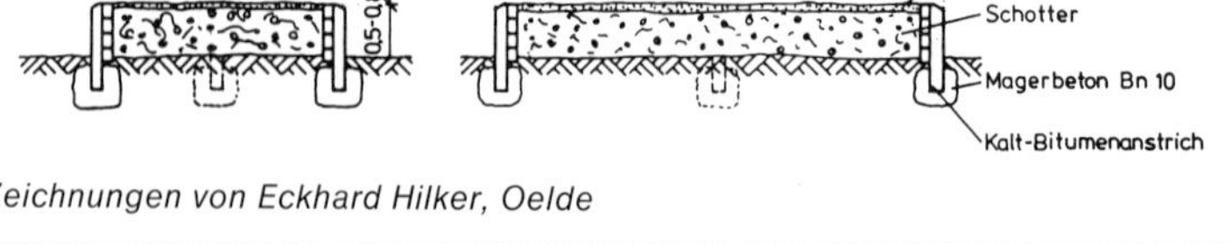

Zeichnungen von Eckhard Hilker, Oelde

Zusätzlich kommen je nach den Platzverhältnissen in Frage:

- Wellenbahn (insbesondere in ebenem flachen Gelände)
- Hindernisse mit tieferer Landestelle (Tiefsprünge) oder höherer Landestelle (Aufsprünge)
- Pulvermanns Grab bzw. "Coffins" (s. Abb. 61b)
- sonst. Hindernisse, die besonders gezieltes Anreiten erfordern (z.B. V-Hindernis, Schafstall)
- Hindernisse in Verbindung mit Gräben und Wällen

Bei begrenzter Platzverfügbarkeit sollen die Hindernisse so konstruiert werden, daß sie von beiden Seiten gesprungen werden können.

Abb. 61 b Pulvermanns Grab, Graben

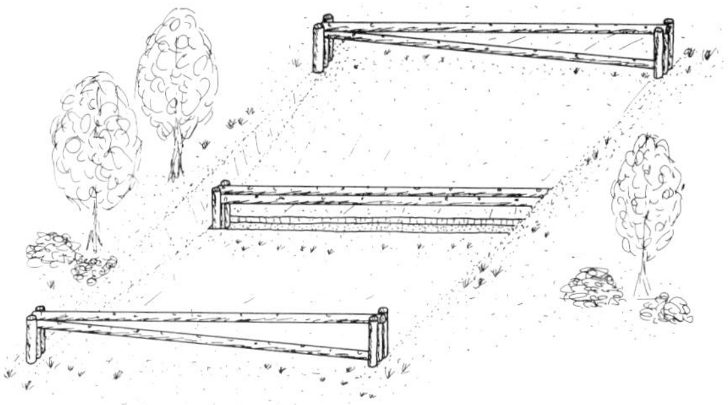

ⓐ = ca. 6,20-7,00 m, ein Galoppsprung ca. 9,50-10,20 m, zwei Galoppsprünge bei einem Höhenunterschied (H) von 0,60-0,80 m

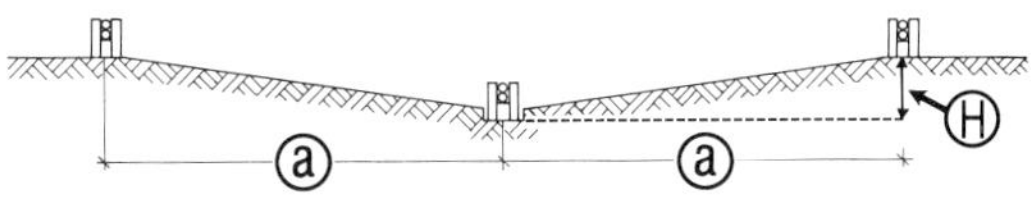

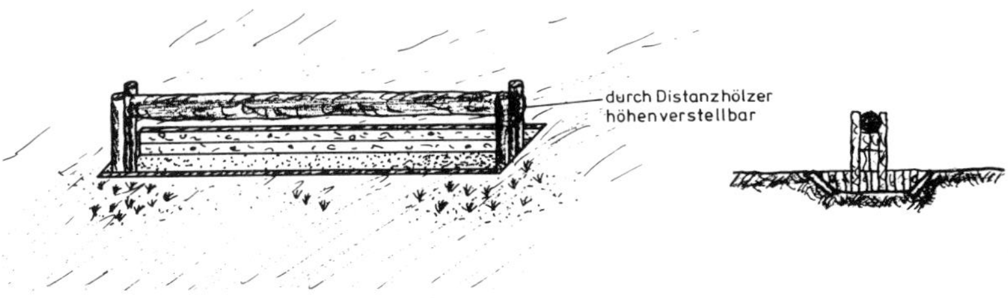

Zeichnungen von Eckhard Hilker, Oelde

Bauweise, Baumaterialien:

Allgemeine Anforderungen:

- Naturhindernisse sollen einladend sein, jedoch respekteinflößend wirken. Sie müssen massiv und widerstandsfähig gebaut werden, da sie erheblichen Belastungen standhalten müssen (Regen, Frost, Trockenheit, Dagegentreten). Die Grund- und Oberlinie muß klar erkennbar sein. Allgemein gilt: je massiver, desto sicherer.
- Naturhindernisse sollen möglichst breit (i.d.R. mind. 4,00 - 5,00 m) sein und natürliche Fänge haben (ggf. Bepflanzung).
- Für langlebige, wartungsfreie Hindernisse wird am besten Hartholz (Eichenholz, abgelagert) verwendet.
- Die senkrechten Haltepfosten müssen fest verankert und je nach Bodenart und Hindernistyp tief eingegraben werden mit max. 3,00 m Abstand. Das obere Ende der Pfosten muß mit der Oberlinie des Hindernisses abschließen und darf keine Ecken und Kanten haben.
- Für Wasserstelle, Billard, Wall sind andere als rechteckige Formen (z.B. oval, nieren-, trapezförmig) geeigneter als die quadratische oder rechteckige Anlage, da solche Hindernisse vielfältiger genutzt werden können und mehr Variationen z.B. mit Stellteilen möglich sind.
- Wo als Verbindung Schrauben bzw. Gewindestangen verwendet werden, sollten sie korrosionsgeschützt (z.B. feuerverzinkt) sein. Auf keinen Fall dürfen Nägel- oder Schraubenköpfe hervorstehen und so ein Verletzungsrisiko bieten.
- Ein neues Hindernis sollte so lange nicht benutzt werden, bis sich das Erdreich gesetzt und die Bepflanzung genügend Zeit für die störungsreie Durchwurzelung hat.

Terrassen, Billard, Coffins:

Wichtig ist:

- die Kanten bzw. Auf- und Absprünge müssen dauerhaft stabilisiert und klar erkennbar sein.
- die senkrechten Pfosten müssen, je nach Bodenart, angemessen verankert werden.
- der Unterbau (Schotter, wasserdurchlässig, evtl. durch mageren Beton, Bauschutt oder Feldsteine ergänzt), muß beim Einbau schichtweise verdichtet werden, um spätere Setzungen zu vermeiden.
- Die Distanzen müssen müssen passend gebaut werden. Von den üblichen Weiten (3,50 m, 7,50 m) sind bei Auf- und Absprüngen je nach Höhe des Hindernisse 0,50 - 1,00 m abzuziehen.

Wasserstellen:

Bei Wasserstellen ist zusätzlich zu beachten:

- Wasserstellen, in die Hineingesprungen wird, sollen mindestens 7 m weit sein. Noch besser sind größere Wasserstellen zum Hindurchgaloppieren. Wassergräben bis 3 m Weite sollen so angelegt werden, daß sie übersprungen werden können (Weiten zwischen 3,00 m und 7,00 m also vermeiden, da die Pferde sonst verwirrt werden).
- Mindestens an einer Seite soll ohne Sprung leicht hinein- und herausgeritten werden können.

- Wichtig sind die Bodenqualität und Belastbarkeit (keine Löcher, kein scharfkantiges Material)
- Die Abdichtung erfolgt in der Regel mit Folie. Darauf sorgt eine Kalksplittmischung und Sand oder festverschraubte (Kunstrasen-)Matte, mit Quarzsand übersandet für eine griffige Bodenbeschaffenheit.
- Die Entwässerung und Überlauf der Wasserstellen sollte vorgesehen werden, damit Pflege und die gleichmäßige Tiefe bis max. 30 - 40 cm sichergestellt werden kann.
- In Verbindung mit der Wasserstelle kann ein Wassergraben zum Überspringen (1,00 m - 2,50 m weit) für Trainingszwecke gute Dienste leisten.

Stellteile:

Stabile versetzbare Stellteile (Stationata) mit geländemäßigem Aussehen und in unterschiedlicher Größe ermöglichen ständige Variationen der fest installierten Hindernisse. Einige Beispiele zeigt die Abb. 62.

Abb. 62 Stellteile

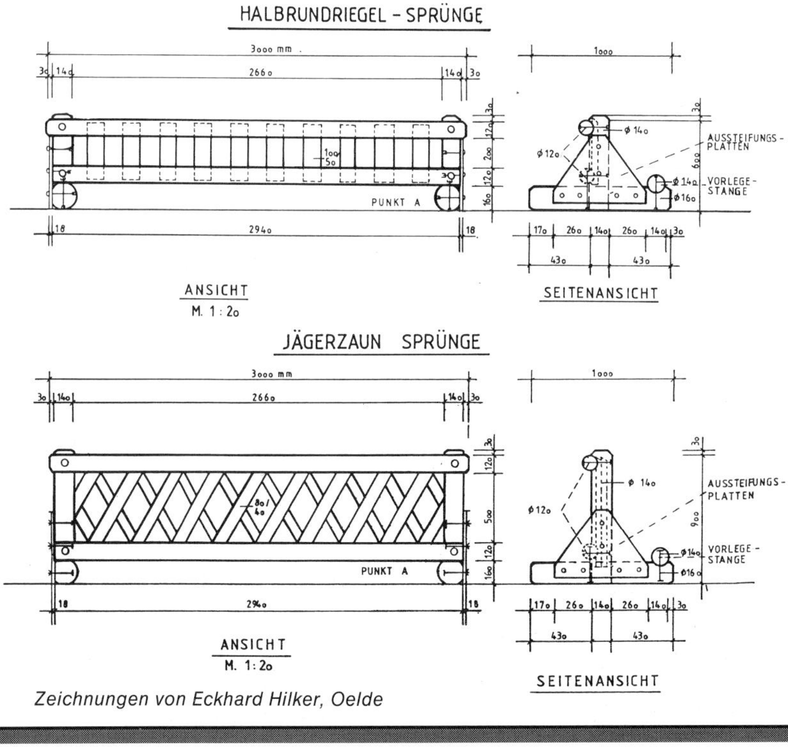

Zeichnungen von Eckhard Hilker, Oelde

Naturhindernisse auf Turnierplätzen: Naturhindernisse können auch auf einem Turnierplatz installiert werden, wenn dieser groß genug ist; sonst bleibt für den Parcoursbauer nicht genügend Gestaltungsfreiheit. Bekannte Beispiele sind der Turnierplatz des Aachen-Laurensberger Rennvereins und der Trainingsplatz des Bundesleistungszentrum Reiten des DOKR in Warendorf (s. Abb. 63 und 64).

Weitere bekannte Beispiele sind der Platz des Reitervereins Wiesbaden mit seinem herrlichen Baumbestand und der Derbyplatz des Norddeutschen und Flottbekker Reitervereins in Hamburg.

Abb. 63
Trainings- und Turnierplatz im Bundesleistungszentrum in Warendorf

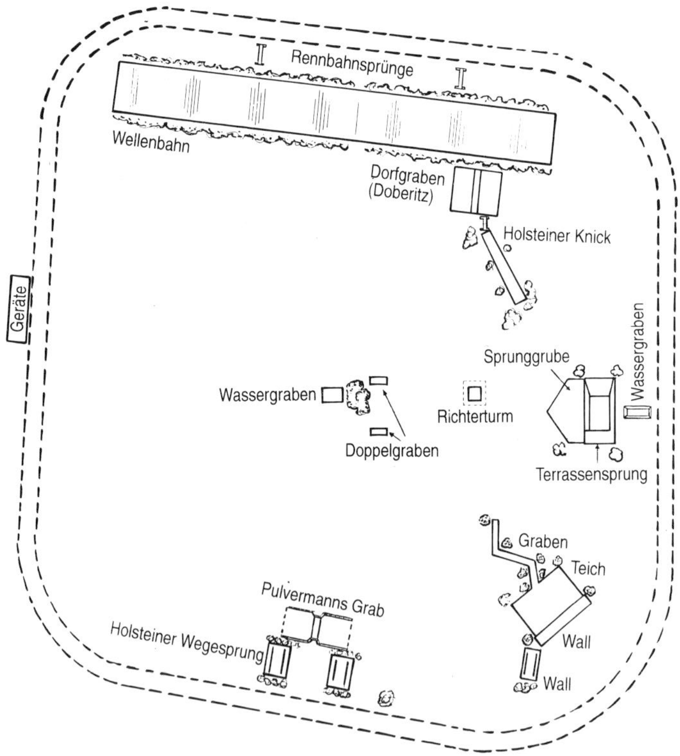

Abb. 64 Turnierplatz in Aachen

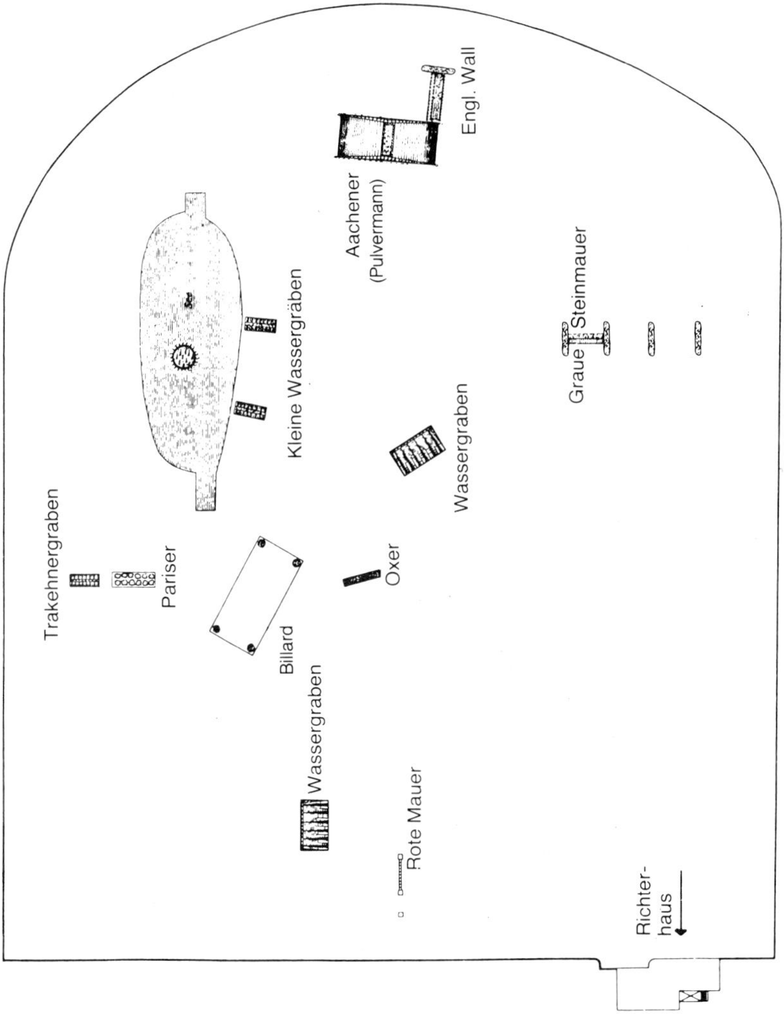

Quelle: Gego, Schmidt, 1982

Galoppierbahn:
Eine "Galoppierbahn" z.B. um die Gesamtanlage oder um Weide, Paddock und Reitflächen angelegt, leistet nicht nur für das Training wettkampforientierter Reiter gute Dienste, sondern wird auch von Freizeitreitern gerne genutzt, die im Freien reiten möchten. Sie wird zur Abwechslung von Ausritten oder Arbeit auf dem Reitplatz zum Lösen der Pferde im leichten Trab oder zum entspannten Spazierenreiten im Schritt nach anstrengender Arbeit gerne angenommen. Je vielfältiger das Angebot in der eigenen Anlage ist, um so wohler fühlen sich Pferd, Reiter und Besucher.

7.3

Kommunikations- und Ausweichflächen

Einige Beispiele der Erwartungen der Kunden eines Reitbetriebes finden sich in Kapitel 1.2. Wo immer genug Fläche vorhanden ist, sollten Kommunikationsbereiche, Ruhezonen und Aktionsbereiche eingeplant werden. Pferdesport ist ein Freizeitvergnügen. Zur positiven Atmosphäre gehören auch jahreszeitlich unterschiedliche Veranstaltungen ohne Pferd: z.B. Faschingsfest, Seniorenstammtisch, gemütliche Grillabende etc. An warmen Sommerabenden finden sich auch kleine Gruppen gerne zusammen, um über die Pferde "fachzusimpeln".
Die Reitanlage sollte der nichtreitenden Öffentlichkeit zugänglich sein, um so die Akzeptanz und Attraktivität zu steigern.

Einige Vorschläge für Kommunikationsbereich:
- Spielplatz für Kinder, z.B. mit Sandkasten, Schaukel, Holzspielgeräten
- Strapazierfähige Rasenfläche (zum Toben, für Spiele, für den Aufbau eines Zeltes bei einer Veranstaltung, etc.)
- Bolzplatz
- Tischtennisplatten
- Grillplatz
- Laufparcours
- Liegewiese

In einer Konzeptionsplanung während des Equitana-Kongresses "Reitsport 2000" wurden einige der vorstehenden Gedanken zu Papier gebracht und in der bildlichen Darstellung anschaulich verdeutlicht (s. Anhang).

8

Reitwege

8.1

Allgemeine Hinweise

Das Ausreiten gehört zum Pferdesport - für den einen ist es gelegentliche Abwechselung zur reiterlichen Betätigung innerhalb des Reitanlage, für den anderen steht es im Mittelpunkt pferdesportlicher Ambitionen. In Gegenden, die sich als Erholungsgebiete eignen, stellt das Ausreiten eine sinnvolle Bereicherung des Freizeitangebotes und evtl. des Fremdenverkehrs dar, indem es die Attraktivität des Gebietes steigert.

Der ländliche Raum bietet normalerweise Reitern und anderen Erholungssuchenden genügend Platz, so daß Konflikte zwischen beiden Gruppen selten sind. In stadtnahen Erholungsgebieten jedoch, wo vergleichsweise kleine Flächen von einer Vielzahl Erholungssuchender (Spaziergänger, Feierabendsportler, Radfahrer, Jogger, Wanderer, Reiter etc.) aufgesucht werden, oder in Gegenden mit besonders intensiver landwirtschaftlicher Nutzung und geringem Anteil unbefestigter Feldwege kommt es eher zu Problemen. (Im Rahmen der Flurbereinigung wurde teilweise das landschaftliche Wegenetz auf ein Drittel der Länge und mehr reduziert und die verbleibenden Wege asphaltiert.). Dort ist die Festlegung der Reiter auf ausgewiesene Wege unvermeidlich. Das führt allerdings auch zu einer stärkeren Benutzung dieser Wege durch die Reiter und wenn nicht genügend Wege vorhanden sind zu einer starken Belastung der Wege, die dann, zumindest in Gebieten mit schwerem Boden, morastig und grundlos, evtl. sogar gefährlich für Pferd und Reiter werden können. Letzteres führt auch dazu, daß die Reiter gezwungen sind, auf andere als die ausgewiesenen Wege ausweichen.

Wo im ländlichen Raum noch genügend unbefestigte Wege vorhanden sind, sollte auf die Ausweisung von Reitwegen verzichtet werden, da bei einer entsprechenden Verteilung der Reiter kaum Schäden zu befürchten sind. Die Anlegung separater Reitwege ist dann nicht sinnvoll.

In Ballungsgebieten ist die Ausweisung von Reitwegen dagegen häufig unvermeidlich. Je größer das Reitwegenetz ist, desto eher kann auf eine aufwendige Befestigung der Wege verzichtet werden. Eine Überlastung der Reitwege bedingt hohe Unterhaltungskosten.

8.2

Bedarfsermittlung, Anforderungen

Zur **Bedarfsermittlung und mittelfristiger Planung** eines Reitwegenetzes gehören:

- Beschreibung von Landschaftsstruktur und -klima
- Auswertung des regionalen Raumauswertungsprogrammes (Gebietsentwicklungsplan), Berücksichtigung der Bauleitplanung
- Ermittlung evtl. Flurbereinigungsvorhaben
- Analyse von Orts- und Wanderkarten mit Straßen, Wirtschaftswegen, eingetragenen Wander-, Radwander- und Reitwegen unter Berücksichtigung der Widmung der Wege und der Reiteignung, ggf. kartographische Erfassung
- Erfassung pferdehaltender Betriebe und Ermittlung deren Struktur (wenige größere Betriebe oder viele kleinere Betriebe, Einzelpferdhalter, etc.) sowie Ermittlung der Anzahl der Reitpferde im gesamten Gebiet
- frühzeitige Einbeziehung der zuständigen Behörden (z.B. Amt für Gemeindeentwicklung, Kreisplanung, Landschafts-, Naturschutz-, Landwirtschafts-, Straßenverkehrs-, Forstamt)
- frühzeitige Einbeziehung örtlicher Interessenvertreter (Reiter-, Heimat-, Fremdenverkehrs-, Wander-, Naturschutzvereine, Jagdpächter)
- Erarbeitung von Teilzielen, Ortsbesichtigung an problematischen Stellen etc.
- Vernetzung mit entfernten Gebieten

Anforderungen an das Reitwegenetz: Normalerweise sollte das ausgewiesene Reitwegenetz ganzjährig zu bereiten sein. Für ein- bis zweistündige Ausritte ist eine Länge von ca. 10 - 25 Kilometer (nach Möglichkeit Rundkurs) vorzusehen. Ein dem örtlichen Reitbetrieb zugeordnetes Reitwegesystem sollte eine Verbindung zu Reitwegen benachbarter Reitanlagen haben. Die Streckenführung muß attraktiv sein, damit die Reitwege angenommen werden ("Schnurgerade Reitpisten" parallel zu Wirtschaftswegen oder Straßen sind nicht attraktiv). Wird ein Reitweg neben einen bestehenden Wirtschafts- oder Wanderweg angelegt, muß eine klare Trennung ersichtlich sein, z.B. durch Graben (förderlich für Wasserablauf) oder durch Bepflanzung (Hecken stellen auch eine ökologische Bereicherung dar). Mit Landwirten können Vereinbarungen für das Bereiten von Ackerrandstreifen getroffen werden. Die Reitwege sollten je nach Bodenart zumindest an Schwachstellen befestigt werden, bei sandigen Boden erübrigt sich eine Befestigung in der Regel.

8.3 Bau von befestigten Reitwegen:

Der Reitweg stellt im Prinzip die gleichen Anforderungen an die Bodenbeschaffenheit bzw. den Aufbau wie der Außenreitplatz (s. Kap. 5). Die wesentlichen Kriterien sind:

- lockere Oberfläche
- trittfeste Unterlage (Unterbau/Tragschicht)
- gute Wasserableitung

Wo immer möglich, sollte die Mindestbreite 2,50 m betragen, um eine maschinelle Pflege zu ermöglichen und Baumaterialien mit dem LKW direkt aufschütten zu können. Außerdem kommen Reiter aneinander vorbei, ohne den Reitweg zu verlassen.
In einer Untersuchung der forstlichen Forschungsanstalt München (Moesmer, Ammer: "Reiten in stadtnahen Wäldern ...", s. Literaturverzeichnis) werden die in folgenden Abb. 65a und b, siehe S. 156/157, gezeichneten Vorschläge für befestigte Reitwege gemacht.

Die **Tragschicht** dient der Tretschicht als standfeste Unterlage, die Dicke ist vom Untergrund (natürlich anstehenden Boden) abhängig. Sie soll etwas gewölbt sein, um die Wasserableitung zu unterstützen.
Die **Tretschicht** wird in einer Stärke von ca. 14 cm aufgebracht und besteht aus nichtbindigem Sand verschiedener Körnungen (gewaschen, rundkörnig), evtl. mit Zuschlagstoffen z.B. Holzschnitzel (s. S. 130/131).
Eine Bauweise unter Flur zeigt das Profil V. Sie hat den Vorteil, daß durch den seitlich anstehenden Boden ein Auseinanderfließen des Materiales verhindert wird. Im Wald wird diese Bauweise jedoch in vielen Fällen nicht möglich sein, da die Wurzeln der Bäume in den Bereich des geplanten Weges ragen. Ihre Beschädigung muß vermieden werden, in diesen Fällen sollte also über Flur gebaut werden. Ein solcher Reitweg erfordert jedoch intensivere Pflege gegenüber der Bauweise unter Flur.
Um das Feinmaterial bei der Bauweise über Flur auf dem Reitweg zu halten, können z.B. die in den Profilen II, III und IV dargestellten Möglichkeiten gewählt werden.
Wo Reitwege nicht befestigte Fußwege kreuzen, sollte der Kreuzungsbereich gepflastert (z.B. Verbundsteine) werden, um eine Beschädigung der Fußwege zu vermeiden.
Aufwendige Befestigung kann wie erwähnt meist auf Schwachstellen begrenzt bleiben.

Steigerungsstrecken
Stark geneigte Strecken stellen besondere Anforderungen an die Befestigung. Zwei Beispiele zeigt die Abb. 66.

Abb. 65 a Reitwegprofile

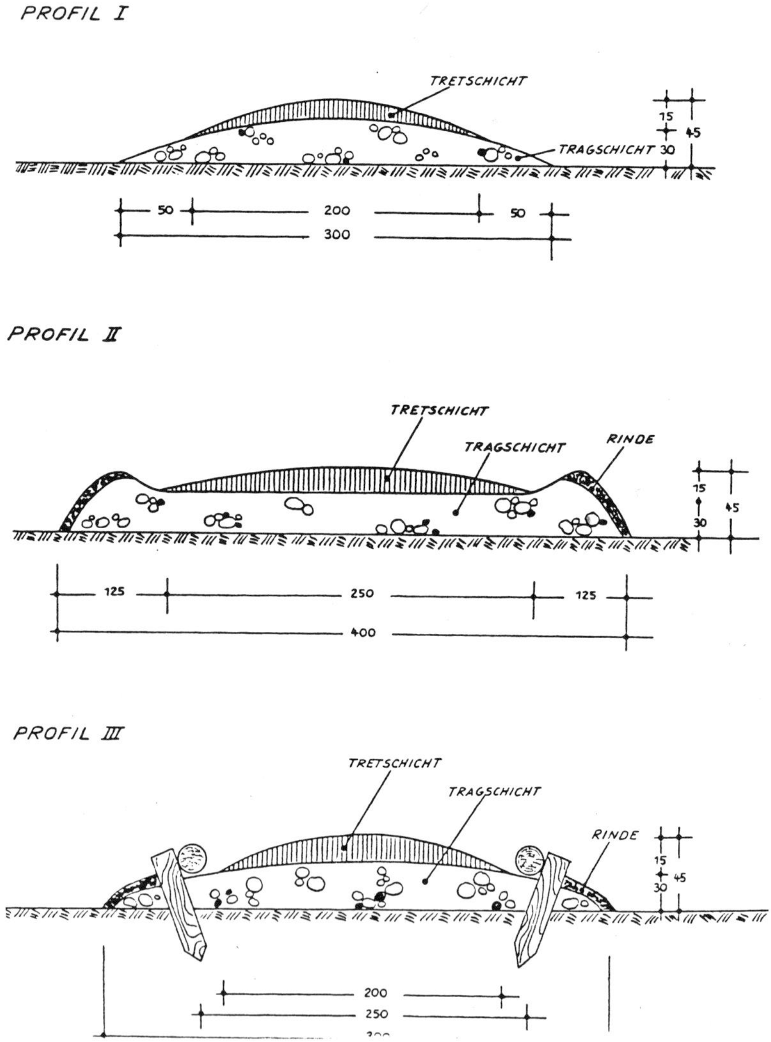

Quelle: Mößmer, Ammer, 1977

Abb. 65 b Reitwegprofile

PROFIL IV

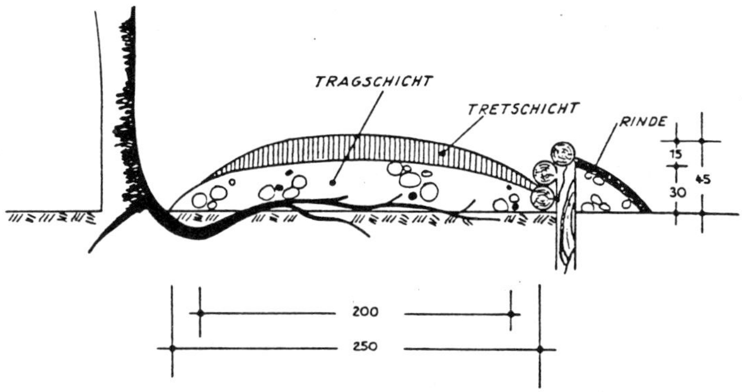

PROFIL V

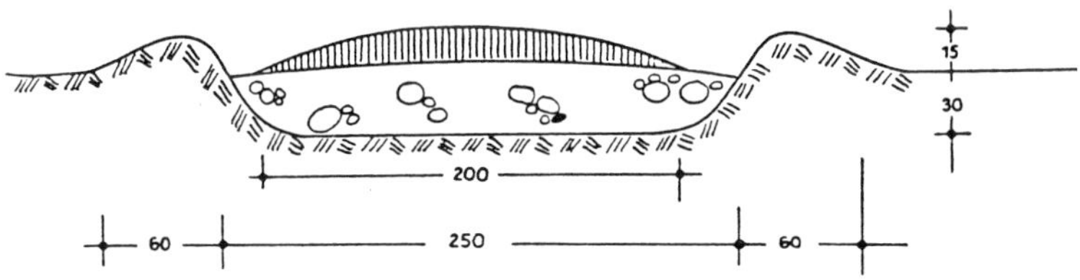

Tragschichtmaterial

Kies

Tretschichtmaterial

1. Sand
2. Sand / Rinde
3. Sand / Schlacke
4. Rinde

Quelle: Mößmer, Ammer, 1977

Abb. 66
Befestigung von Steigungsstrecken (Wegneigung zwischen 40 und 70 %)

a) kurze Strecken bis ca. 20m

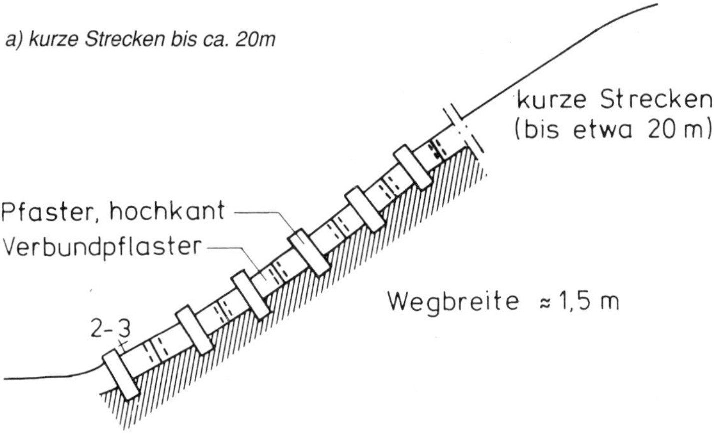

b) längere Strecken

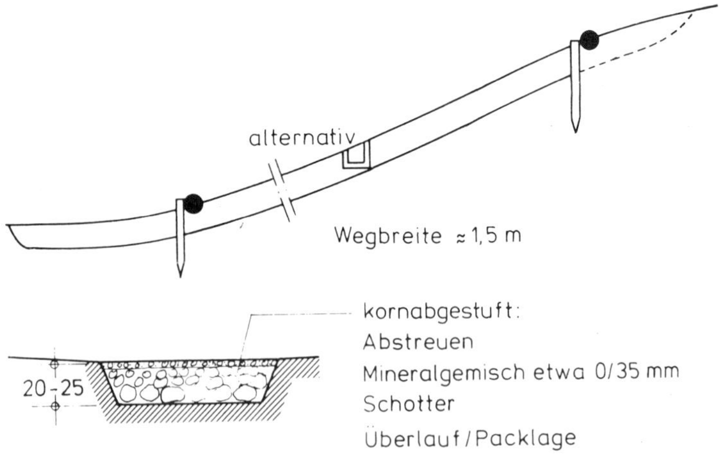

Quelle: Fleischauer et al., 1984

8.4

Hindernisstrecke

Die Anlage von Naturhindernissen im Rahmen des Reitwegenetzes erhöht dessen Attraktivität, erweitert die Ausbildungsmöglichkeiten des Breitensportlers und dient z.B der Vorbereitung einer Teilnahme an der Reitjagd etc. Folgende Grundsätze sind zu beachten (s. auch Kap. 7.2):

- Die Abmessungen dürfen nicht zu schwer sein (max. 0,90 m hoch, 1,20 m breit bei Hochweitsprüngen, max. 2,50 m bei Weitsprüngen wie z.B. Gräben),
- Bauweise: massiv jedoch einladend mit Absprungserleichterung und nach beiden Seiten geneigt,
- Hindernisse sollten von 2 Seiten gesprungen werden können und müssen jederzeit zu umreiten sein,
- beiderseits sind möglichst natürliche Fänge anzubringen.
- Baumstämme mit ca. 60 - 80 cm Durchmesser können vielfältig eingesetzt werden.

Geeignete Hindernisse finden sich in den Abb. 61a und b (S. 146/147), weitere Beispiele zeigen die Abb. 67a und b.

Abb. 67 a Typische Naturhindernisse

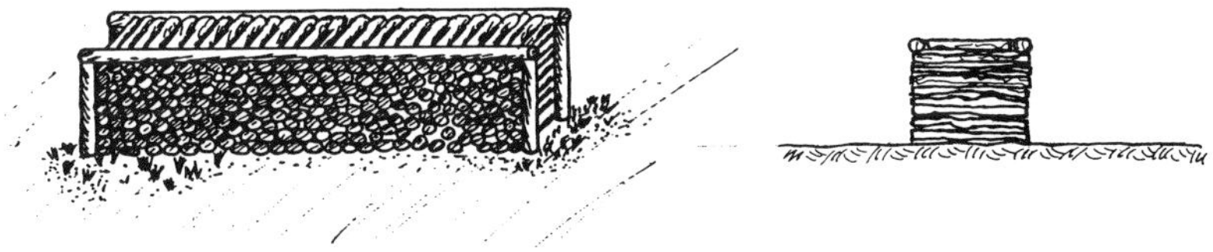

Holzstoß

Bank

Zeichnungen von Eckhard Hilker, Oelde

Abb. 67 b Typische Naturhindernisse

Fasanenschütte

Tisch

Hecke

überbauter Graben

Zeichnungen von Eckhard Hilker, Oelde

8.5 Beschilderung

Es sollte eine eindeutige und lückenlose Beschilderung angebracht werden, damit sich auch ortsfremde Reiter problemlos zurechtfinden.
Soweit unbefestigte Teilstrecken nur für Schritt geeignet sind, ist ein zusätzliches Hinweisschild angebracht.
An einer Hindernisstrecke sollte sich der Hinweis finden, daß die Hindernisse vor jedem Sprung auf Verkehrssicherheit zu prüfen sind.
An den Zugängen sind Informationstafeln zweckmäßig, die über Verlauf und Ausbau der Strecke Auskunft geben und auf Risiko- und Haftungsausschluß hinweisen.

Dieses blau-weiße Zeichen (Nr. 239 der Anlage zur Straßenverkehrsordnung, StVO) bedeutet „Reitweg".

FN-Verlag
Pferdehaltung in Gruppen

A

Literaturnachweis

Berufsgenossenschaft für Fahrzeughaltungen, 1991, "Unfallverhütung in der Pferdehaltung", Hamburg

Böckenförde/Temme/Krebs (Hrsg.), 1990, "Musterbauordnung für die Länder der Bundesrepublik Deutschland", Fassung der ARGEBAU, Werner-VerlagGmbH

Deutscher Behinderten Sportverband e.V. (DBS), 1980, "Planungshilfen für ein behindertengerechtes Bauen bei Sport- und Freizeitstätten", Duisburg

Deutsches Institut für Normung e.V.:
- DIN 18035 Teil 5 Sportplätze, Tennenflächen, Jan. 1987
- Manuskript zur DIN 18035, Teil 6 Sportplätze, Kunststofflächen, Nov. 1990
- DIN 18910 Klima in geschlossenen Ställen, 1974 und Entwurf 1987
- DIN 67526 Blatt 1, Beleuchtung mit künstlichem Licht, Sept. 1973 Blatt 3, Beleuchtung mit Tageslicht, Aug. 1976, Beuth Verlag GmbH, Berlin

Deutsche Reiterliche Vereinigung e.V. (FN), FN-Verlag Warendorf:
- "Handbuch für Reit- und Fahrvereine", 1989, Redaktion: Dr. H.-D. Wagner
- "Leistungsprüfungsordnung (LPO)", Fassung vom 01.01.1990
- Jahresberichte der Deutschen Reiterlichen Vereinigung e.V., 1960-1990
- "Pferdehaltung in Gruppen", 1989, Referate des FN-Seminars, Redaktion: Dr. H.-D. Wagner
- "Reitsport 2000", 1987, Kongressbericht
- "Richtlinien für Reiten und Fahren", 1990, Band IV, Pferdehaltung, 7. Auflage

Deutsche Reiterliche Vereinigung/Deutsche Veterinärmedizinische Gesellschaft, 1990, "Richtlinien zur Beurteilung von Pferdehaltungen unter Tierschutzgesichtspunkten", Bundesministerium für Ernährung, Landwirtschaft und Forsten, Bonn

Fink, Georg W., 1990, "Stallbau und Reitanlagen" in: "Handbuch Pferd, Zucht - Haltung - Ausbildung - Sport - Medizin - Recht", 3. Auflage, BLV Verlagsgesellschaft mbH, München

Fleischauer, Klaus et. al., 1984, "Umweltverträgliche Reitwegeplanung, Modell Rheinisch-Bergischer Kreis", Bundesministerium für Ernährung, Landwirtschaft und Forsten, Bonn

Fleischauer, Klaus, 1986, "Reitwegenetze - Ziele und Bedarfsschätzung", "Reitwegenetze-Planung", "Reitwegenetze-Ausführung", KTBL-Arbeitsblätter, lfd. Nr. 3081, 3082, 3083, Kuratorium für Technik und Bauen in der Landwirtschaft, Darmstadt

Gego, Arno/***Schmidt,*** Hauke, 1982 "Parcours-Gestaltung", FN-Verlag Warendorf

Habel, Max, 1982, "Vielseitigkeitsreiten", Limpert Verlag

Jussen, U., ***Zeitler,*** M., ***Groth,*** W., 1984, "Untersuchungen über Haltungs- und Hygieneverhältnisse in Bayrischen Pferdebeständen", 1. Mitteilung: Stallgebäude und Haltungssysteme, 2. Mitteilung: Hygienemaßnahmen und Stallklima, Züchtungskunde 56 (2/3), Eugen Ulmer GmbH u. Co., Stuttgart

Kolter, Lydia, Dr., ***Meyer,*** Prof. Dr. H., 1986, "Unterlagensammlung Pferdehaltung", Ernährung und Haltung, Wissenschaftliche Publikation 6, FN-Verlag Warendorf

Kolter, Lydia, Dr., "Unterlagensammlung Pferdehaltung II", Zucht, Wissenschaftliche Publikation 7, FN-Verlag Warendorf

Kuratorium für Technik und Bauwesen in der Landwirtschaft e.V. (KTBL), 1976, "Datensammlung Pferdehaltung-Deutsches Warmblut", 2. Auflage, Landwirtschaftsverlag GmbH, Münster-Hiltrup

Marten, J., "Auslaufhaltung - Artgerechte Pferdehaltung", Bundesministerium für Ernährung, Landwirtschaft und Forsten, Bonn

Marten, Jens/***Salewski,*** Armin, 1989, "Handbuch der modernen Pferdehaltung, Stallbau, Haltung, Fütterung, Pflege", Franckh'sche Verlagshandlung, Stuttgart

Mößmer, Reinhard und ***Ammer,*** Ulrich, 1976, "Reiten in stadtnahen Wäldern, Modellplanung, Forstenrieder Park München, (Heft 35), Forstliche Forschungsanstalt, München

Nissel-Lessentin, Berto, Dr. (Redaktion), 1983, "Faustzahlen für Landwirtschaft und Gartenbau", 10. Auflage, Ruhr-Stickstoff Aktiengesellschaft, Bochum

Otto-Graf-Institut der TU Stuttgart, 1975, "Sport- und Freizeitanlagen, Forschungsauftrag Reitbahnbeläge", Bericht B3/74, im Auftrag des Bundesinstitutes für Sportwissenschaft, sb 67 verlags-gesellschaft, Köln

Pahmeyer, S., Dr., 1991, in "Betriebswirtschaftslehre für Reitbetriebe, Reit- und Fahrvereine und Reit- und Fahrschulen", 3. Auflage, FN-Verlag, Warendorf

Piotrowski, Joachim, Prof. Dr., 1984, "Bau- und Haltungstechnische Gestaltung von Pferdeauslaufhaltungen", in "Pferdehaltung in Gruppen", FN-Verlag, Warendorf

Piotrowski, J. et. al., Prof. Dr., 1987, "Neue Haltungsformen für Pferde unter alten Dächern", Bundesministerium für Ernährung, Landwirtschaft und Forsten, Bonn

Piotrowski, J., ***Pirkelmann,*** H., 1990, "Extensive Grünlandbewirtschaftung durch Pferdehaltung", KTBL-ALB-Vortragstagung anläßlich der KTBL-Tage 1990 in Würzburg, Arbeitspapier 140, KTBL Darmstadt

Pirkelmann, Heinrich, Dr., 1990, "Offenlaufställe für Pferde", Arbeitsblatt Landwirtschaftliches Bauwesen, 07.03.06, ALB Bayern, Grub

Pirkelmann, Heinrich, Dr. (Hrsg.), 1991, "Pferdehaltung", 2. Auflage, Verlag Eugen Ulmer, Stuttgart

Rapp, H.J. et al., 1991, "Untersuchungen in Reithallen und an verschiedenen Reitbahnbelägen unter dem Aspekt der Atemwegsbelastung beim Pferd - Lufthygienische Untersuchungen in Reithallen", Tierärztliche Praxis 19, 74 - 81, F.K. Schattauer Verlagsgesellschaft mbH, Stuttgart - New York

Schnitzer, Ulrich, Prof. Dr., 1970, "Untersuchungen zur Planung von Reitanlagen", KTBL-Bauschrift Heft 6, Kuratorium für Technik und Bauwesen in der Landwirtschaft, Frankfurt

Schnitzer, Ulrich, Prof. Dr., "Der Bau von Reitanlagen", Forschungsauftrag des Instituts für Sportstättenbau/Köln

Schnitzer, Ulrich, Prof. Dr., 1973, "Reitanlagen - Beispielentwürfe", KTBL-Schrift 162, Landwirtschaftsverlag GmbH, Münster-Hiltrup

Schnitzer, Ulrich, Prof. Dr., 1984, "Planungserfahrungen mit einigen Pferdeställen für Gruppen-Auslaufhaltung" in "Pferdehaltung in Gruppen", FN-Verlag, Warendorf

Schuchardt, Frank, Dr., 1988, „Versuche zum Wärmeentzug aus Festmist", Landbauforschung Völkenrode, Wissenschaftliche Mitteilungen der Bundesforschungsanstalt für Landwirtschaft, Braunschweig-Völkenrode (FAL), 33. Jahrgang, Seite 169-178

Stumpf, A. 1980, "Reithallen", Arbeitsblatt Landwirtschaftliches Bauwesen, 07.03.04, ALB-Bayern, Grub

Vogg, Jürgen, 1987, "Lüftung und Klimagestaltung in Pferdeställen - vergleichende Untersuchung", Forschungsberichte VDI, Reihe 14, Nr. 31, VDI-Verlag GmbH, Düsseldorf

Wenner, Heinz-Lothar, Prof. Dr., et.al., 1980, "Landtechnik-Bauwesen" Teil A, Grundlagen, 3. Auflage, Landwirtschaftsverlag GmbH, Münster-Hiltrup

Zeeb, K. Dr., 1981, "Aktuelle Aspekte der Ethologie in der Pferdehaltung", Wissenschaftliche Publikation 2, FN-Verlag, Warendorf

Verzeichnis der Abbildungen (Abb.):

Kap. 6:

Kap. 7:

Kap. 8:

Verzeichnis der Übersichten:

Kap. 2:

Kap. 3:

Kap. 4:

Adressen der Landesverbände der Reit- und Fahrvereine:

Landesverband der Reit- und Fahrvereine Baden-Württemberg e.V.
Münchinger Str. 19, Postfach 410033, 7000 Stuttgart 40, Tel.: (0711) 801018, Telefax: (0711) 808526

Bayerischer Reit- und Fahrverband e.V.
Landshamer Str. 11, 8000 München 81, Tel.: (089) 906071, Telefax: (089) 906072

Landesverband der Reit- und Fahrvereine Berlin-Brandenburg e.V.
Passenheimer Str. 30, Reiterstadion, 1000 Berlin 19, Tel.: (030) 3045551 oder 3053603, Telefax: (030) 3046730

Bremer Reiterverband e.V.
Posthauser Str. 123, 2800 Bremen 44, Tel.: (0421) 403780

Landesverband der Reit- und Fahrvereine Hamburg e.V.
Friedrich-Ebert-Str. 59, 2000 Hamburg 61, Tel.: (040) 587140, Telefax/(040) 585039

Reiterverband Hannover e.V.
Johannssenstr. 10, 3000 Hannover 1, Tel.: (0511) 325768, Telefax: (0511) 325759

Hessischer Reit- und Fahrverband e.V. – im Landessportbund Hessen
Wilhelmstr. 24, Postfach 1562, 6340 Dillenburg, Tel.: (02771) 23055, Telefax: (02771) 6203

Landesverband Mecklenburg/Vorpommern für Reiten, Fahren und Voltigieren e.V.
Friedrichstr. 1, Postfach 236, O-2751 Schwerin, Tel.: (0385) 812424, Telefax: (0385) 812424

Verband der Reit- und Fahrvereine Rheinland e.V.
Endenicher Allee 60, 5300 Bonn 1, Tel.: (0228) 703364, Telefax: (0228) 657770

Landesverband der Reit- und Fahrvereine Rheinland-Pfalz
Burgenlandstr. 7, 6550 Bad Kreuznach, Tel.: (0671) 62810, Telefax: (0671) 68351

Saarländischer Reiterverband e.V.
Haus des Sports, Saaruferstr. 16, 6600 Saarbrücken, Tel.: (0681) 58603-40 oder -41

Landesverband Pferdesport Sachsen e.V.
Schlottwitzer Str. 3 b, O-8021 Dresden, Tel.: (0351) 334382

Landesverband der Reit- und Fahrvereine Sachsen-Anhalt e.V.
Rogätzer Str. 22/30, O-3024 Magdeburg, Tel.: (0391) 54168

Landesverband der Reit- und Fahrvereine Schleswig-Holstein e.V.
Eutiner Str. 27, 2360 Bad Segeberg, Tel.: (04551) 84792, Telefax: (04551) 81797

Thüringer Reit- und Fahrverband e.V.
Anger 55, O-5020 Erfurt, Tel.: (0361) 51756

Verband der Reit- und Fahrvereine Weser-Ems e.V.
Mars-la-Tour Str. 11, 2900 Oldenburg, Tel.: (0441) 882370, Telefax: (0441) 83163

Provinzialverband westfälischer Reit-und Fahrvereine e.V.
Sudmühlenstr. 33, Postfach 460108, 4400 Münster-Handorf, Tel.: (0251) 32809-82, Telefax: (0251) 32809-66

Richtlinien zur Beurteilung von Pferdehaltungen unter Tierschutzgesichtspunkten, Teil II Betriebsbeurteilung

1. Angaben zum Betrieb

Betrieb: ....

Art des Betriebes: ....

Name und Anschrift ....
des/der Verantwortlichen: ....
....
....

Fachliche Qualifikation ....
des/der Verantwortlichen: ....

Betreuender Tierarzt: ....

Hufschmied: ....

---

2. Bestandsliste

1. Pferde Gesamtzahl: ......

davon betriebseigene Pferde: ......

Privatpferde: ......

---

2. Nutzungsart	Reitpferde:	......
	Fahrpferde:	......
	Galopprennpferde:	......
	Trabrennpferde:	......
	Sonstige	......
3. Zuchtbezogene Zuordnung	Großpferde	......
	(Warmblut, Vollblut)	......
	Ponys (Widerristhöhe bis 148 cm)	......
	Kaltblutpferde	
	....	......
4. Geschlecht	Hengste	......
	Stuten	......
	Wallache	......
5. Alter	Fohlen (bis einschließlich zweijährig)	......
	Adulte Pferde	......
	Alter von ..... bis	......
	Durchschnittsalter	......

3. Beurteilungsliste

		Befund	Hinweis auf notwendige Maßnahmen*
1.	***Zustand der Pferde***		
1.1	Ernährung	....	....
1.2	Pflege		
1.2.1	Hufe, Hufbeschlag	....	....
1.2.2	Fell	....	....
1.3	Grobsinnlich wahrnehmbare Schäden		
1.3.1	Bewegungsapparat (Beine, Hufe)	....	....
1.3.2	Atmungsapparat	....	....
1.3.3	Sonstiges	....	....
1.3.4	Verhalten (schreckhaft, ruhig usw.)	....	....
2.	***Bewegung***		
2.1	Nutzungsbedingte Bewegung (Art, Dauer, Häufigkeit)	....	....
2.2	Freie Bewegung gewährleistet durch Paddock, an Einzelbox angeschlossen ( ) Gruppenlaufstall mit angeschlossenem Auslauf ( ) ohne angeschlossenen Auslauf ( ) Auslauf, separat vom Stall ( ) Weide ( ) Keine Auslaufmöglichkeit ( )	....	....

* 1 Langfristig zu behebender Mangel
2 Kurzfristig zu behebender Mangel
3 Sofortiger Eingriff unabdingbar

	Befund	Hinweis auf notwendige Maßnahmen*
3. ***Haltungsverfahren***		
3.1 Allgemeines		
3.1.1 Zustand der Anlage	....	....
3.1.2 Hygiene und Sauberkeit	....	....
3.1.3 Verletzungsgefahren (z.B. falsche Gitterabstände, vorstehende Bauteile, ungesicherte Fenster, zu enge Gänge und Türen usw.)	....	....
3.2 Aufstallung und Flächenbemessung		
3.2.1 Ständer (Anzahl, Bemessung)	....	....
3.2.2 Einzelboxen mit angeschl. Paddock ( ) ohne angeschl. Paddock ( ) (Anzahl, Bemessung)	....	....
3.2.3 Sozialkontakte zu Artgenossen bei Einzelaufstallung (Sicht-, Hör-, Riech-, Berührungskontakt)	....	....
3.2.4 Gruppenlaufstall mit angeschl. Auslauf ( ) ohne angeschl. Auslauf ( ) (Bemessung, Raumstruktur)	....	....
3.2.5 Möglichkeiten zur Vereinzelung von Pferden bei Gruppenhaltung	....	....
3.2.6 Futterstelle bei Gruppenhaltung in Liegeraum integriert ( ) außerhalb der Liegefläche ( )	....	....

	Befund	Hinweis auf notwendige Maßnahmen*
3.2.7 Einstreu (Einstreuart + Zustand der Streu)	....	....
3.3 Auslauf und Weide	....	....
3.3.1 Auslauf (Bemessung, Zustand)	....	....
3.3.2 Weide (Bemessung, Grasnarbe, Umzäunung)	....	....
3.4 Reizqualität der Umgebung	....	....
4. ***Fütterung und Einrichtung zur Futtervorlage***		
4.1 Futterqualität		
4.1.1 Rauhfutter	....	....
4.1.2 Kraftfutter	....	....
4.1.3 Vitamin- und Mineralstoffversorgung	....	....
4.2 Einrichtungen zur Vorlage von		
4.2.1 Rauhfutter	....	....
4.2.2 Kraftfutter	....	....
4.2.3 Tränkwasser	....	....

* 1 Langfristig zu behebender Mangel
2 Kurzfristig zu behebender Mangel
3 Sofortiger Eingriff unabdingbar

	Befund	Hinweis auf notwendige Maßnahmen*
4.2.4 Vorkehrungen für individuelle Futterzuteilung bei Gruppenhaltung	....	....
4.3 Fütterung		
4.3.1 Anzahl der Futterrationen je Tag Kraftfutter ( ) Rauhfutter ( )	....	....
4.3.2 Verhalten der Pferde während der Fütterung (ruhig, unruhig, Auseinandersetzungen)	....	....
5. ***Stallklima*** gemessen ( ) nicht gemessen ( )		
5.1 Luftdurchflutung	....	....
5.2 Schadgasgehalt CO_2, NH_3	....	....
5.3 Temperatur der Stalluft	....	....
5.4 rel. Luftfeuchte	....	....
5.5 Tageslichtversorgung	....	....
6. ***Räumliche Vorkehrungen für Hufpflege und Hufbeschlag***	....	....
7. ***Zustand der Ausrüstung***	....	....

* 1 Langfristig zu behebender Mangel
2 Kurzfristig zu behebender Mangel
3 Sofortiger Eingriff unabdingbar

4. Gesamtbeurteilung

Datum der Prüfung	....
Betrieb unbedenklich:	....
Beanstandungen:	....
Besondere Bemerkungen: (ggf. besonderes Blatt)	....
Nachkontrolle bis:	....
Unterschrift des Prüfers:	....
Name und Anschrift des Prüfers:	....
	....
	....

Firmenverzeichnis

Die nachstehende Aufstellung ist nicht vollständig. Viele der aufgeführten Firmen sind der Deutschen Reiterlichen Vereinigung (FN) und dem sie beratenden Arbeitskreis "Reitanlagen und Stallbau" (siehe S. 8) nicht bekannt. Die Aufstellung erfolgt ohne Gewähr.

1. Planung und Bau von Gesamtanlagen

Architektur + Planung, Ingenieurbüro, D-4300 Essen, Tel.: (02101) 710429, Planung von Reitanlagen

Aschenbrenner, D-8493 Kötzing, Tel.: (09941) 8964/-65

Fink Stallbau, Gaismühle 1, D-8804 Dinkelsbühl, Tel.: (09851) 805, Telefax: (09851) 1320

Kirst, Hans, Burgstraße, D-5581 Irmenach/Hrs., Tel.: (06541) 6045-46

Leve und Schmidt GmbH, Velsen 55, D-4410 Warendorf, Tel.: (02581) 45666, Telefax: (02581) 44303

Schöttstall, Inh. Dipl. Ing. FH Hans Siegel, Kohlerstr. 5-7, D-8874 Leipheim, Tel.: (08221) 7777 + 7404, Telefax: (08221) 71362

SFI-GmbH, Hallenbau, Dürerstr. 41, D-6392 Neu-Anspach, Tel.: (06081) 43251, Telefax: (06081) 42973

Schmidt-Ankum, Dr. Schmidt, Postfach 1169, D-4554 Ankum, Tel.: (05462) 556

Wenig, Bernhard, Küstrinerstr. 7, Postfach 1091, D-3370 Seesen, Tel.: (05381) 1006 oder 1007, Telefax: (05381) 2972

2. Ställe

2.1 Komplette Ställe

ABO System-Elemente GmbH, Rheinlandstr. 59, D-5628 Heiligenhaus, Tel.: (02056) 2851, Telefax: (02056) 2851

Bosch, JMH, Dammstr. 3, D-7052 Schwaikheim, Tel.: (07195) 5094, Telefax: (07295) 57266

Büning, Alois, Emmericher Str. 11-19, D-4230 Wesel, Tel.: (0281) 22414

Dammann, Manfred, Holz und Tradition, Am Sportplatz 1, Tel.: (04169) 211, Telefax: (04169) 517

Drainoflex Stalltechnik, Richard-Seiffert-Str. 26, D-5060 Bergisch-Gladbach 2, Tel.: (02202) 37802

Fink-Stallbau, Gaismühle 1, D-8804 Dinkelsbühl, Tel.: (09851) 805, Telefax: (09851) 1320

Gärtner-Stalleinrichtungen, D-4724 Wadersloh-Liesborn, Tel.: (02945) 5690, Telefax: (02945) 6790

Gstaltmayr-Pferdeboxen, Bad Gögginger Str. 48, D-8524 Neustadt/Donau, Tel.: (09445) 356 und 2496, Telefax: (09445) 8033

Günther, Raymund, Schloßstr. 2, D-5277 Marienheide-Gimborn, Tel.: (02264) 7468, Telefax: (02264) 3044

Hofmeister, Kirchstr. 47, D-5820 Gevelsberg-Silschede, Tel.: (02332) 5333, Telefax: (02332) 5332

Huser's Starparade, (Stalltechnik), D-7798 Pfullendorf/Tautenbronn, Tel.: (07552) 7091, Telefax: (07552) 7092

Kaden GmbH, Rolf W., Lindenweg 143, D-8501 Obermichelbach, Tel.: (0911) 762754, Telefax: (0911) 762761

Kirst KG, Hans, Hans-Wilhelm-Kirst-Straße 1-4, D-5581 Irmenach/Hsr., Tel.: (06541) 6045 oder -46

Kora-Landtechnik, D-5608 Radevormwald, Tel.: (02195) 1382, Telefax: (02195) 6555

Leve & Schmidt GmbH, Velsen 55, D-4410 Warendorf, Tel.: (02581) 45666, Telefax: (02581) 44303

Lister GmbH, Am Mühlenberg 3, D-5880 Lüdenscheid

Osterbrink, Heinrich, Bernsweg 21, D-4130 Moers 3, Tel.: (02841) 73026

Röwer & Rüb GmbH, Hauptstr. 15, D-2811 Blender, Tel.: (04233) 1571, Telefax: (04233) 605

Roosen GmbH, Lötscher Weg 33, D-4054 Breyell, Nettetal 1, Tel.: (02153) 71286, Telefax: (02153) 730969

Ruck Stalleinrichtung und Hindernisbau, D-8729 Hainert, Tel.: (09527) 348

Schmidt-Ankum, Dr. Schmidt, Postfach 1169, 4554 Ankum, Tel.: (05462) 556

Schöttstall, Inh. Dipl. Ing. FH Hans Siegel, Kohlerstr. 5-7, D-8874 Leipheim, Tel.: (08221) 7777 + 7404, Telefax: (08221) 71362

Stallbau Ziegenhorn KG, Nordring 102, D-4174 Issum 1, Tel.: (02835) 3604

Ullstein, H., jun., Gut Wildschwaige, D-8059 Oberding

Wenig, Bernhard, Küstrinerstr. 7, Postfach 1091, D-3370 Seesen, Tel.: (05381) 1006 oder 1007, Telefax: (05381) 2972

2.2 Außenboxen

ABO System-Elemente GmbH, Rheinlandstr. 59, D-5628 Heiligenhaus, Tel.: (02056) 2851

Aschenbrenner, D-8493 Kötzing, Tel.: (09941) 8964 oder -65

Becker, Equisystem, D-6310 Grünberg, Tel.: (06401) 6019

Büning, Alois, Emmericher Str. 11-19, D-4230 Wesel, Tel.: (0281) 22414

Dammann, Manfred, Am Sportplatz, 2732 Wohnste, Tel.: (04169) 211, Fenster, Türen, Außenklappen

Drainoflex Stalltechnik, Richard-Seiffert-Str. 26, D-5060 Berg.-Gladbach 2, Tel.: (02202) 37802

Gstaltmayr-Pferdeboxen, Bad Gögginger Str. 48, D-8524 Neustadt/Donau, Tel.: (09445) 356 und 2496, Telefax: (09445) 8033

Günther, Raymund, Schloßstr. 2, D-5277 Marienheide-Gimborn, Tel.: (02264) 7468 oder (02266) 7006

Hofmeister, Silschederstr. 89, D-4322 Sprockhövel 2, Tel.: (02332) 5333, Telefax: (02332) 5332

Holz-Peper GmbH, Im Forth 14, D-2802 Ottersberg, Tel.: (04205) 414

Kirst KG, Hans, Hans-Wilhelm-Kirst-Str. 1-4, D-5581 Irmenach/Hsr., Tel.: (06541) 6045 oder -46

Kora-Landtechnik, D-5608 Radevormwald, Tel.: (02195) 1382, Telefax: (02195) 6555

Ritscher, Franz, Ehrensbergerstr. 21, D-7954 Bad Wurzach-Haidgau, Tel.: (07564) 2560, Telefax: (07564) 5120

Röver & Rüb GmbH, Hauptstr. 15, D-2811 Blender, Tel.: (04233) 1571, Telefax: (04233) 605

Roosen GmbH, Moubisstr. 6, D-4054 Nettetal 1 Schaag, Tel.: (02153) 71286

Ruck Stalleinrichtung und Hindernisbau, D-8729 Hainert, Tel.: (09527) 348

Schöttstall, Inh. Dipl. Ing. FH Hans Siegel, Kohlerstr. 5-7, D-8874 Leipheim, Tel.: (08221) 7777 + 7404, Telefax: (08221) 71362

Stall Magic, Mühlgasse 19, D-6251 Wachenheim, Tel.: (06243) 5299, Telefax: (06243) 5274

Weinsberger Solargesellschaft GmbH, Sulmstr., D-7102 Weinsberg-Industriegebiet

Wenig, Bernhard, Küstrinerstr. 7, Postfach 1091, D-3370 Seesen, Tel.: (05381) 1006 oder 1007, Telefax: (05381) 2972

2.3 Mietboxen

Cardinali + Rothenberger GmbH, Liebermannstr. 18, D-4980 Bünde, Tel.: (05223) 10036, Telefax: (05223) 10037

Drainoflex Stalltechnik, Richard-Seiffert-Str. 26, D-5060 Bergisch-Gladbach 2, Tel.: (02202) 37802

Fink-Stallbau, Gaismühle 1, D-8804 Dinkelsbühl, Tel.: (09851) 805, Telefax: (09851) 1320

Gerdes Agrarhandel GmbH, D-2848 Vechta

Huser's Starparade GmbH, Ehrensbergerstr. 21, D-7954 Bad Wurzach/Haidgau, Tel.: (07564) 4404, Telefax: (07564) 4410

Kora-Landtechnik, D-5608 Radevormwald, Tel.: (02195) 1382, Telefax: (02195) 6555

Ritscher, Franz, Ehrensbergerstr. 21, D-7954 Bad Wurzach-Haidgau, Tel.: (07564) 2560, Telefax: (07564) 5120

Ruck Stalleinrichtung und Hindernisbau, D-8729 Hainert, Tel.: (09527) 348

Schöttstall, Inh. Dipl. Ing. FH Hans Siegel, Kohlerstr. 5-7, D-8874 Leipheim, Tel.: (08221) 7777 + 7404, Telefax: (08221) 71362

2.4 Innenboxen

ABO System-Elemente GmbH, Rheinlandstr. 59, D-5628 Heiligenhaus, Tel.: (02056) 2851

Alber KG, Josef, (Pferdestalleinrichtungen), Radolfzeller Str. 13, D-7768 Stockach/Baden, Tel.: (07771) 2023 + 2024

Aschenbrenner, D-8493 Kötzing, Tel.: (09941) 8964 oder -65

Brink-Pferdeboxen, D-2849 Visbeck-Astrup, Tel.: (04445) 1622

Allié-Agrartechnik (Elektrozäune), D-8760 Mittenberg, Tel.: (09371) 3088

Bosch, JMH, (Recycling-Kunststoff-Produkte), Dammstr. 3, D-7052 Schwaikheim, Tel.: (07195) 5094, Telefax: (07295) 57266

Büning, Alois, Emmericher Str. 11-19, D-4230 Wesel, Tel.: (0281) 22414

Brink, D-2849 Visbeck-Astrup, Tel.: (04445) 1622

Draht-Bremer GmbH, Bahnhofstr. 24, D-8772 Marktheidenfeld, Tel.: (09391) 5003-0

Drainoflex Stalltechnik, Richard-Seiffert-Str. 26, D-5060 Berg.-Gladbach 2, Tel.: (02202) 37802

Eilberg-Pferdeboxen, Braunsberg 68, D-5060 Bergisch-Gladbach 1, Tel.: (02207) 6239

Ettoreal Stallungen, Taubenberg 3, D-8990 Lindau, Tel.: (08382) 28771

Fink-Stallbau, Gaismühle 1, D-8804 Dinkelsbühl, Tel.: (09851) 805, Telefax: (09851) 1320

Gärtner-Stalleinrichtungen, D-4724 Wadersloh-Liesborn, Tel.: (02945) 5690, Telefax: (02945) 6790

Gerdes Agrarhandel GmbH, D-2848 Vechta

Gehrisch, W., Dieselstr. 6, D-6105 Ober-Ramstadt, Tel.: (06154) 2071

Gstaltmayr, Bad Gögginger Str. 48, D-8425 Neustadt/Donau, Tel.: (09445) 356, Telefax: (09445) 8033

Hans, Rudolf, Wittbräucker Str. 482, D-4600 Dortmund 30

Hörmann, Allgäuer Stallbau Buchloe, R.-Hörmann-Str. 1, D-8938 Buchloe, Tel.: (08241) 966

Hofmeister, Silschederstr. 89, D-4322 Sprockhövel 2, Tel.: (02332) 5333, Telefax: (02332) 5332

Kirst KG, Hans, Hans-Wilhelm-Kirst-Straße 1-4, D-5581 Irmenach/Hsr., Tel.: (06541) 6045 oder -46

Kora-Landtechnik, D-5608 Radevormwald, Tel.: (02195) 1382, Telefax: (02195) 6555

Maschinenbau- und Elektronik GmbH, (Pferdeboxen), An der Mühle 1, O-1274 Altlandsberg

Pappelhof-Gehrke-Stalleinrichtungen, D-2432 Manhagerfelde 12, Tel.: (04363) 774

Ritscher, Franz, Ehrensbergerstr. 21, D-7954 Bad Wurzach-Haidgau, Tel.: (07564) 2560, Telefax: (07564) 5120

Röwer & Rüb GmbH, Hauptstr. 15, D-2811 Blender, Tel.: (04233) 1571, Telefax: (04233) 605

Roosen GmbH, Moubisstr. 6, D-4054 Nettetal 1 Schaag, Tel.: (02153) 71286

Ruck, Stalleinrichtungen und Hindernisbau, OT Hainert 59, D-8729 Knetzgau, Tel.: (09527) 348

Schmitz Stalleinrichtungsbau, Siemensstr. 7, D-4056 Schwalmtal 2, Tel.: (02163) 2438, Telefax: (02163) 10336

Schöttstall, Inh. Dipl. Ing. FH Hans Siegel, Kohlerstr. 5-7, D-8874 Leipheim, Tel.: (08221) 7777 + 7404, Telefax: (08221) 71362

Staniewski, Gebersheimer Weg 6, D-7257 Ditzingen, Tel.: (07152) 51752

Wegener, Kathrin und Peter, Hof Steinkrug 1, D-2059 Büchen, Tel.: (04155) 3646, Telefax: (04155) 5917

Wenig, Bernhard, Küstrinerstr. 7, Postfach 1091, D-3370 Seesen, Tel.: (05381) 1006 oder 1007, Telefax: (05381) 2972

Winter-Gerätebau, Wehrdaer Str. 141, D-3550 Marburg/Lahn, Tel.: (06421) 82852

2.5 Stallbodenbeläge

ABO System-Elemente GmbH, Rheinlandstr. 59, D-5628 Heiligenhaus, Tel.: (02056) 2851

Allspan Spanverarbeitung GmbH, Liststr. 22, Postfach 210143, D-7500 Karlsruhe 21

Dallmer GmbH & Co, D-2125 Salzhausen, Tel.: (04172) 500, Telefax: (04172) 7294

Drainoflex Stalltechnik, Richard-Seiffert-Str. 26, D-5060 Berg.-Gladbach 2, Tel.: (02202) 37802

Gerdes Agrarhandel GmbH, D-2848 Vechta

Günther, Raymund, Schloßstr. 2, D-5277 Marienheide-Gimborn, Tel.: (02264) 7468 oder (02266) 7006

Heldt KG, Siemensring, D-5370 Kall/Eifel, Tel.: (02441) 5037

Magerkurth, D., Eschkampsgrund 4, D-5000 Köln 91, Tel.: (0221) 872262

Relatex-Vertriebs GmbH, (Naturkautschuk-Oberflächenbeschichtung) Alte Münze 4, D-4500 Osnabrück, Tel.: (0541) 258433, Telefax: (0541) 258099

Sagustu-Belagvertrieb, (Spezial-Gummibelag), D-6791 Rosenkopf, Tel.: (06372) 1841, Telefax: (06372) 5747

Schöttstall, Inh. Dipl. Ing. FH Hans Siegel, Kohlerstr. 5-7, D-8874 Leipheim, Tel.: (08221) 7777 + 7404, Telefax: (08221) 71362

VFI-Kurt Verhoeven, Agrar- u. Industriegummi, Kiwittenberg 11-15, Postfach 101731, D-4200 Oberhausen 1

2.6 Tränken, Tröge, Raufen, Futterautomaten

Alber KG, Josef, Radolfzeller Str. 13, D-7768 Stockach/Baden, Tel.: (07771) 2023 + 2024

Alker, Hubert, Hörsteloe 18, D-4422 Ahaus-Ottenstein, Tel.: (02567) 1557

Büning, Alois, Emmericher Str. 11-19, D-4230 Wesel, Tel.: (0281) 22414

Draht-Bremer GmbH, Bahnhofsstr. 24, D-8772 Marktheidenfeld, Tel.: (09391) 5003-0

Drainoflex Stalltechnik, Richard-Seiffert-Str. 26, D-5060 Bergisch-Gladbach 2, Tel.: (02202) 37802

Fink-Stallbau, Gaismühle 1, D-8804 Dinkelsbühl, Tel.: (09851) 805, Telefax: (09851) 1320

Gerdes Agrarhandel GmbH, D-2848 Vechta

Großewinkelmann, Josef, Wortstr. 34-36, D-4835 Rietberg 2-Varensell, Tel.: (05244) 2805 + 2059

Gstaltmayr, Bad Gögginger Str. 48, D-8425 Neustadt/Donau, Tel.: (09445) 356 + 8033

Hofmeister, Silschederstr. 89, D-4322 Sprockhövel 2, Tel.: (02332) 5333, Telefax: (02332) 5332

Horn-Tierzuchtgeräte, Lilienstr. 27, D-4408 Dülmen 1, Tel.: (02594) 3101, Telefax: (02594) 87961

Lister GmbH, Geräte für die Pferdehaltung, Am Mühlenberg 3, D-5880 Lüdenscheid

Pfitzner, Bahnhofstr. 61, D-5778 Meschede 3

Röwer & Rüb GmbH, Hauptstr. 15, D-2811 Blender, Tel.: (04233) 1571, Telefax: (04233) 605

Roosen GmbH, Lötscher Weg 33, D-4054 Breyell, Nettetal 1, Tel.: (02153) 71206, Telefax: (02153) 730969

Ruck, Stalleinrichtungen und Hindernisbau, OT-Hainert 59, D-8729 Knetzgau, Tel.: (09527) 348

Schöttstall, Inh. Dipl. Ing. FH Hans Siegel, Kohlerstr. 5-7, D-8874 Leipheim, Tel.: (08221) 7777 + 7404, Telefax: (08221) 71362

Ullstein, H., jun., Gut Wildschwaige, D-8059 Oberding

VFI-Kurt Verhoefen, Agrar- u. Industriegummi, Kiwittenberg 11-15, Postfach 101731, D-4200 Oberhausen, Tel.: (0208) 840100, Telefax: (0208) 840264

Weinsberger Solargesellschaft W. Stendel GmbH, Sulmstr., D-7102 Weinsberg-Industriegebiet, Postfach 1144, Tel.: (07134) 4011, Telefax: (07134) 14317

Werner, Udo, Offenstallberatung, Wienkamp rechts 11, D-4286 Südlohn, Tel.: (02862) 8013

2.7 Futterautomaten

Horn-Tierzuchtgeräte, Lilienstr. 27, D-4408 Dülmen 1, Tel.: (02594) 3101, Telefax: (02594) 87961

Schöttstall, Inh. dipl. Ing. FH Hans Siegel, Kohlerstr. 5-7, D-8874 Leipheim, Tel.: (08221) 7777 + 7404, Telefax: (08221) 71362

Sommer, Egon, Maschinenbau, Pagenstecherstr. 146, D-4500 Osnabrück, Tel.: (0541) 125085, Telefax: (0541) 129557

Ullstein, H., jun., Gut Wildschwaige, D-8059 Oberding

Weinsberger Solargesellschaft W. Stendel GmbH, Sulmstr., D-7102 Weinsberg-Industriegebiet, Postfach 1144, Tel.: (07134) 4011, Telefax: (07134) 14317

2.8 Be- und Entlüftungssysteme

Fred Christmann GmbH und Co KG, Mechern, 6640 Merzig 3, Tel.: (06861) 6082

Laake GmbH, Bawinkeler Str. 3, D-4453 Langen, Tel.: (05904) 515, Telefax: (05904) 1737

3. Nebenräume

3.1 Schmiedeeinrichtung

Faure International, Engelfriedshalle 9, D-7400 Tübingen

Hesemann Hufeisen, Drususstr. 16, D-4000 Düsseldorf 11

Hilberts, Max, Martin-Luther-Str. 1, D-5630 Remscheid 1, Tel.: (02191) 24096, Telefax: (02191) 24771

Horn Tierzuchtgeräte, Lilienstr. 27, D-4408 Dülmen

3.2 Besonnungsanlagen

Leve & Schmidt, Planungs- und Ing. Büro, Velsen 55, D-4410 Warendorf, Tel.: (02581) 45666, Telefax: (02581) 44303

Quarzlampenfabrik Dr. Müller GmbH & Co KG, Ruhrtalstr. 93, D-4300 Essen 16

Ritscher, Franz, Ehrensbergerstr. 21, D-7954 Wurzach-Haidgau, Tel.: (07564) 2560, Telefax: (07564) 5120

Röwer & Rüb GmbH, Hauptstr. 15, D-2811 Blender, Tel.: (04233) 1571, Telefax: (04233) 605

Schäfer, Eckhard, Niedereschacherstr. 14, D-7730 VS-Obereschach, Tel.: (07721) 70597

Sunshine Horse Sports, Castrum 13, D-8221 Truchtlaching/Chiemsee, Tel.: (08667) 235, Telefax: (08667) 7778

Weinsberger Solargesellschaft GmbH, Industriegebiet Sulmstr., D-7102 Weinsberg, Tel.: (07134) 4011

3.3 Silos

Draht-Bremer GmbH, Bahnhofstr. 24, D-8772 Marktheidenfeld, Tel.: (09391) 5003-0

Walter Krause GmbH, Postfach 29, D-7121 Walheim, Tel.: (07143) 3871

Silobau Steinecke, Bleiche 20, D-7123 Sachsenheim, Tel.: (07147) 3299, Telefax: (07147) 13101

Sommer, Egon, Maschinenbau, Pagenstecherstr. 146, D-4500 Osnabrück, Tel.: (0541) 125085, Telefax: (0541) 129557

Wenig, Bernhard, Küstrinerstr. 7, Postfach 1091, D-3370 Seesen, Tel.: (05381) 1006 oder 1007, Telefax: (05381) 2972

4. Reitplatzböden/Reithallenböden

Allspan Spanverarbeitung GmbH, Liststr. 22, Postfach 210143, D-7500 Karlsruhe 21

Diedrich GmbH (Späne-Großhandlung), Postfach 100339, D-3200 Hildesheim, Tel.: (05121) 62062-63

Einsken-Hobelspäne, Peter Schwan, Florastr. 136, 5000 Köln 60, Tel.: (0221) 736367, Telefax: (0221) 718493

Equitex Sportanlagen-Beläge GmbH, Am Pfingstanger 73, D-3340 Wolfenbüttel, Tel.: (05331) 41306, Telefax: (05331) 41366

Fibre Sand/Lux dan Trading Company S.A. 14, Rue Michel Flammang, L-1019 Luxembourg, P.O. Box 1971, Tel.: (00352) 496464, Telefax: (00352) 489171

Gude GmbH-Reitbodenvertrieb, Ringheimer Mühlstr. 73, D-8754 Großostheim

Günther, Raymund, Schloßstr. 2, D-5277 Marienheide-Gimborn, Tel.: (02264) 7468 oder (02266) 7006

Händeler, C., Winchenbachstr. 10 a, 5600 Wuppertal, Tel.: (0202) 640962
Hofmeister, Silschederstr. 89, D-4322 Sprockhövel 2, Tel.: (02332) 5333, Telefax: (02332) 5332

Kohnen, Reitsport, Lacherstr. 146, D-5650 Solingen 1, Tel.: (0212) 812684

Leve & Schmidt, Planungs- und Ing. Büro, Velsen 55, D-4410 Warendorf, Tel.: (02581) 45666

Mertens-Handels KG, Postfach 506, D-5750 Menden 1, Tel.: (02373) 1378, Telefax: (02373) 1300

Nord-Holz GmbH, Flachemeerstraße, D-2990 Papenburg, Tel.: (04961) 73055

Schmidt-Lola-GmbH, Einstreuspäne (Hobel-, Schäl-, Gatterspäne, Hackschnitzel, Siebgut), Braakler Mühle, D-2000 Braak, Tel.: (040) 7103479 oder (040) 6770372 (ab 15.9.91)

Schwab-Reitplatzbau, Brunnerstr. 2, D-8070 Ingolstadt, Tel.: (08450) 8001, Telefax: (08450) 7194

Terra Bausysteme, A. Dold, Landelhof 4, D-7232 Hardt, Tel.: (07422) 7128, Telefax (07422) 23366

Wenig, Bernhard, Küstrinerstr. 7, Postfach 1091, D-3370 Seesen, Tel.: (05381) 1006 oder 1007, Telefax: (05381) 2972

5. Reithallen/Longierhallen

5.1 Gebäude

Aschenbrenner, D-8493 Kötzing, Tel.: (09941) 8964 oder -65

Brüninghoff, Josef, Industriestr. 16, D-4284 Heiden/Westf., Tel.: (02867) 90001

Conrads, Alfons, (Holzbau), Industriestr. 183, D-5190 Stolberg-Mausbach, Tel.: (02402) 7074

De Groot, Lager-Str. 1, D-4458 Neuenhaus, Tel.: (05941) 1094 oder 1095, Telefax: (05941) 8705

E & W Allbau GmbH, Postfach 1162, D-8782 Karlstadt, Tel.: (09353) 4362, Telefax: (09353) 1351

Fink-Stallbau, Gaismühle 1, D-8804 Dinkelsbühl, Tel.: (09851) 805, Telefax: (09851) 1320

HBB-Holzbau GmbH, Mindeltalstr. 1, D-8872 Burgau, Tel.: (08222) 3066

Jagstall-Holzbau, Josef Schlosser, Industriestr., 7093 Jagstzell, Tel.: (07967) 6969

Leve & Schmidt GmbH, Velsen 55, D-4410 Warendorf, Tel.: (02581) 45666, Telefax: (02581) 44303

Lübbe-Hallenbau, Am Gastland 2, D-2849 Lentförden, Tel.: (04447) 1588 oder -89, Telefax: (04447) 8937

Müller & Sohn OHG, (Reithallen-Banden), Mosbacher Str. 46, D-6200 Wiesbaden, Tel.: (0611) 843525, Büro und Lager: D-2604 Taunusstein-Wehen, Platter Str. 88, Tel.: (06128) 8133, Telefax: (06128) 86420

Röwer & Rüb GmbH, Hauptstr. 15, D-2811 Blender, Tel.: (04233) 1571, Telefax: (04233) 605

Römmelt, Dieter, (Hallenbau und Zimmerei), Wachtküppelstr. 10, D-6416 Poppenhausen/Rhön, Tel.: (06658) 209

Schmidt-Ankum, Dr. Schmidt, Postfach 1169, D-4554 Ankum, Tel.: (05462) 556

SFI-GmbH, Hallenbau, Postfach 1242, D-6392 Neu-Anspach, Tel.: (06081) 43251, Telefax: (06081) 42973

Silo-Wolff KG, Sohnreystr. 14, Postfach 40, D-3471 Lauenförde, Tel.: (05273) 906-0

Staniewski, Gebersheimer Weg 6, D-7257 Ditzingen, Tel.: (07152) 51752

Timmermann, Friedrich, Mühlhauserstr. 25-29, D-4708 Kamen-Heeren, Tel.: (02307) 4484-85-86, Telefax: (02304) 40308

Wollny Reithallen, Vor dem Obertor, D-6509 Bechtolsheim, Tel.: (06733) 6022 + 23

Ziegenhorn KG (Stahlbau), Nordring 102, D-4174 Issum 1, Tel.: (02835) 3604

5.2 Beregnungsanlagen

Evers, Wilfried, Kyotostr. 21, 5000 Köln 1, Tel.: (0221) 131299, Telefax: (0221) 396128

Jülich W. & Partner, Remscheider-Str. 113, 5000 Köln 91, Tel.: (0221) 851861, Telefax: (0221) 857910

Magerkurth, D., Eschkampsgrund 4, D-5000 Köln 91, Tel.: (0221) 872262

6. Hindernisse und Hindernismaterial

Alu-Team Sport- und Freizeit GmbH, Postfach 1160, 5440 Mayen, Tel.: (02651) 4010

Cardinali + Rothenberger GmbH, Liebermannstr. 18, D-4980 Bünde, Tel.: (05223) 10036, Telefax: (05223) 10037

Dolce-Reithindernisse, Georg-Aug.-Zinnstr. 73, 6114 Groß-Umstadt, Tel.: (06078) 5561, Telefax: (06078) 72833

Equestrian Sports, Tel.: (02273) 2555

Equos-Hindernisse, Davio Tomellini, Christine Fellner, D-8351 Schloß Egg, Tel.: (09905) 289, Telefax: (09905) 691

Fink Stallbau, Kühnhardt 27, D-8805 Feuchtwangen

Günther, Raymund, Schloßstr. 2, D-5277 Marienheide-Gimborn, Tel.: (02264) 7468, Telefax: (02264) 3044

Haarmann GmbH, Bahnhofstr. 29, D-4426 Vreden

Hahn-Hindernisse, Postfach 1129, D-6237 Liederbach, Tel.: (069) 313607

Harjes (vormals Tönjes), OT Bentierode 53, D-3350 Kreiensen, Tel. (05382) 1044 oder -48, Telefax: (05382) 1049

Hofmeister, Silschederstr. 89, D-4322 Sprockhövel 2, Tel.: (02332) 5333, Telefax: (02332) 5332

Huber, Max, Kohlstatstr. 5, D-7912 Weißenhorn/Oberreichenbach, Tel.: (07309) 5313

Leineweber, Alsenplatz 9, D-2350 Neumünster, Tel.: (04321) 315751

Mertens-Handels KG, Postfach 506, D-5750 Menden 1, Tel.: (02373) 1378, Telefax: (02373) 1300

Nord-Holz GmbH, Flachemeerstraße, D-2900 Papenburg, Tel.: (04961) 73055

Nordlohne, J., Urbanstr. 15, D-8000 München 70, Tel.: (089) 7241327

Parcours- und Metallbau Kletzl, Wasserakker 12, A-5230 Mattighofen, Tel.: (0043-7742) 2341

Parcours- und Hindernisbau Hermann Nienkemper, Hoest 92, D-4722 Enniger-loh, Tel.: (02524) 7818

Ringelstetter, Rendsburgerstr. 368, Tel.: (04321) 54142

Ruck, D-8729 Knetzgau, Tel.: (09527) 348

Ruhmann, A., Hindernisbau, Taubenweg 2, D-4795 Delbrück-Boke, Tel.: (05250) 7909

Schuller, N., Banater Weg 1, D-7600 Offenburg, Tel.: (0781) 66413

Seefried, H.G., Mangoldstr. 14, D-8853 Wemding, Tel.: (09092) 6495

Szigeti, Stefan, Dr., SOS, Graf-Berghe-v.-Trips-Ring 100, D-5014 Kerpen 1, Tel.: (02273) 2555, Telefax: (02273) 2009

Wenig, Bernhard, Küstrinerstr. 7, Postfach 1091, D-3370 Seesen, Tel.: (05371) 1006 oder 1007, Telefax: (05381) 2972

7. Maschinen und Geräte für die Pferdehaltung

7.1 Pferdeführanlagen

Aluteam Sport- und Freizeit GmbH, Postfach 1160, D-5440 Mayen, Tel.: (02651) 4010

Draht-Bremer GmbH, Bahnhofstr. 24, D-8772 Marktheidenfeld, Tel.: (09391) 5003-0

Equitech Ges. für Anlagenbau mbH, Velsen 55, D-4410 Warendorf, Tel.: (02581) 45666, Telefax: (02581) 44303

Jünck GmbH, Mühlenbree 12, D-4280 Borken, Tel.: (02861) 3000

Kondi-Longiercenter, Mühlenbree 12, D-4280 Borken 1, Tel.: (02861) 3000

Lang GmbH (Maschinenbau, Stallbau, Blechbearbeitung), Harrbacher Weg 7, D-8782 Karlstadt-Karlburg

Multi Skiliftbau GmbH, Hauptstr. 1, D-8221 Grabenstätt, Pferdebewegungsanlagen für die Halle, Tel.: (08661) 242

Nagel, Tjark, Dirks, Klaus, D-2903 Bad Zwischenahn-Helle, Tel.: (0441) 570563

Profi-Pferdeführanlagen, Reinhold Stegherr, Beethovenstr. 1, D-8876 Jettingen, Tel.: (08225) 405

Ritscher, Franz, Ehrensbergerstr. 21, D-7954 Bad Wurzach-Haidgau, Tel.: (07564) 2560, Telefax: (07564) 5120

Röwer & Rüb GmbH, Hauptstr. 15, D-2811 Blender, Tel.: (04233) 1571, Telefax: (04233) 605

Stall Magic, Mühlgasse 19, D-6521 Wachenheim, Tel.: (06243) 5299, Telefax: (06243) 5274

7.2 Manuelle Transportfahrzeuge incl. Futterwagen

Alker, Hubert, Hörsteloe 18, D-4422 Ahaus-Ottenstein, Tel.: (02567) 1557

Ernst, K + M, Pferdestalltechnik, Rheinstr. 20, D-6940 Weinheim, Tel.: (06201) 63799

Großewinkelmann, Josef, Wortstr. 34-36, D-4835 Rietberg 2-Varensell, Tel.: (05244) 2805 + 2059

Horn-Tierzuchtgeräte, Lilienstr. 27, D-4408 Dülmen 1, Tel.: (02594) 3101

Schöttstall, Inh. Dipl. Ing. FH Hans Siegel, Kohlerstr. 5-7, D-8874 Leipheim, Tel.: (08221) 7777 + 7404, Telefax: (08221) 71362

Schwarz GmbH, Ernst, Roggenkamp 2, D-4804 Versmold, Tel.: (05423) 2372

Sommer, Egon, Maschinenbau, Pagenstecherstr. 146, D-4500 Osnabrück, Tel.: (0541) 125085, Telefax: (0541) 129557

Wenig, Bernhard, Küstrinerstr. 7, Postfach 1091, D-3370 Seesen, Tel.: (05381) 1006 oder 1007, Telefax: (05381) 2972

7.3 Haferquetschen

Alker, Hubert, Hörsteloe 18, D-4422 Ahaus-Ottenstein, Tel.: (02567) 1557

Engl GmbH, Heidenfelderstr. 7, D-8721 Schwebheim, Tel.: (09723) 7789

Oehler Maschinen, Import, Export, Windschlägerstr. 107, D-7600 Offenburg, Tel.: (0781) 24129

Sommer, Egon, Maschinen- u. Gerätebau, Pagenstecherstr. 146, D-4500 Osnabrück, Tel.: (0541) 125085, Telefax: (0541) 129557

7.4 Stall- und Bahnschlepper und Planiergeräte

Gerdes Agrarhandel GmbH, D-2848 Vechta

Kirchhoff, Helmut, Zur-Schlerre 13, D-5950 Finnentrop-Schönholthausen, Tel.: (02721) 50375, Telefax: (02721) 79188

Magerkurth, D., Eschkampsgrund 4, D-5000 Köln 91, Tel.: (0221) 872262

Röwer und Rüb GmbH, Hauptstr. 15, D-2811 Blender, Tel.: (04233) 1571, Telefax: (04233) 605

Schwab, Horst, GmbH, Reitplatzbau, Brunnenstr. 2, D-8070 Ingolstadt, Tel.: (08450) 8001 und 8003, Telefax: (08450) 7194

Weidemann Maschinenfabrik, D-3543 Diemelsee-Flechtdorf, Tel.: (05633) 802

Winter-Gerätebau, Wehrdaer Str. 141, D-3550 Marburg/Lahn, Tel.: (06421) 82852

Wc lf, Heinz, Alte Heerstr. 21, D-4242 Rees 3-Haldern

7.5 Hochdruckreiniger

Lister GmbH, D-5880 Lüdenscheid

Westfalia Werkzeuge GmbH, Postfach 24, D-5800 Hagen, Tel.: (0231) 808116

Röwer und Rüb, Hauptstr. 15, D-2811 Blender, Tel.: (04233) 1571, Telefax: (04233) 605

Stall Magic, Mühlgasse 19, D-6521 Wachenheim, Tel. (06243) 5299, Telefax: (06243) 5274

7.6 Entmistungsanlagen, -geräte

Draht-Bremer GmbH, Bahnhofstr. 24, D-8772 Marktheidenfeld, Tel.: (09391) 5003-0

Großewinkelmann, Josef, Wortstr. 34-36, D-4835 Rietberg 2-Varensell, Tel.: (05244) 2805 + 2059, Telefax: (05244) 2958

Hytechma GmbH, Boschweg 6, D-4416 Everswinkel, Tel.: (02582) 1209

MVG GmbH, In der Loh 36, D-4005 Meerbusch 3, Tel.: (02150) 2068

Schwarz GmbH, Ernst, Roggenkamp 2, D-4804 Versmold, Tel.: (05423) 2372

Weidemann-Werksvertretung Siegfried Borries, Graf Stauffenbergstr. 26, D-5042 Erftstadt-Lechenich, Tel.: (02235) 71393

8. Einzäunungen

ABO System-Elemente GmbH, Rheinlandstr. 59, D-5628 Heiligenhaus, Tel.: (02056) 2851, Telefax: (02056) 2851

Agra-tec GmbH, (Elektrozäune), D-5461 Hausen, Tel.: (02638) 5431, Telefax: (02638) 6203

Baukulit-Kunststoffe GmbH, Prinz-Friedrich-Str. 30, D-4300 Essen 15, Tel.: (0201) 48612-0, Fax: (0201) 484366

Becker-Equisystem, D-6310 Grünberg, Tel.: (06401) 6019

Bosch, JMH, Dammstr. 3, D-7052 Schwaikheim, Tel.: (07195) 5094, Telefax: (07195) 57266

Bors, Johann, (Gummibänder), Schanzstr. 28, D-4174 Issum-Sevelen, Tel.: (02835) 5666

Dräger, Kl., D-4520 Melle 8, Elektrozäune f. Pferde

Draht-Bremer GmbH, Eisenwerk, Bahnhofstr. 24, D-8772 Marktheidenfeld, Tel.: (09391) 5003-56, Telefax: (09391) 500337

Fink-Stallbau, Gaismühle 1, D-8804 Dinkelsbühl, Tel.: (09851) 805, Telefax: (09851) 1320

Gallag Elektrozauntechnik GmbH, Pusselbürenerdamm 358, D-4530 Ibbenbüren, Tel.: (05451) 45051, Telefax: (05451) 49101

Gallagher Powerzaun, D-3120 Wittlingen-Kuesebeck, Tel.: (05834) 6788, Telefax: (05834) 6744

Günther, Raymund, Schloßstr. 2, D-5277 Marienheide-Gimborn, Tel.: (02264) 7468 oder (02266) 7006

Haidkoppel, Kielerstr. 92, D-2214 Hohenlockstedt, Tel.: (04826) 965

Hofmeister, Silschederstr. 89, D-4322 Sprockhövel 2, Tel.: (02332) 5333, Telefax: (02332) 5332

Holz-Peper GmbH, Im Forth 14, D-2802 Ottersberg, Tel.: (04205) 414

Horizont Agrartechnik GmbH, Homberger Weg 4-6, Postfach 1329, D-3540 Korbach, Tel.: (05631) 565-0

Horn-Tierzuchtgeräte, Lilienstr. 27, D-4408 Dülmen 1, Tel.: (02594) 3101, Telefax: (02594) 87961

Hoss-Safe-Fence, Tel.: (02151) 301374

Krähe, Volker, D-4137 Reurdt-Kengen 31, Tel.: (02833) 4446

Lister GmbH, Geräte für die Pferdehaltung, Am Mühlenberg 3, D-5880 Lüdenscheid

Malkus, Hermann-Gemeiner-Str. 8, D-3501 Espenau 1, Tel.: (05673) 2939, Telefax: (05673) 3427

Pawlik, Heike, Forstweg 12, D-3306 Essedorf, Tel.: (05309) 8849

Reich, Bruno, Edertalstr. 5, D-3544 Waldeck-Netze, Tel.: (05634) 7564, Telefax: (05634) 7152

Resarlon-Koppelzaun, Resart GmbH, Postfach 3440, D-6500 Mainz, Tel.: (06131) 631-0, Telefax: (06131) 631-231

Ruck Stalleinrichtung und Hindernisbau, D-8729 Hainert, Tel.: (09527) 348

Ruhr KG, Günther, Imprägnierwerk, D-5376 Nettersheim-Buir, Tel.: (02440) 711

Schrötz, (Reitsport- und Beweidungssysteme), D-8786 Rieneck, Tel.: (09354) 261, Telefax: (09354) 1359

Seefried, H.G., Mangoldstr. 14, D-8853 Wemding, Tel.: (09092) 6495

Severin-Gummizaun, Josef-Stern-Weg 2, 4770 Soest, Tel.: (02921) 79340

Sköld, Katrin, AROT-Zaun, Daimlerstr. 12, D-2200 Elmshorn, Tel.: (04121) 77775, Telefax: (04121) 77699

Tec-Knit Wolfgang Hoeck, Lönsweg 9, D-4292 Rhede, Tel.: (02872) 6075

Velcon-Stalltechnik, Kesseldorfer Rott 1 a, D-4236 Hamminkeln, Tel.: (02852) 1409, Telefax: (02852) 4756

VFI-Kurt Verhoeven, Agrar- und Industriegummi, Kiwittenberg 11-15, Postfach 101731, D-4200 Oberhausen 1

Wegener, Katrin und Peter, Hof Steinkrug 1, D 2059 Blüchcn, Tcl.: (04155) 3646, Telefax: (04155) 5917

Weidezaunbedarf Wölz, Professor-Baumann-Str. 8, D-8883 Gundelfingen/Donau, Tel.: (09073) 2502, Telefax: (09073) 3773

Werner, Udo, Offenstallberatung, Wienkamp rechts 11, D-4286 Südlohn, Tel.: (02862) 8013

Wulfkuhle-Fensterbau und Kunststoffverarbeitungs GmbH, R. + R., Lindenstr. 93, D-4797 Schlangen 1, Tel.: (05252) 8034-35

Verzeichnis des FN-Lehrmaterials

1. Reiten/Fahren/Voltigieren

1. Richtlinien für Reiten und Fahren: Deutsche Reiterliche Vereinigung (Hrsg.)
   Bd. 1: Grundausbildung für Reiter und Pferd
   Bd. 2: Ausbildung für Fortgeschrittene
   Bd. 3: Voltigieren
   Bd. 4: Pferdehaltung
   Bd. 5: Fahren
   Bd. 6: Longieren
2. LPO – Leistungs-Prüfungs-Ordnung, Ausgabe 1990
3. Aufgabenheft gem. LPO, Ausgabe 1991
4. APO – Ausbildungs- u. Prüfungsordnung, Ausgabe 1990
5. Betriebswirtschaftslehre für Reitbetriebe, Reit- und Fahrvereine und Reit- und Fahrschulen, 3. Auflage 1991
6. Deutsches Reiterabzeichen. Fragen und Antworten zum Kleinen Reiterabzeichen/zum Reiterabzeichen Bronze/zum Reiterabzeichen Silber: Donner, Heinz-Dieter/Wallner, Konrad, 3. Auflage 1990
7. Die Reiterpaß-Fibel. 8. Auflage 1989: Deutsche Reiterliche Vereinigung (Hrsg.)
8. Reiter-Paß in Fragen und Antworten. Neuauflage 1992: Deutsche Reiterliche Vereinigung (Hrsg.)
9. Das Pferdebuch für junge Reiter. 3. Auflage 1990: von-Neumann-Cosel-Nebe, Isabelle
10. Urlaub im Sattel: Deutsche Reiterliche Vereinigung (Hrsg.). Ein Führer zu ca. 180 FN-geprüften Reitbetrieben.
11. Am Pulsschlag der Reitkunst: Seunig, Waldemar
12. Gymnasium des Pferdes. 13. Auflage 1986: Steinbrecht, Gustav
13. Sportlehre für Reiten, Fahren, Voltigieren, 1992: Deutsche Reiterliche Vereinigung (Hrsg.)
14. Voltigieren Lernen – Lehren. Ein Handbuch für Voltigierausbilder, Voltigierer und Voltigiersportinteressierte von Ulrike Gast und Britta Rüsing. Neuerscheinung Oktober 1991.
15. Wörterbuch des Reit- und Fahrsports / Deutsch-Englisches Wörterbuch mit Begriffen aus Dressur, Springen, Vielseitigkeit, Pferdehaltung, -fütterung, Exterieur und Fahren. 3. Auflage 1990: Simon-Schön, Bianca
16. Protokollieren schnell und treffend. 1988: Stackelberg, Hans Freiherr von
17. Konditionstraining für Vielseitigkeitspferde. Hinweise für ihre Reiter. 3. Auflage 1990: Springorum, Bernd
18. Anatomie des Pferdes. 2. Auflage 1992: Hertsch, Bodo
19. Konditionstraining und Ausgleichssport für Reiter und Voltigierer, 1987: Chmiel, Claus
20. Anspannen und Fahren. 4. Auflage 1983: Achenbach, Benno von
21. Die Fahrlehre. 3. Auflage 1979: Lamparter, Christian
22. Fahrsport. Die Entwicklung des modernen Fahrsports. 1984: Gauger, Gerd D.
23. Die Kavallerieschule Hannover. 3. Auflage 1989: Mossdorf, Carl Friedrich
24. Jagdreiten, 1987: Stegmann, H./Deutsche Reiterliche Vereinigung (Hrsg.)

25. Parcoursgestaltung. Ausgewählte Beispiele als Beitrag zur Verbesserung der Qualität von Springbahnen: Gego, Arno/ Schmidt, Hauke
26. Die Beurteilung des Warmblutpferdes. 1987: Rau, Gustav
27. Die Reitweisen der Welt. Ein Seminarbericht.
28. Reitsport 2000 – Offizieller Bericht über den Equitana-Kongreß 1987.
29. Quadrillenreiten. Idee – Gestaltung – Präsentation. Erich Oese. Musikteil von Gabriela Grillo. Neuerscheinung April 1992

2. Zucht/Haltung

1. Deutsche Pferdezucht. Geschichte, Zuchtziele. 1982: Stenglin, Christian von/Deutsche Reiterliche Vereinigung (Hrsg.) z.Z. vergriffen, Neuauflage für 1993 geplant.
2. Die Staatsgestüte. Bundesrepublik Deutschland, Österreich, Schweiz. 1989: Kapitzke, Gerhard
3. Jahrbuch Zucht: Deutsche Reiterliche Vereinigung (Hrsg.)
4. Zuchtwertschätzung anhand von Turniersportergebnissen. Ab 1990 jeweils eine Ausgabe zum Jahrgang des Jahrbuches Zucht.
5. Aktuelle Aspekte der Ethologie in der Pferdehaltung. (Wiss. Publ. 4), 1981: Deutsche Reiterliche Vereinigung/ Zeeb, Klaus (Hrsg.)
6. Unterlagensammlung Pferdehaltung, Teil 1: Ernährung und Haltung. (Wiss. Publ. 6), 1986: Kolter, Lydia
7. Die züchterische Nutzung der Turniersportprüfung für Reitpferde (Wiss. Publ. 10) 1988: Meinardus, Dr. Heiko
8. Hauptbeschälerbuch Trakehnen 1732-1945. 1985: Henninges, Jürgen von
9. Pferdehaltung in Gruppen. 2. Auflage 1989: Deutsche Reiterliche Vereinigung (Hrsg.)
10. Kennzeichnung von Pferden. 2. Auflage 1986: Deutsche Reiterliche Vereinigung (Hrsg.)

3. Lehrtafeln

FN-Lehrtafeln (Format 100 x 70 cm)
- Für Pferde giftige Pflanzen
- Die Hufschlagfiguren
- Lage erkennbarer Veränderungen
- Die Zäumungen
- Farben und Abzeichen
- Der Sitz des Reiters
- Das Exterieur
- Vordergliedmaße - Hintergliedmaße
- Die Eingeweide
- Die Zahnalterbestimmungen
- Das Auge und das Sehvermögen
- Das Skelett
- Die Muskulatur
- Die Hufe
- Der Kreislauf
- Die Atmungsorgane
- Achenbachleine
- Brustblattgeschirr
- Kumtgeschirr
- Hindernisarten/Hindernistypen
- Zweifache Kombinationen
- Dreifache Kombinationen
- Distanzen
- Voltigieren

: Deutsche Reiterliche Vereinigung (Hrsg.)

Tafeln Nr. 1 - 23 sind auch erhältlich als FN-Pferdetafeln Mappe 1 und 2 (Format 30 x 21 cm)

4. Dias/Videos

1. Skala der Ausbildung des Reitpferdes. Dia-Serie. 36 Dias im Kunststoffkästchen
2. Dressur. Grundgangarten und Schwerpunktlektionen Kl. L - S. VHS ca. 45 Min.
3. Sitzschulung und Hilfengebung. Drei Lehrfilme der Deutschen Reiterlichen Vereinigung (FN). VHS ca. 30 Min.
4. Springpferdeprüfung – Bundeschampionat Hamburg-Schenefeld 1988. VHS ca. 45 Min.
5. Stilspringprüfungen mit Standardanforderungen. VHS ca. 30 Min.
6. Faszination Geländereiten – Erfolg durch vielseitige Ausbildung. FN-Video der Deutschen Reiterlichen Vereinigung und des Bundestrainers der Vielseitigkeitsreiter, Martin Plewa. VHS ca. 45 Min.
7. FN-Lehrfilm Voltigieren – Schwerpunkt Pflicht. Ein Lehrfilm der Deutschen Reiterlichen Vereinigung aufbauend auf den Richtlinien Band 3 – Voltigieren. Im Vordergrund stehen die Grund- und Pflichtübungen. Der Film wurde unter Leitung des Fachbeirates Voltigieren erstellt. VHS ca. 45 Min.
8. Spielend reiten lernen – Anfängerausbildung für Kinder. Dieser Lehrfilm spürt den Erwartungen und Wünschen der Kinder bei ihrer Begegnung mit dem Pferd nach und zeigt praktische Unterrichtsmodelle für die Altersgruppe der Reitanfänger zwischen 5 und 10 Jahren. FN-Video von Isabelle von Neumann-Cosel-Nebe. VHS ca. 35 Min.
9. In allen Sätteln gerecht. FN-Video von Isabelle von Neumann-Cosel-Nebe. Diese Fortsetzung zum Lehrfilm "Spielend reiten lernen" verfolgt konsequent die weitere Ausbildungspraxis, vom Anfänger- bis zum Fortgeschrittenenunterricht. Der Grundgedanke, daß Reiten Spaß machen soll, zieht sich als roter Faden auch durch diesen Lehrfilm. VHS ca. 45 Min.

Alle Titel aus dem FN-Verlag sind über den Buchhandel und in den Reitsportfachgeschäften erhältlich!